Kenia
Reisen im Garten Eden

Mohamed Amin · Duncan Willetts · Brian Tetley

Landbuch-Verlag
Hannover

Danksagungen

Wir danken all den vielen Menschen in Kenia für ihre stets freundliche und bereitwillige Hilfe bei den Fotoarbeiten und Nachforschungen für dieses Buch. Ganz besonders danken wir Kapitän Ted Watts von den ›Boskovic Air Charters‹, der uns mit zahlreichen Einsätzen die Luftaufnahmen von diesem Garten Eden ermöglichte.

Landbuch-Verlag GmbH, Hannover, 1990

© Camerapix, Nairobi, Kenya, 1988

Übertragung ins Deutsche: Dr. Helge Mücke, Hannover
Gestaltung: Craig Dodd
Satz: Landbuch-Verlag GmbH, Hannover
Druck und Einband: Mandarin Offset, Hongkong

Alle deutsche Rechte vorbehalten, Reproduktionen, Speicherung in Datenverarbeitungsanlagen, Wiedergabe auf elektronischen, photomechanischen oder ähnlichen Wegen, Funk und Vortrag – auch auszugsweise – nur mit Genehmigung des Copyrighthalters.

ISBN 3 7842 0444 9

Titelseiten: Denkmal mit einer Darstellung des Freiheitskampfes in Kenia; Afrikanischer Elefant weidet vom Savannengras – jedes erwachsene Tier braucht durchschnittlich 140 Kilogramm täglich; Massai beim Rinderhüten im Amboseli – sie glauben, daß ihr Gott Enkai ihnen alle Rinder der Welt gegeben hat; Somali-Bursche führt Kamele durch die sengende Wüste im Norden Kenias.

Inhalt

Einführung: Zauberhaftes Land   7

Wanderungen im Garten Eden   25
    Kenias Küste

Schnee auf dem Kilimandscharo   55
    Tsavo, Amboseli und Masai Mara

Hauptstadt im Sumpf   55
    Nairobi und das Rifttal

Kenias Kernland   125
    Aberdares und Mount Kenya

Wo Milch und Honig fließen . . .   151
    Westkenia und Viktoriasee

Wiege der Menschheit   171
    Nordkenia und Turkanasee

Einführung: Zauberhaftes Land

In diesem Land am Äquator scheint grundsätzlich das ganze Jahr über die Sonne. Die Westwinde tragen aber vom Indischen Ozean eine erfrischende Brise heran. Kurzum: Kenia ist das, was man sich unter einem tropischen Paradies vorstellt.

Manchmal regnet es jedoch tagelang. Und auf den Hochebenen kann man sich durchaus in winterliche Moorlandschaften Europas versetzt fühlen, schaudernd und durchnäßt von den schwarzgrauen, finsteren Wolkenfetzen, die über die Heide ziehen.

Man braucht allerdings hier, in einer Höhe von 3 600 bis 4 300 Metern, meist nur wenige Schritte zu gehen, um den Wolken zu entkommen: Plötzlich steht man unter einem Regenbogen, der unmittelbar vor den Füßen beginnt und sich mit kräftig leuchtenden Farben bis zu der Ebene weit hinten wölbt; dort unten fällt selten Regen, und die Wüste erstreckt sich bis an den mehr als 160 km entfernten Horizont.

Kein Goldtopf erwartet einen am Ende eines der vielen Regenbögen Kenias, wie es im Märchen versprochen wird. Und doch befindet man sich in einem goldenen Land: ›Reich‹ ist Kenia durch seine Vielfalt, seine Landschaften, seine Kulturen und die gastfreundliche Haltung der Einheimischen gegenüber allen Besuchern.

Viele Menschen genießen mit Begeisterung diesen Reichtum des Landes.

Sie können im abgelegenen Suguta-Tal, einem der heißesten Orte der Erde, in der erbarmungslosen Sonne stehen und die Stille hören – eine Stille der poetischen Stimmungen: das Schwirren eines Insektenflügels, der Seufzer einer seltenen Brise, der sanfte Tritt eines unsichtbaren Tieres, das Rascheln eines Skorpions, der unter einen Stein huscht.

Sie können an einem einsamen, glitzernd weißen Strand spazierengehen – die Wellen gleiten über das Korallenriff vor der Küste, eine Brise bringt die Palmen zum Flüstern und fährt durch die Bougainvilleen- und Hibiskusbüschel, schwerer Jasminduft erfüllt die Luft.

Zelten Sie in der endlosen Savanne, weit fort von anderen Menschen und Siedlungen, und beobachten Sie die großen Elefantenherden, wie sie durch das üppige, hohe Gras ziehen.

Oder Sie klettern auf nackte Felsen, oder Sie beobachten eine Millionenschar Flamingos, die das Wasser eines Natronsees schimmernd rosa färbt.

Vielleicht angeln Sie im kristallklaren Wasser eines funkelnden Sees in 1 800 m Höhe nach Schwarzbarschen, oder Sie gleiten mit dem Drachenflieger von dem rund 3 300 m hohen Absatz des Elgeyo Escarpment aus auf die Spielzeugwelt zu, die sich 2 100 m tiefer vor Ihnen ausbreitet.

Sie können auch in über 4 800 m Höhe auf dem Mount Kenya eine Eiswand erklettern, oder Sie reiten auf einem Kamel unter der erbarmungslosen Sonne durch die Dornstrauchsavanne Nordkenias.

Was immer Sie tun, wohin immer Sie Ihren Fuß setzen, Sie werden Ihre Liebe zu dem vielgesichtigen Kenia entdecken. Und ›Kenya loves U2‹ (. . . You, too; Kenia liebt Sie/Dich auch), behaupten die Autoaufkleber, mit denen die *matatus* des Landes verziert sind.

Überall sieht man diese privat geführten öffentlichen Transportmittel, teils kleine, einfache Lieferwagen, die durch die Stadtstraßen pendeln, teils große Lastwagen, die auf den nationalen Fernstraßen fahren. Sie befördern einen unaufhörlichen Strom von Bauern, Händlern, Unternehmern bei ihren rastlosen Reise- und Geschäftsaktivitäten durch das sonnige Land.

Die ungeheure Vielfalt freien Unternehmertums, kaufmännischer Initia-

Vorige Doppelseite: Kenias Hauptstadt Nairobi, die ›Stadt in der Sonne‹, ist weniger als ein Jahrhundert alt.

Marmorgrab des Tiermediziners Hauptmann A. J. Haslam bei Fort Smith am Rande Nairobis: Bei einer Visite im Thika-Gebiet wurde er von Kikuju-Kriegern getötet.

Rechts: Diesen Feigenbaum mgumo *beim Fort Smith nahe Kabete, Nairobi, pflanzten 1890 Britanniens erster Prokonsul für Ostafrika, Frederick Lugard, und Häuptling Kinyanjui als Symbol für die Unterzeichnung eines Friedensvertrages zwischen den Kikuju und Britannien.*

tiven, geprägt durch harte Arbeit und stundenlangen Fleiß, wie sie hier anschaulich wird, kann man als ruhiger Beobachter nur atemlos bestaunen.

Man könnte noch zahllose weitere Beispiele aufzählen, um die Vorzüge Kenias zu verdeutlichen – ein Land, das für jeden, der es kennt und liebt, mit keinem anderen auf der Welt vergleichbar ist.

Selbstverständlich ist das Kenia von 1990 nicht mehr das Kenia der Zeit vor hundert Jahren, als H. Rider Haggards unsterblicher Held Alan Quatermain aufbrach, um die Geheimnisse der ›Minen König Salomons‹ zu erforschen. Seine Abenteuer versetzten eine viktorianische Welt in Spannung, die von Afrika ebenso wenig wußte wie von der Rückseite des Mondes. Und Haggards Fantasieprodukte waren auch damals schon weit von der Realität in Kenia entfernt.

Und doch: Steht man unter den Sternen auf den Hügeln oberhalb von Elmenteita, dem Natronsee im Rift-Tal, wo sich der Pfad zu den sagenhaften Minen immer noch durch die Wildnis windet – ein alter Sklavenkarawanen-Pfad vom großen See im Westen –, dann fühlt man sich dem erfundenen Afrika Quatermains ziemlich nahe. Man braucht nur noch eine lebhafte, abenteuerlustige Fantasie und die Schatten und Geräusche der Nacht um sich, um ähnliche Geschichten zu ›erleben‹.

Vor weniger als einem Jahrhundert begann ein kleiner Trupp von britischen Beamten und Soldaten mit der Anlage einer unbefestigten Straße durch 500 km Wildnis von der Mombasa-Insel bis zu einem flachen, naßkalten, übelriechenden Sumpf, den die Massai „Nyrobi" nannten: ›Ort der kalten Wasser‹.

Ein Stück weiter lagen die Erhebungen der Ostwand des Great Rift Valley, von undurchdringlichem Wald bedeckt. Vielleicht waren jene Menschen Imperialisten und Kolonisatoren – aber sie waren auch wagemutig. So bahnten sie einen schmalen Pfad durch diesen Wald, mehrere

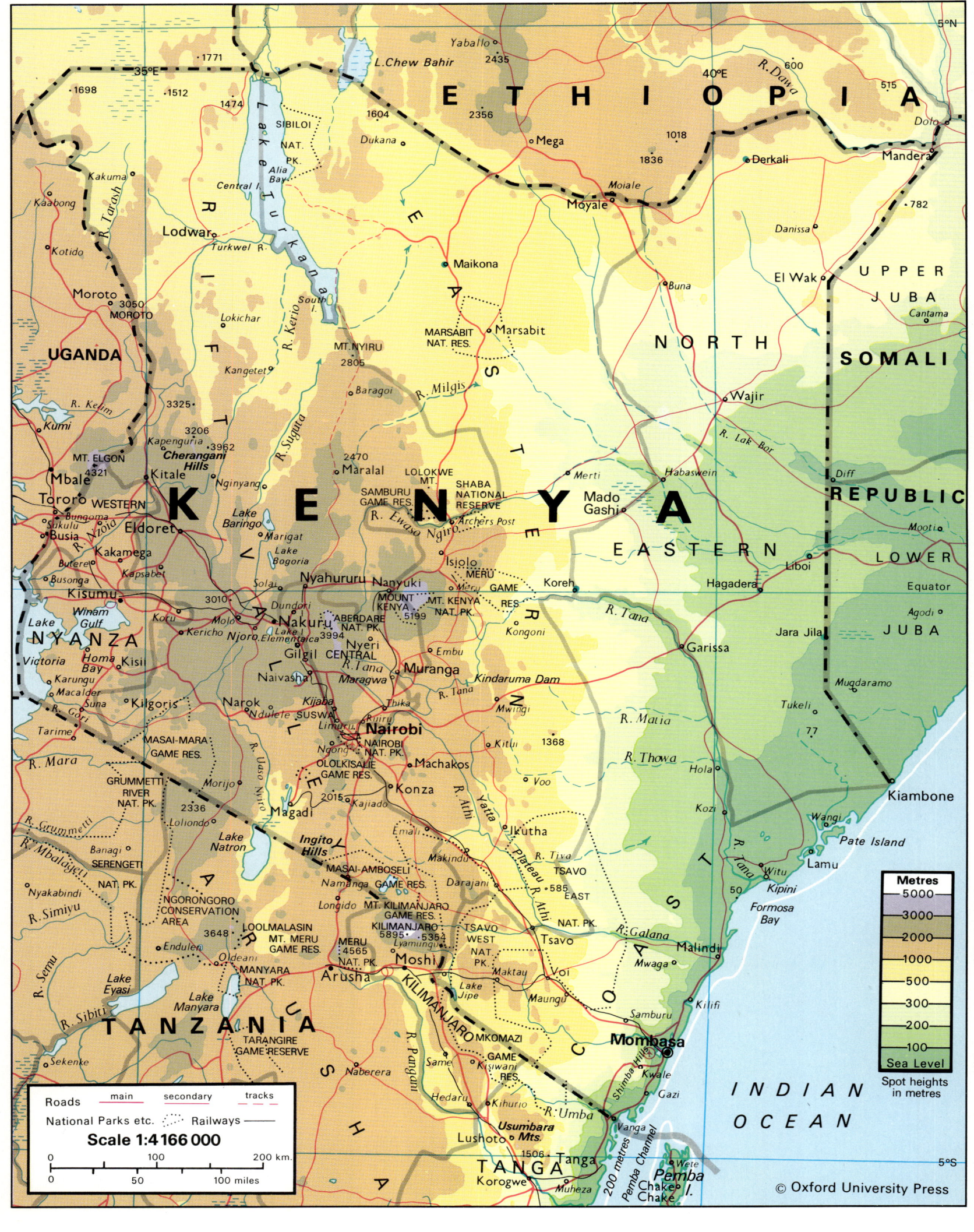

Erbaut in den Jahren 1896 bis 1901, eintausend Kilometer lang, von den Skeptikern als ›Irrsinnslinie‹ verspottet: die Uganda-Eisenbahn zwischen Mombasa am Indischen Ozean und dem Victoriasee.

Kilometer weit bis zu einem Platz namens Kabete – heute liegt er am äußersten nördlichen Rand von Nairobi, der Hauptstadt Kenias, einer modernen Weltstadt, die ausschließlich dem 20. Jahrhundert angehört.

1890 bauten jene Briten hier eine Festung, nannten sie ›Fort Smith‹ nach dem befehlshabenden Offizier, umgaben sie mit einem Graben und sicherten sie mit einer Palisade, die sie durch Dornen verstärkten.

Die Schutzmaßnahme galt den listigen, verschlagenen Kikuju, die sich im Wald bestens auskannten und außerdem gute Militärstrategen waren. Geht man heute vom halbverfallenen Fort Smith aus ein paar hundert Meter weiter, stößt man in einem Maisfeld auf die ungepflegten Marmorgrabsteine von drei damaligen Bewohnern: Einer war das Opfer der Kikuju, der zweite starb durch eine Löwin, der dritte durch einen Löwen.

Seitdem hat sich vieles verändert: Der Feigenbaum *mugumo*, den die Engländer und die Kikuju um die Jahrhundertwende als Zeichen des Friedens zwischen den beiden Völkern pflanzten, erhebt sich heute mehr als 40 Meter über die Einfriedung. Und die Dorfbewohner, die Enkel jener kriegerischen Kikuju, empfangen den Europäer heute mit einem Lächeln und mit freundlichen Begrüßungsworten. Seit der Unabhängigkeit 1963 ist alle Bitternis der Freude über die eigene selbständige Nation gewichen.

In westlichen Augen war Kenia seinerzeit ungegliedert und uneinheitlich, versprach aber reichliche Ernten und war damit nichts anderes als ein Gegenstand der Eroberung. In den Augen der eingeborenen Herrscher jedoch waren die Stammesgebiete genauso klar abgegrenzt wie englische Grafschaften und von Menschen bevölkert, die genauso stolz auf ihre

Herkunft und genauso unabhängig waren wie die Bewohner dort.

Immerhin war es in Kenia, wo nach unserem heutigen Kenntnisstand der Mensch zum ersten Mal aufrecht ging und die ersten zögernden Schritte in eine ungewisse Zukunft tat.

Die ersten Außenseiter, die sich in das spätere Kenia wagten, waren Nomaden und Krieger, Handwerker und Bauern – sie waren aus Nordafrika dem mächtigen, geschichtsträchtigen Strom: dem Nil, gefolgt, lange bevor Moses in einem Schilfkorb auf seinem Wasser schwamm.

Später kamen die Araber und die Europäer, und noch später kamen Einwanderer, die vom Feuer des neuen Glaubens beseelt waren.

Doch bis vor hundert Jahren drangen nur wenige ins Innere vor.

Die Karte von Kenia umfaßt eine Fläche von 580 000 qkm an der Ostküste Afrikas, die etwa in der Mitte vom Äquator durchschnitten wird. Augenfälligstes Merkmal des Landes aber ist die große Wunde des Rift-Tals.

Ein anderes auffallendes Merkmal ist der große See an der Westgrenze: der Victoriasee, zweitgrößter Süßwassersee der Erde. Er nimmt eine Fläche von 68 800 Quadratkilometern ein und gehört außer zu Kenia auch zu Uganda und Tansania.

Dieser See galt als Quelle des Nils, dessen Wasser vor rund 5 000 Jahren die größte der frühen Zivilisationen: Ägypten, speisten. Dennoch blieb der See bis in die Mitte des vorigen Jahrhunderts der übrigen Welt unbekannt.

Das Rift Valley wurde sogar noch später richtig bekannt – eine gewaltige Schlucht von 5 500 km Länge vom Jordan im Norden bis nach Beira in Mosambik im Süden. Beide Naturgegebenheiten mit ihrer verborgenen Schönheit bildeten natürliche Grenzen gegen mögliche Eindringlinge.

Fast die ganzen 2 000 Jahre lang war von Kenia der übrigen Welt nur der Küstenbereich bekannt: ein langer Streifen von 16 bis 20 km Breite, der an

Das Ölgemälde stellt eine bewegende Szene aus dem Leben Jomo Kenyattas dar: Soldaten der britischen Kolonialregierung nehmen ihn in seinem Haus in Gatundu am 20. Oktober 1952 gegen Mitternacht gefangen. Sieben Jahre lang blieb Kenyatta im öden Norden Kenias in Arrest. Und doch konnte er 1963 sein Land in die Unabhängigkeit führen. Als er am 22. August 1978 starb, wurde er als größter Staatsmann Afrikas weltweit betrauert.

der ersten Schwelle im Binnenland mehr als 300 m steil ansteigt. In weiteren Stufen erhebt sich das Land bis zum großen Bergmassiv Zentralkenias, um dann wiederum in Stufen bis zum Victoriasee abzufallen.

Das warm-feuchte Klima, gemäßigt durch die sanften Monsunwinde, die vom Süden oder von der arabischen oder indischen Küste im Norden heranwehen, machte die Gegend zu einem Ort der Muße. Fische ließen sich unbegrenzt aus dem Meer ernten. Jeder Träumer konnte hier sein Paradies finden.

Ein erster Bericht über Kenias Küste stammt aus dem 2. Jahrhundert von dem ägyptischen Geographen Ptolemäus; er stützte sich auf die Legenden und Anekdoten alter Seefahrer, die auf ihren Reisen an die afrikanische Küste gekommen waren.

Mombasa nahm eine Schlüsselstellung ein: als Hafen für die Dhau-Kapitäne, die zwischen dem Golf und Azania, dem *Land der Schwarzen*, lange vor Christi Geburt Handel trieben. Sie segelten mit den nördlichen Monsunwinden in ihren wendigen, robusten, mit hohem Bug versehenen Fahrzeugen und beförderten Porzellan, Seide und Gewürze; sie kehrten mit dem Südmonsun zurück und brachten Ambra, Elfenbein, Gold, Edelsteine und Sklaven. Nördlich von Mombasas Naturhafen waren Malindi und der Lamu-Archipel weitere Handelszentren, die von den Dhau-Eignern angelaufen wurden.

Das goldene Zeitalter der Küste begann mit der Einführung des Islam im 9. Jahrhundert, als ein reiches kulturelles und architektonisches Erbe entstand. Das kulturelle Erbe besteht noch heute, in all seiner Farbenpracht und Würde. Vom architektonischen Erbe finden sich nur noch Reste in den verfallenen Ruinen der Königsstädte, die vom tropischen Unterholz überwuchert wurden.

Doch von all den Händlern, Siedlern und Reisenden, die in den tausend Jahren zwischen 900 und 1900 v. Chr. an die Küste kamen, drang nur eine Handvoll ins unbekannte Hinterland vor: Einige starben an Infektionskrankheiten, andere wurden in Stammeskämpfe verwickelt, wieder andere wurden als Eindringlinge verfolgt, weil sie heiligen Boden betreten hatten.

Für die Briten bildete eine Mischung aus Empire-Stolz, Forscherdrang und christlichem Sendungsbewußtsein den dreifachen Antrieb, in den ›Dunklen Erdteil‹ vorzudringen.

Die missionarischen Beweggründe – Verkündigung des Evangeliums und Abschaffung der Sklaverei – waren am meisten verbreitet und geachtet, aber sie gaben auch den Anstoß zu anderen Motiven: Der junge Schotte Joseph Thomson beispielsweise unternahm 1883 eine ausgedehnte Reise, die über 15 Monate dauern und ihn tatsächlich durch die ganze Länge und Breite des heutigen Kenia führen sollte.

Er kam als friedlicher Söldner im Auftrage der Königlich Geographischen Gesellschaft Britanniens. Er sollte die unglaubhaften Berichte der Missionare bestätigen oder widerlegen, es gebe Schnee am Äquator.

In Sansibar versammelte er weniger als 150 Träger und Helfer um sich – im Gegensatz zu Stanleys Rat „tausend Mann mitzunehmen oder im Reich der kriegerischen Massai zu sterben"; schließlich landete er im Alter von 26 Jahren im März 1883 an einem Strand an der Südküste und fuhr mit einer Odyssee fort, die durch ihre Launenhaftigkeit und ihre Abenteuerlichkeit herausragt. Er sammelte einen reichen Schatz an Anekdoten und Informationen, die bis heute das Bild prägen.

Man kann ihn als Kenias ersten Touristen bezeichnen: Er marschierte durch die unwirtlichen Einöden der Taru-Wüste und weiter zu den wildreichen Ebenen von Tsavo und Amboseli, mit dem erhabenen, schneeglänzenden Kilimandscharo, Afrikas höchstem Berg, im Hintergrund.

Es gelang ihm, mit den Massai einen unsicheren Frieden aufrechtzuerhalten; sie waren von seiner weißen Haut fasziniert und außerdem von den verschiedenen Merkwürdigkeiten, die er bei sich hatte: Mit Hilfe von Salz konnte er Wasser sofort zum Kochen bringen, seine falschen Zähne waren etwas ganz und gar Ungewöhnliches.

Bei seinem Marsch achtete Thomson darauf, zwischen sich und den nachfolgenden Massai einen gleichmäßigen Abstand aufrechtzuerhalten. Vom Fuß des Kilimandscharo marschierte er zum Naivasha-See am er-

Im rassen-toleranten Kenia leben mehr als vierzig verschiedene Volksgemeinschaften. Das lebhafte Mädchen der indischen Minderheit nimmt an den Feiern zum Tag der Unabhängigkeit teil.

Schulkinder versammeln sich unter Kenias Nationalflagge: Schwarz steht für die Hautfarbe der Ureinwohner, Grün für das fruchtbare Land, Rot für das Blut, das im Freiheitskampf vergossen wurde.

Unten: Die junge Boni-Frau trägt Wasser in einer Kürbisflasche wie von alters her auf dem Kopf. Die Gemeinschaft der Boni lebt nomadisch als Jäger und Sammler.

loschenen Vulkan Longonot, dann die Ostwand des Rift-Tals hinauf auf das über 3600 m hohe Nyandarua-Gebirgsmassiv.

An einem frühen Morgen, als er in die Gebirgsmoore gestiegen war, erlebte er hier, wie der Mount Kenya – der Kirinyaga, der Heilige Berg der Kikuju, Sitz des Gottes *Ngai* – seine Nebelschleier ablegte und die überwältigende Pracht seines ewigen Eisgürtels zeigte: die glitzernden Gletscher, die nur noch vom Kilimandscharo übertroffen werden, in 5199 m Höhe, unter den beiden Gipfeln Batian und Nelion.

Von hier aus zog Thomson auf dem Boden des Rifttals zum Baringo-See, dann die steile Westwand des Rift hinauf, das bedrohlich wirkende Elgeyo Escarpment, bis in die Moore des Elgon-Berges, in eine Höhe von 4321 m. Schließlich kehrte er über die westlichen Ebenen Kenias um den Victoriasee an die Küste zurück. Die ganze Reise war eine unglaubliche Meisterlei-

Vorige Seite: Typisches, der Tradition entsprechendes bäuerliches Anwesen in Kenia mit Dornenschutz und halmgedeckten Rundhütten aus Lehm.

Ein Goldweber fertigt sein kunstvolles Korbnest aus Grashalmen und Blattstreifen.

Rechts: Auch als ›Afrikanische Gemse‹ bezeichnet – der Klippspringer. Die kleine Antilope, die nicht mehr als 18 kg wiegt, kann sich auf steilen Felsen bewegen und hervorragend springen. Das dicke Fell schützt bei starkem Zusammenprall mit einer Felswand.

stung an Durchhaltekraft und Unternehmungsgeist. Sie läutete die Geburt des modernen Kenia ein.

Er hatte eine gewaltige Fläche durchmessen und zahlreiche verschiedene Kulturen kennengelernt. Mehr als 40 verschiedene ethnische Gruppen machen das Mosaik des modernen Kenia aus. Sie alle sind unter der grün-schwarz-roten Landesfahne vereint – Grün für das Land, Schwarz für die Menschen und Rot für das im Freiheitskampf vergossene Blut – und huldigen dem nationalen Leitspruch *Harambee*, was soviel bedeutet wie: ›Laßt uns alle an einem Strang ziehen‹.

Obgleich es vor einem Jahrhundert noch keinerlei Nationalbewußtsein gab, genügten 75 Jahre britischer Herrschaft nach dem Grundsatz ›divide et impera‹, um genau das Gegenteil dessen zu bewirken, was die Politik beabsichtigte: Das Volk wuchs zu einer Einheit zusammen.

Eine Nation der vereinigten Gegensätze wurde geschaffen: Alle wichtigen Volksgruppen Afrikas sind vertreten, hinzu kommen die Araber, Asiaten und Europäer, die sich als Einwanderer niedergelassen haben.

Landschaften, Tier- und Pflanzenwelt sind ebenso vielfältig – und zauberhaft – wie die Menschen. Ein Drittel Kenias besteht aus trockenen oder halb-trockenen Wüstengebieten: ödes, braunes, ausgedörrtes Land, das dennoch eine atemberaubende Schönheit ausstrahlt.

Ein weiteres Drittel setzt sich aus Hochebenen, Bergen, Wäldern, Seen und landwirtschaftlichen Flächen zusammen, meist fruchtbar und üppig.

Das verbleibende Drittel schließlich wird von Grassavannen gebildet – eines der letzten großen Naturparadiese der Erde. Hier leben noch Wildtiere, die sich vor 100 Millionen Jahren entwickelt haben; hier existieren noch derartige Lebewesen wie Krokodile und Nashörner, die nur von einem einzigen ›Beutegreifer‹ bedroht werden – dem habgierigen Menschen –, der andererseits heute durch Schutzmaßnahmen ihren Fortbestand sichert, wenn auch manchmal recht unzulänglich.

Viele halten sie für die schönste Wildkatze Kenias: Das sandfarbene Fell des Leoparden ist mit dunklen Rosetten (nicht mit Flecken) gezeichnet. Zwar wurden sie wegen ihres Fells erbarmungslos bejagt, aber aufgrund ihrer heimlichen und ungeselligen Lebensweise konnten die Leoparden sogar im besiedelten Farm- und Vorstadtgelände überleben.

Oben: Zwei lohfarbene, neugierige Löwenjunge beginnen ihre Umgebung zu erkunden.

Nachdem die von Sir William MacKinnon gegründete Britische Ostafrika-Gesellschaft bankrott gegangen war, wurde Kenia im Juli 1895 zum Protektoratsgebiet Britisch-Ostafrika erklärt. 1920 wurde es dann zur britischen Kronkolonie ernannt – ein Status, der nur 43 Jahre dauern sollte.

Der sparsame Schotte MacKinnon hatte den Sklavenhandel bekämpft, aber gleichzeitig versucht, der Angelegenheit etwas abzugewinnen. Er hatte eine Handelsgesellschaft nach dem Vorbild der Britischen Ostindien-Gesellschaft begründet, konnte aber in diesem Land ohne Verkehrs- und Nachrichtenverbindungen seine ehrgeizigen Pläne nicht verwirklichen.

Eine Schlüsselrolle mußte selbstverständlich einer Eisenbahnlinie zum Victoriasee zukommen: rund 1 000 km quer durch das Land und durch eines der unwirtlichsten Gebiete der Erde.

Sir William gründete die Zentralafrikanische Eisenbahngesellschaft, um seine ehrgeizige Idee verwirklichen zu können – wobei er eine Spur und einen Fahrzeugbestand vorsah, die man eher als ›Spielzeugeisenbahn‹ bezeichnen muß. Erst die britische Regierung nahm 1895 das Vorhaben ernsthaft in Angriff und beauftragte die Uganda-Eisenbahngesellschaft mit

Eines der regelmäßigen Sonntagsrennen auf dem schön im Wald gelegenen Ngong-Rennplatz von Nairobi.

der kühnen Baumaßnahme, die von den Kritikern in Whitehall als ›Irrsinnslinie‹ (Lunatic Line) verspottet wurde.

Es gibt nur wenige Unternehmungen in der Geschichte der zivilen Baukunst, die sich nach Schwierigkeitsgrad, nötigem Mut und Unternehmungsgeist mit diesem Eisenbahnbau vergleichen ließen: Bis zur Vollendung vergingen über sechs Jahre, viele Menschen mußten ihr Leben lassen, und die Kosten beliefen sich schließlich auf 5 Millionen Pfund, damals eine ungeheure Summe.

Aber dieser Verkehrsweg öffnete das Tor zu Kenia, brachte eine Woge von Einwanderern ins Land und schuf die kosmopolitische Atmosphäre, von der Nairobi noch heute geprägt wird. Am 30. Mai 1899 lief der erste Zug in Nairobi ein – 500 km von Mombasa entfernt und drei Jahre, nachdem die ersten Schienen gelegt worden waren.

Damals unterschied sich Nairobi von anderen Orten (abgesehen vom Sumpf) nur durch die Pferdeställe, die der Königliche Pionier-Sergeant George Ellis beaufsichtigte. Rasch entstanden Nebengleise, Rangierbahnhöfe und Werkstätten, und im Gefolge der Eisenbahn kamen die üblichen Nach- und Mitläufer aus allen Ecken der Welt.

Kaum mehr als 80 Jahre später ist Nairobi Sitz der Vereinten Nationen und nicht nur die Hauptstadt Kenias, sondern ebenso ein Zentrum für große Teile Ost- und Zentralafrikas. Die Einwohnerzahl beträgt offiziell eine Million, inoffiziell mehr als zwei, und wird den Voraussagen nach vier Millionen erreichen, wenn die Stadt hundert Jahre alt sein wird.

Drei Jahre nach Fertigstellung der Eisenbahnlinie äußerte der britische Prokonsul Kenias, Sir Charles Eliot – ein asketischer, zurückhaltender, gelehrter Mann –, viele Eisenbahnen hätten ein Land geöffnet, die Uganda-Eisenbahn aber habe eine Nation überhaupt erst erschaffen.

Trotz der Unterdrückungsmaßnahmen durch weiße Siedler und britische Vertreter, Eliot eingeschlossen, stand Großbritannien all die Jahre hindurch treu zu seinem Grundsatz, den Interessen der eingeborenen Kenianer Vorrang zu geben.

Dennoch wurde die Unabhängigkeit erst nach einem der härtesten und längsten Freiheitskämpfe der afrikanischen Geschichte erreicht.

Mit dem Kolonialismus wurden moderne Erziehung und Technologie in Kenia eingeführt und allmählich von der einheimischen Bevölkerung aufgegriffen und übernommen. Nach der Befreiung 1963 bemühte man sich, diese Vorteile der Zivilisation mit den eigenen zeitlosen Strukturen der Rechtsprechung, Demokratie und Verwaltung zu verschmelzen.

Der Keim für eine Nationalregierung wurde am 17. August 1907 mit dem ersten Treffen der Gesetzgebenden Versammlung (›Legislative Council‹) geschaffen, das – leider ohne einen einzigen Afrikaner! – im Eisenbahn-Institut in Nairobi in der Ngong-Straße, nicht weit vom Uhuru Highway stattfand, wo sich heute der Eisenbahn-Club befindet.

Zu den ersten Gesetzen, die in jenen Tagen verabschiedet wurden, zählte die Abschaffung der Sklaverei in den Küstengebieten Kenias – und die Einführung der Todesstrafe durch Erhängen bei Kapitalverbrechen.

Aus dieser Gesetzgebenden Versammlung konnte sich das erste unabhängige nationale Parlament entwickeln und aktiv werden, sobald um Mitternacht am 12. Dezember 1963 die Nationalflagge gehißt worden war.

Auch in dieser Zeit war zunächst der einzige dauernd benutzbare Weg nach Nairobi und Kisumu die Eisenbahnlinie. Am Tage der Unabhängig-

keit gab es bloß wenige Kilometer Schotterstraße. Ansonsten war nur die Reise auf dem Luftweg oder auf unbefestigten bzw. mit Kies bestreuten Wegen möglich. Viele entlegene Gebiete hatten überhaupt keine Verbindung zu anderen Landesteilen.

Die Veränderungen gingen verblüffend schnell. Zwanzig Jahre nach der Unabhängigkeit besaß Kenia mehr als 20 000 Kilometer an modernen Autostraßen. Die Elektrizität war bis tief in ländliche Gebiete vorgedrungen. Neue Krankenhäuser waren entstanden. Die öffentlichen Gesundheitsdienste konnten kostenlos in Anspruch genommen werden, auch für die Grundausbildung mußte nichts bezahlt werden – und das bei einem Bevölkerungswachstum von rund vier Prozent jährlich.

Genauso dramatisch verlief die Entwicklung in bezug auf die freilebenden Tiere und Pflanzen und den Naturschutz. Mit der Gründung von zwölf Nationalparks und Wildreservaten, die die neue Nation von den Kolonialherren übernehmen konnte, leitete Kenia eines der eindrucksvollsten Naturschutzprogramme der Welt ein. 1988 besaß das Land bereits mehr als 60 Naturschutzgebiete und geschützte Waldgebiete. Mindestens zehn Prozent der natürlichen Landflächen waren durch Gesetze geschützt, die Jagd, Holzschlag und Nutzung verbieten.

Trotz der Ausbreitung der Bevölkerung und der Förderung des Kleinlandbesitzes blieben große Teile Kenias so urtümlich und schön wie zu Zeiten Joseph Thomsons. Millionen Reisende folgen seinen Spuren.

Fünf Nationen grenzen an Kenia: Somalia, Äthiopien und Sudan im Norden, Uganda im Westen und Tansania im Süden.

Kenias Mittel- und Langstreckenläufer haben inzwischen einen hervorragenden Ruf in der ganzen Welt erworben. Das Bild zeigt einige Anwärter für olympische Goldmedaillen in einem nationalen Wettbewerb.

Jedes Jahr an fünf Tagen um Ostern findet in Kenia eine Safari-Rallye statt, die über eine Strecke von 4000 Kilometern führt und als extremer Härtetest für Fahrer und Auto gilt. Fahrten in Meereshöhe und im Gebirge über 3000 Meter, durch Staubwolken und Monsunregen müssen durchgestanden werden.

Die freilebende Tierwelt umfaßt acht wichtige Arten, darunter die ›Großen Fünf‹ – Löwe, Leopard, Elefant, Büffel und Nashorn – sowie die reichhaltigste Vogelwelt Afrikas, die drittreichste der Welt.

In Kenia befinden sich zwanzig Berggipfel über 6500 Fuß (1981 m) und fünf große Massive über 10000 Fuß (3048 m), darunter der mächtige Mount Kenya, der früher noch 10000 Fuß höher war, bevor er durch Witterungseinflüsse erodierte; der Mount Elgon mit 4321 m und der Nyandarua (Aberdares) mit 3999 m.

Das Rifttal ist mit Seen übersät – vom 6400 qkm großen Turkana-See, dem Jadesee, über Baringo-, Bogoria-, Nakuru-, Naivasha-, Elmenteita-See bis hin zum Natronsee Magadi.

Der größte Fluß des Landes, der Tana, eilt die Hänge des Mount Kenya und der Aberdares herab und nimmt seinen Lauf über mehr als 700 km bis zum Indischen Ozean. In den Aberdares stürzen die Gura-Fälle mehr als 300 m herab; ihre Schleier schwanken vom Wind hin und her.

All die Wunder dieses Landes – vom Schnee bis zur Wüste, in der Tierwelt, unter Menschen – sind so unglaublich schön und vielfältig, daß sie die meisten Besucher in atemloses Staunen versetzen.

In den achtziger Jahren besuchten jährlich mehr als eine halbe Million Touristen dieses Land, in dem die Wiege der Menschheit stand: Am Ufer des Turkanasees im äußersten Norden des Landes tat der Mensch seine ersten, zögernden Schritte; hier und im ganzen Land versuchen die vielen Besucher etwas von der Welt zu erleben, die damals schon existierte – ein Stück von dem zauberhaften Land: Kenia.

Wanderungen im Garten Eden

Jahrtausendelang war Kenia fast nur vom Meer aus zu erreichen, auf dem Weg über den Atlantischen Ozean, um das Kap der Guten Hoffnung herum und die Ostküste hinauf, bis nach Mombasa mit seinen ruhigen, tiefen und sicheren Ankerplätzen auf beiden Seiten der Insel.

Dies war der Weg der Araber und der Phönizier und später der Griechen. Im 15. Jahrhundert schließlich fuhr auch der phönizische Seefahrer Vasco da Gama diese Strecke; seine Entdeckungsreisen nach Osten waren genauso bedeutsam und aufsehenerregend wie diejenigen, die im Westen zur Entdeckung Amerikas führten.

Die Empfindungen beim ersten Anblick müssen ähnlich gewesen sein wie Winston Churchills Euphorie, als er 1907 mit seinem Dampfschiff durch die Öffnung *mlango* des Korallenriffs fuhr und erlebte, wie Mombasa „verlockend, ja, herrlich" vor ihm auftauchte. Er begrüßte „diese Küste mit ihrem lebhaften und üppigen Grün" voll dankbarer Freude.

Als er bei Kilindini an Land ging, mag Churchill sich an die Worte aus Miltons ›Verlorenem Paradies‹ erinnert haben:

Vor ihnen war die ganze Welt, ein Ort
der freien Muße, ihr Führer Gott der Herr;
Und Hand in Hand begannen langsam sie
den Weg der Einsamkeit im Garten Eden.

In dem Klassiker des 17. Jahrhunderts wird von Mombasa und Melind – Malindi – erzählt, als hätten sie schon kurz nach der Schöpfung existiert, die Milton auf das Jahr 4026 v. Chr. datierte. Das früheste Zeugnis von der kenianischen Küste ist in Wirklichkeit wohl eine Tafel in einem Thebes-Tempel in Ägypten: Auf ihr ist eine Szene dargestellt, die sich mit einiger Sicherheit im alten Hafen von Mombasa abgespielt haben dürfte; sie zeigt Dhaus, die mit Orangenbäumen, Weihrauch und Myrrhe beladen sind, Affen turnen spielerisch in der Takelage herum.

Ein anderes Zeugnis – ein Bericht über eine Expedition des letzten Pharaonen, Nacho, im Jahre 600 v. Chr. – beschreibt die Häfen im ›Lande Punt‹, das einige Ägyptologen mit Kenia gleichsetzen.

Die erste Beschreibung, die sich unzweifelhaft auf die Küste Kenias bezieht, ist in dem Werk *Peryplus of the Erythraean Sea* (Umschiffung der eritreischen See) enthalten, das auf dem Logbuch eines ägyptischen Seefahrers aus dem ersten Jahrhundert beruht. Hier werden alle Waren aufgezählt, die in Mombasa ein- und ausgeladen wurden, das damals von einem König namens Muza beherrscht wurde: Tuche, Werkzeuge, Glas, Messing, Kupfer, Eisen, Oliven, Äxte, Waffen, Elfenbein und Rhinozeroshörner.

In den ersten 1800 Jahren der christlichen Zeit scheint sich wenig geändert zu haben. Nach wie vor blieb das Landesinnere unberührt, verlockend, aber undurchschaubar, abgeriegelt durch die feuchten, üppigen Dschungel zwischen der Küstenebene und der ersten Gebirgsschwelle und die wasserlose Taru-Wüste auf der anderen Seite. Nur einige wenige hartgesottene, unverfrorene arabische Händler drangen auf der Suche nach Sklaven und Elfenbein gelegentlich weiter vor.

Unter den flüsternden Palmen gingen die Küstenbewohner und die zugereisten Händler ihren eigenen, eher trägen Gang. Durch Mischehen und Handelskontakte, Spracheinflüsse und Angleichung der Sitten entstand eine eigentümliche Mischkultur, die im 9. und 10. Jahrhundert den islamischen Glauben annahm: Suaheli (Swahili, Kisuaheli) – heute als Bezeichnung für die dialektübergreifende Sprache, die *lingua franca* der Küstengebiete bekannt, die inzwischen in weiten Teilen Ostafrikas als Verkehrssprache benutzt wird.

Orte, kleine Sultanate (oft nicht größer als eine von Mauern umschlossene Siedlung) entstanden, existierten eine Zeitlang und vergingen wieder – und wurden rasch vom Unterwuchs überwuchert.

Die einfachen, arabisch geprägten Gebäude der Anfangszeit wurden längst durch eher prachtvolle Wohnhäuser, Moscheen und Monumente ersetzt. Große Residenzen mit hübsch verzierten Balkonen übertrumpfen einander und sorgen in den schmalen Straßen für Schatten, solange die Sonne nicht gerade im Zenit steht.

Vorige Doppelseite: Purzelbaum eines Windsurfers in den Brechern an Kenias unvergleichlicher Küste zum Indischen Ozean.

Die Mombasa-Insel und der Kilindini-Hafen mit dem Tiefwasser-Meeresarm: Handelstor zu großen Teilen Ost- und Zentralafrikas.

Und doch muß der Einfluß des Menschen in diesem Teil der Welt gegenüber der tropischen Schönheit verblassen, die hier seit undenklichen Zeiten gedeiht und mit jedem Monsun erneuert wird. Sobald die Menschen eines der stattlichen Gebäude verlassen, wird es rasch vom Dschungel zurückerobert.

Üppige Schlingpflanzen und Sträucher, Sukkulenten und Palmen, überreich mit Blüten, Düften und Früchten versehen, grenzen an makellose, glitzernd weiße Strände; der Sand wird umspült von dem warmen, tiefblauen Wasser der kristallklaren Lagunen, in denen sich Fische und andere Tiere in vielfältig leuchtenden Farben tummeln, vor dem Hintergrund der lebenden, atmenden Klippen der Korallengärten.

Die Küste Kenias hat eine Länge von 480 km – von Tansania im Süden bis Somalia im Norden – und wird nur ab und zu von den alten Flußmündungen unterbrochen, die zu gezeitenabhängigen Meeresarmen wurden, sowie von den Deltas der beiden größten Flüsse, Sabaki und Tana.

Die Meeresarme mit Gezeitenstrom auf beiden Seiten der Mombasa-Insel sind am tiefsten und am besten geschützt und bieten einen sicheren Kanal durch das Riff, das zusätzlichen Schutz gewährt.

Mehr als zwei Jahrtausende lang fuhren die Dhaus mit ihren Lateinsegeln zwischen Arabien und Afrika hin und her, angetrieben von den Monsunwinden, und trieben lebhaften Handel, und das ist heute noch so, wenn auch in abnehmendem Maße. Sie ankern im Alten Hafen nördlich der Stadt, denn sie haben so wenig Tiefgang, daß sie nicht auf die tieferen Ankerplätze im Kilindini Creek südlich der Insel angewiesen sind.

Links: Der moderne Kern von Mombasa, der ältesten Stadt Kenias.

Der Festland-Wohnsitz des damaligen Sultans von Sansibar in Likoni an Kenias Südküste.

Das ›Fort Jesus‹ in Mombasa mit seinen massiven Wehrmauern aus dem 15. Jahrhundert.

Kilifi Creek: Nirwana für Naturliebhaber und Sportfreunde.

Von Anfang an war Mombasa durch Gold und Elfenbein eine reiche Stadt – und genau das machte sie auch für die Portugiesen gegen Ende des 15. Jahrhunderts interessant. Ihr größter Seefahrer, Vasco da Gama, unternahm seine Reisen im Dienste von König John und seinem Sohn, Prinz Heinrich ›dem Seefahrer‹. 1497 bekam er den Auftrag, das Kap zu umrunden und den Seeweg nach Indien zu suchen.

Ein Jahr später gelangte die portugiesische Flotte in den Hafen von Mombasa, wurde aber von den Arabern vertrieben, die von ihrer Freischärlerflotte aus die Ankerseile der portugiesischen Schiffe kappten. Da Gama segelte nach Malindi, wo er vom örtlichen Sultan königlich begrüßt wurde; noch heute steht ein Denkmal auf einem Korallenriff der Silversands an der Stelle, auf die er zuerst seinen Fuß setzte.

Mombasa sollte für seine Zurückweisung büßen. Zwei Jahre später segelte Cabral denselben Weg wie da Gama und plünderte die Stadt. Fünf Jahre später, 1505, kam ein anderer portugiesischer Seefahrer namens Almeida, um die Stadt wiederum zu plündern; 23 Jahre später folgten ihm die räuberischen Schiffer Nunha da Cunhas. Sie bezeichneten den Inselhafen als „sehr schönen Ort" und priesen die Arbeiten der Maurer und Zimmerleute und die „vielen feinen Kleider von Gold und Seide", die von den Frauen und Männern getragen wurden.

Schließlich nahmen die Portugiesen Mombasa ein und bauten in den fünf Jahren von 1593 bis 1598 das mächtige Bollwerk des Fort Jesus, mit dem sich von oben der Eingang zum alten Hafen überwachen ließ. Seine Zinnen und Wehrtürme stehen noch heute, nach vierhundert Jahren – stumme Zeugen der turbulenten Geschichte dieser Stadt.

Für Mombasa und seine Bewohner kamen stürmische Jahrhunderte – ›Insel des Krieges‹ nannte man damals den Ort. Die Portugiesen verschanzten sich hinter den hohen Mauern, rüsteten sich mit schweren Kanonen und Geschützen aus und benutzten die Festung als Ausgangspunkt für die Erkundung und Besiedlung des Küstenstreifens.

Der Widerstand der Araber war stark. Sie griffen vom Meer und vom Land aus an, doch selbst als sie Unterstützung durch den türkischen Korsaren Ali Bey erfuhren, gelang es ihnen nicht, sich aus dem festen Griff der Portugiesen zu befreien.

Die ersten europäischen Kolonialherren Kenias blieben ein Jahrhundert lang, ständig im Kampf mit Belagerungen und Krankheiten. Sie verpflegten sich fast ausschließlich durch Konvois aus Goa in Indien, wo sie eine weitere Enklave eingerichtet hatten.

1699 schließlich fiel Fort Jesus an die Araber, nachdem seine Bewohner drei Jahre Belagerung durchgestanden hatten – vom 15. März 1696 an, als die arabische Flotte die Stadt bombardiert hatte und 2 500 Bürger und 50 Portugiesen hinter den mächtigen, vier Meter dicken Mauern Schutz gesucht hatten. Im September 1697 war Verstärkung aus Indien eingetroffen, so hielt die belagerte Garnison noch weitere 15 Monate durch; schließlich überkletterten die Araber unter Mithilfe des Kapitäns und der Mannschaft eines zufällig vorbeifahrenden walisischen Schiffes die Mauern. Nur dreizehn Leute in der Festung hatten überlebt – elf Männer und zwei Frauen. Die erbarmungslosen Araber erstachen sie sofort. 1720 endlich verließ die letzte portugiesische Garnison freiwillig die Küste Kenias.

Trotz der ständig wechselnden Herrschaftshäuser konnten die Araber ihre Herrschaft bis gegen Ende des 19. Jahrhunderts aufrechterhalten. Die beiden Inseln Sansibar und Pemba gehörten zum Reich der Sultane von Oman am Indischen Ozean, doch war deren Kontrolle so schwach und wirkungslos, daß die Macht an die streitlustigen Gouverneure überging, die die Araber selber eingesetzt hatten. Es kam zu einem Niedergang des Gebietes, bis 1822 Sultan Seyyid Said von Oman selber anreiste, die Häuptlinge der Mazrui-Dynastie unterwarf und die Herrschaft über die potentiell reichen und gewinnträchtigen ›Besitzungen‹ wieder übernahm.

Um diese Zeit besuchte gerade ein britisches Schiff, die HMS *Leven*, Mombasa, und die besiegten Mazruis baten Kapitän Owen, über dem Fort Jesus die britische Flagge zu hissen. Am 7. Februar 1824 erklärte der britische Offizier Mombasa zum britischen ›Protektorat‹, und seitdem flatterte der Union Jack über den alten Zinnen. Die Mazruis stimmten ihrerseits der Abschaffung der Sklaverei zu.

Owen, der mit seinem christlichen Erfolg sehr zufrieden war, setzte seinen ersten Offizier, Leutnant J. J. Reitz, als Prokonsul ein, überließ ihm zur Unterstützung einen Dolmetscher, vier Matrosen und zwei Marinesoldaten, gab nach London und Indien Nachricht mit der Bitte um Ratifizierung des Abkommens und setzte wieder Segel.

Mit solch einem Zufallsgeschäft begann Britannien seine Einflußnahme auf Ostafrika. In der gesamten Geschichte des Empire dürfte es kaum noch eine derart zufallsbedingte Machtübernahme gegeben haben – nach etlichen Jahren der Gleichgültigkeit und des *laissez faire* führte sie letztlich zur Kolonialherrschaft über Kenia.

Die erste Gelegenheit, in Kenia Fuß zu fassen, ließ Britannien fast ungenutzt – erst mehr als ein halbes Jahrhundert später machten die Briten ihren Machtanspruch wirklich geltend, zunächst in Mombasa, dann mit zunehmender Härte auch im Inneren des Landes.

Die britische Präsenz wurde zu der Zeit durch den schottischen Unternehmer Sir William MacKinnon sichergestellt. 1887 bekam er die Genehmigung für eine Verwaltungs- und Handelseinrichtung unter der Bezeichnung ›British East Africa Association‹, und im folgenden Jahr wurde die ›Imperial British East Africa Company‹ (IBEA) unter dem Protektorat des Königshauses gebildet.

Doch die IBEA war im Juli 1895 bereits bankrott und wurde von der britischen Regierung für £ 200 000 aufgekauft. Damit begannen 68 Jahre

Nächste Doppelseite: Kenias größter Fluß, der Tana, bildet hier mit seinem schlammigen Wasser eine enge Schleife. Auf seinem 700 Kilometer langen Weg bis zum Indischen Ozean führt der Fluß fruchtbare Erde aus Kenias Hochebenen mit sich.

der Herrschaft der Krone in Kenia: Sie bezog sich – zumindest auf dem Papier – auf das gesamte Gebiet mit Ausnahme der Küste. Diese blieb bis zur Unabhängigkeit Teil des Sultanats von Sansibar, doch hatte sich 1888 der Sultan überreden lassen, den Bereich gegen eine ›Miete‹ von £ 17 000 jährlich den Briten als Protektorat abzutreten.

Noch heute steht der alte Palast des Sultans mit Blick auf den Indischen Ozean auf dem Likoni-Aussichtspunkt jenseits des Kilindini Creek. Damals war hier alles ruhig und unberührt, inzwischen entstand, zunächst im Zusammenhang mit dem Bau und der Versorgung der Uganda-Eisenbahn, der belebteste Hafen zwischen Kapstadt und dem Horn von Afrika.

Die meisten europäischen Besucher wählten früher denselben gemächlichen Weg wie Churchill, nämlich eine Seereise durch das Mittelmeer, den Suezkanal hinunter und über das Rote Meer, um das Afrikanische Horn herum und an der Küste Somalias entlang bis nach Kenia.

Das ist vorbei: Ende der 60er Jahre mußten die regelmäßigen Passagierlinien eingestellt werden, und die Bedeutung der Häfen Kenias beschränkt sich heute auf das zunehmende Volumen der Seefrachten. Der Pauschaltourismus wird nur noch mit täglichen Großraum-Charterflügen abgewickelt – ein abrupter Übergang in nicht mehr als acht Stunden aus dem winterlichen Europa ins südliche Paradies.

Unterhalb vom Fort Jesus liegt der erste Beweis für Britanniens ernsthafte Absichten in Kenia: der Mombasa-Klub. 1985 konnte in seinen vornehmen Räumen, in denen heute auch Menschen nicht-weißer Rassen zugelassen sind, das hundertjährige Jubiläum gefeiert werden.

Nicht weit davon, auf dem Treasury Square, stehen weitere Überbleibsel aus der britischen Kolonialzeit: Gerichtsgebäude und Banken. Auf der Landzunge unterhalb der Jesus-Festung liegt State House, damals ein Erholungs- und Rückzugsort für den britischen Gouverneur. Mehr in der Nähe des geschäftigen Stadtzentrums befindet sich die anglikanische Kathedrale; sie ist dem Gedächtnis an Erzbischof Hannington gewidmet, der auf einer Missionsreise in Uganda ermordet wurde.

Von dort aus blickt man auf das älteste Hotel der Stadt, das ›Manor‹, das sich in neunzig Jahren kaum verändert hat. Um die Ecke befindet sich das genauso bekannte Castle-Hotel, dessen Straßencafé zum beliebtesten gesellschaftlichen Treffpunkt und Pausenplatz des Zentrums wurde: der Ort, wo man sich sehen läßt, um am Morgen einen Kaffee zu trinken oder am frühen Abend einen Dämmerschoppen.

Diese Gebäude vom Anfang des 20. Jahrhunderts stehen im scharfen Gegensatz zu den Hochhäusern, die seit den 80er Jahren überall in der City entstehen; aber auch zu den vornehmen arabischen Häusern aus dem Mittelalter in der Altstadt, wo die Atmosphäre aus Tausendundeiner Nacht noch erhalten ist. Dazwischen liegen zahlreiche Moscheen, in denen die Gläubigen durch den Muezzin – manchmal die hohe Sopranstimme eines Knaben – zum Gebet versammelt werden. Die vorherrschende Mischung aus Islam, Hinduismus und Christentum bekommt ihre besonderen Akzente durch die Hindu-Tempel, von denen einer durch seine goldene Spitze und die schweren Silbertüren herausragt.

Diese lebhaften Kontraste zwischen den verschiedenen Gebäuden und Stadtvierteln werden durch die farbenprächtig gekleideten Menschen der unterschiedlichsten Kulturen mitten im brodelnden Mombasa nur noch gesteigert und ergänzt durch die Vielfalt der Pauschaltouristen, die aus allen Teilen der Welt für zwei bis drei Wochen hierherströmen. Die Atmosphäre ist stürmisch und exotisch, die extrovertierte Wesensart der Einheimischen trägt dazu bei, und so nimmt es nicht wunder, daß auch das Nachtleben – wie es sich in Discos und Tag-und-Nacht-Klubs abspielt – das interessanteste und aufregendste des ganzen Landes ist.

Südlich der Insel findet der Besucher ein Band von Lagunen und makellosen Stränden wie Perlen aufgereiht vor. Eine neue Hängebrücke über den Kilindini Creek hinüber zum Festland von Likoni – Kenias Golden Gate Bridge – ist auf den Reißbrettern in Tokio in Planung, bisher aber erfolgt der Zugang zu diesem tropischen Paradies, das geradewegs den Unterhaltungsromanen entsprungen scheint, über eine Autofähre – nichts für Menschen, die die Hektik westlicher Großstädte gewohnt sind.

Gegenüber: Der Tana-Fluß mündet in der Formosa Bay an Kenias Nordküste in den Indischen Ozean und bildet dabei ein vierzig Kilometer breites Delta.

Ein Pokomo mit seinem Boot auf dem Tana. Das Volk der Pokomo umfaßt heute rund 50 000 Menschen. Ihre Dörfer sind zum Schutz gegen die Überschwemmungen des Tana auf Pfählen gebaut.

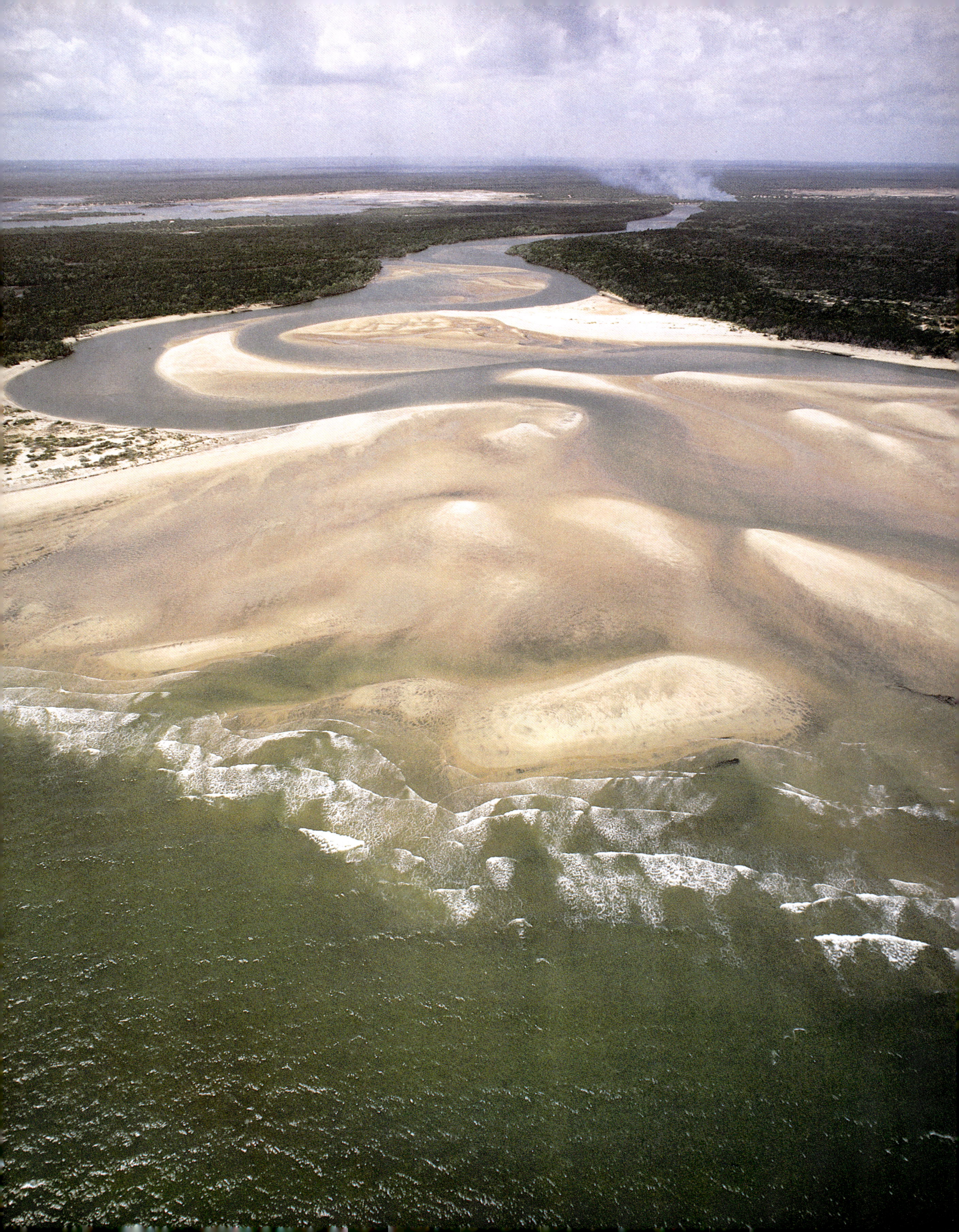

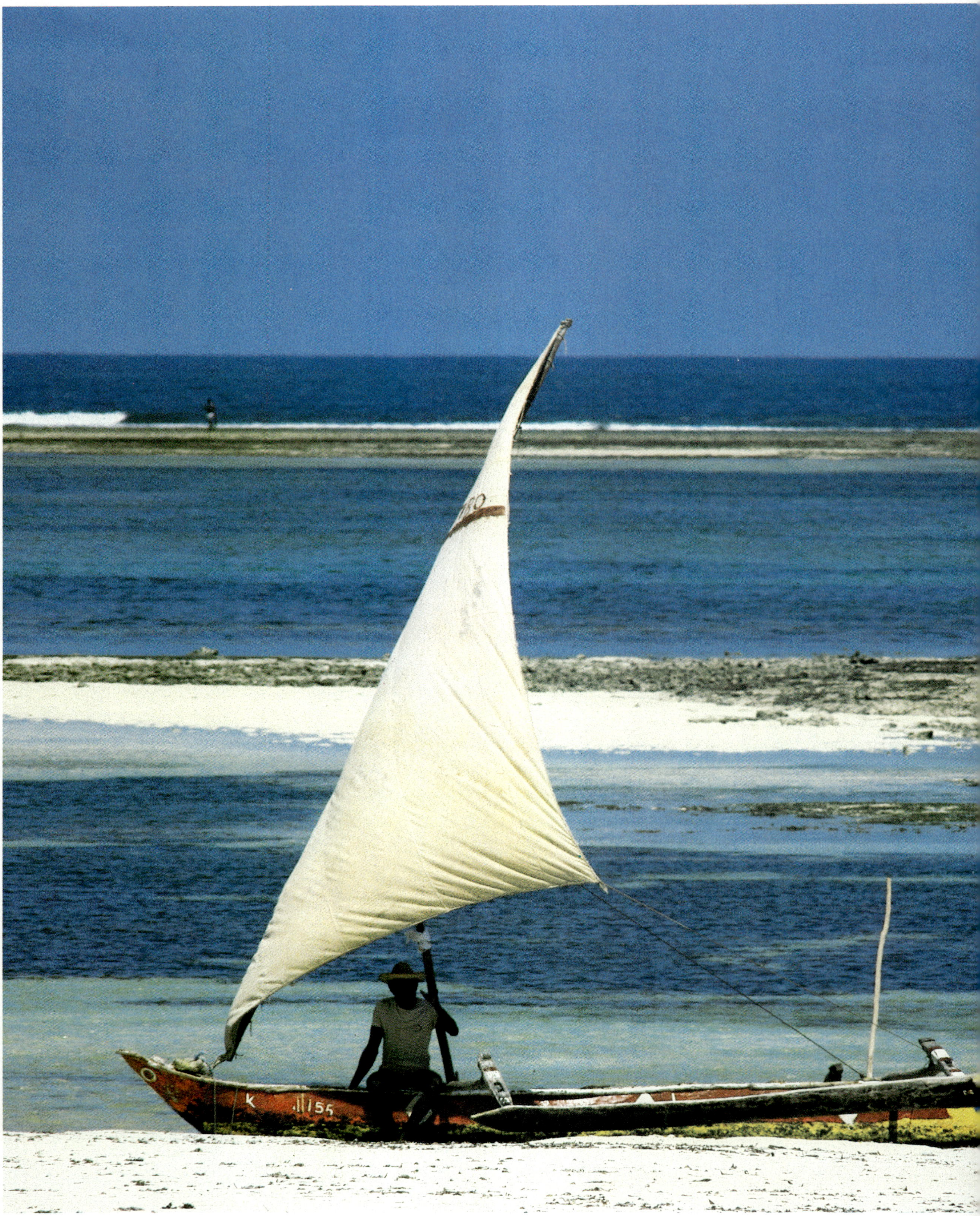

Ein idyllisches Bild an Kenias Meeresküste während der Ebbe: Das Lebenstempo wird an die allgegenwärtige feuchte Hitze angepaßt, die durch die sanfte Meeresbrise etwas gemildert wird.

Sonne, See und Sand – Kenias Zauberformel.

Unten: Die weitgeschwungene Malindi-Bucht.

Die hübschen, feinknochigen Menschen aus dem Volk der Giriamas und der Digos, teils in zwanglose *kikois*, teils in knallbunte Hemden und Blusen gekleidet, stehen in der Warteschlange der Fahrzeuge, mitten unter den geschäftigen Erdnuß- und Eisverkäufern und den lärmenden Hupen der *matatus* und Busse, die um Fahrgäste buhlen.

In der Mitte des Meeresarms strebt gerade ein stattliches Vergnügungsschiff stromaufwärts seinem Liegeplatz zu, während ein Frachter, schwerbeladen mit Kenia-Kaffee, auf der Heimreise nach Europa abwärts fährt.

In Likoni donnern die Autos von der Fähre und müssen dabei um die Fußgänger herumfahren, die unter dem Gewirr aus Straßenkötern, Radfahrern, Verkaufsständen und Bussen endlos aus dem Schiff strömen.

Der bescheidene Shelley-Strand Likonis wurde von den Europäern der Anfangszeit in Kenia zum ersten Erholungsort gemacht, später dehnten sie sich schrittweise weiter nach Süden aus. Zunächst kam Waa hinzu, abgeschlossen und diskret, mit einer Reihe von Hütten auf den Klippen über dem privaten Stückchen vom Garten Eden; als nächstes entstand Tiwi, eine Mischung aus Chalets mit Selbstbedienung und Strandhütten; der Diani-

Kleines Wunder im Zauberland des Korallenriffs: Der schöne Sichel-Kaiserfisch zeigt hier einen delphin-ähnlichen gelben Fleck.

Im durchsichtigen Oberflächenwasser einer Lagune schwimmt ein Koran-Kaiserfisch hinter einem Silberband-Soldatenfisch.

Ein Rotfeuerfisch präsentiert sich in einer Lagune.

Strand, nicht weit davon entfernt, ist hingegen durch neuere Fünf-Sterne-Hotels gekennzeichnet.

Durch die Mündung des Mwachema-Flusses wird der Diani-Strand von den nördlichen Nachbarn getrennt; der Fluß spielte eine wichtige Rolle in dem aufgegebenen Plan, Diani zu einem der attraktivsten Erholungsorte der Welt zu machen. Landschaftsplaner und Architekten hatten in ihrem Entwurf vorgesehen, die Flußmündung zu einer künstlichen Lagune aufzustauen. Doch vielleicht sollten diese Strände besser so bleiben, wie sie von der Natur geschaffen wurden.

Es macht Freude, auf diesen Silbersträndern zu schlendern, denen Ebbe und Flut Rippelmarken aufgeprägt haben, und bei Niedrigwasser weit über die glatten Lagunenflächen hinweg zu schauen, die von Raubtieren und Umwelteinflüssen verschont blieben. Man hat das Gefühl, von der Hetze und dem Zwang der realen Welt völlig befreit zu sein. Das Riff, das sich an der ganzen ostafrikanischen Küste erstreckt und nur vom Großen Barriere-Riff Australiens übertroffen wird, bildet einen natürlichen Schutzwall zum Meer hin und hält Haie und Ölverschmutzung fern.

Von diesem hervorragenden Strand aus findet man immer genügend tiefes Wasser zum Schwimmen und Schorcheltauchen. Unter der ruhigen Oberfläche entdeckt man eine heimliche Welt aus seltsamen Felsbildungen und Lebewesen, aus schwankenden ›Pflanzen‹ (die aber Tierkolonien sind) und kräftig geformten Korallen – Unterwassergärten, schimmernd erleuchtet durch die Schwärme der Kaiserfische, Riffbarsche, Rotfeuerfische, Preußenfische und Papageienfische mit ihren schillernden Regenbogenfarben. Dies hier ist, fürwahr, der Vorraum zum Paradies.

Hinter den Stränden befindet sich zunächst ein Strauchdschungel, durchsetzt von Kokosnuß- und Zitrushainen; er bildet den Übergang zu den Resten tropischen Dschungels, die bei Jadini am ausgedehntesten sind, selbst um die Mittagszeit noch dämmrig und fleckig vom Licht- und Schattenspiel. Vor dem vorsichtigen Fußtritt des eindringenden Fremden fliehen hier noch tödliche Mambas und Kobras in den Teppich aus Fallaub und Blattwerk auf dem Boden, Colobusaffen und Paviane jagen unter bellenden Alarmlauten durch die Bäume, eine scheue Antilope springt erschrocken davon. Nur die Falter, die tausendfach durch die Lichtbahnen huschen, lassen sich nicht stören.

Das Vogelleben ist überreich. Kenia steht der Artenzahl nach an dritter Stelle. Die Vögel sind hier viel besser zu beobachten als in den Dschungeln Lateinamerikas, wo die höchste Artenzahl vorkommt.

Man empfindet Ehrfurcht, wenn man sich so dicht an der Natur in ihren zeitlosen Formen bewegt. So nimmt es nicht wunder, daß einige dieser Waldhaine, *keyas*, von dem Volk der Digos als Heiligtümer verehrt werden; oft versammeln sie sich im Schatten des *Kaya Tiwi*, der als Kathedrale zur Verehrung des Schöpfergottes dient.

Auch die Moslems sind von der spirituellen Atmosphäre berührt; sie haben schon im 16. Jahrhundert einen Hain aus Baobabbäumen – jenen seltsamen, weltweit verbreiteten tropischen Baumgestalten – oben auf einer Korallenklippe zur Pilgermoschee erklärt.

Vor langer Zeit bildeten sich durch starke Fluten im unteren Teil dieser Klippen zahlreiche Höhlen; sie werden von Tausenden Fledermäusen bewohnt, die während der raschen Abenddämmerung ausschwärmen. Hier am Äquator bleibt der gleichmäßige Tag-Nacht-Wechsel das ganze Jahr über nahezu gleich: In zwölf Monaten weichen die Extreme der Tageslängen nur um etwa 30 Minuten ab. Die Lebewesen in der Wildnis haben sich hervorragend an diesen Rhythmus angepaßt, sie werden höchstens einmal durch eine Mondfinsternis verwirrt.

Der größte dieser ursprünglichen Küstenwälder liegt jedoch ein paar Kilometer landeinwärts auf den rund 450 m hohen Shimba-Hügeln. Hier befindet sich seit langem ein Schutzgebiet, das hauptsächlich durch seine Rappenantilopen bekannt ist. Für den Übergang von der gemäßigt tropischen Küste bis zum Rest der Binnenlandvegetation Kenias braucht man nur kurze 20 Minuten Autofahrt bis nach Kwale, dem Verwaltungszentrum für den größten Teil der Südküste. Nach der schweißtreibenden Hitze unten findet man die Luft hier erfrischend kühl. Nachdem die Monsunwinde Tausende von Kilometern über den Indischen Ozean gewandert sind, treffen sie hier auf den Fuß der Hügel, steigen nach oben und wehen angenehm kühl über das üppige Parkland hinweg. Antilopen, Büffel und Elefantenherden ziehen über das Schutzgebiet und weiden.

Im Wald selbst hängen seltsam geformte Lianen von den Baumriesen herab, die Schatten und Deckung bieten. Der Leopard schleicht hier geschmeidig durch das Geäst; es ist fast unmöglich, ihn zu entdecken, das gefleckte Fell verschmilzt vollkommen mit dem Licht-und-Schatten-Muster.

In einer Ecke des Schutzgebietes bietet eine Luxuslodge ein einmaliges Erlebnis. Von einem Beobachtungsstand aus, den man auf einem Verbindungssteg durch die Luft erreicht, können die Besucher bei künstlichem Mondlicht ein spannendes nächtliches Schauspiel genießen: An das Wasserloch unter ihnen kommen die Elefanten und die kleineren Tiere, grazile Gazellen und Antilopen, die ständig nervös wirken, weil sie vor dem heimlichsten aller Beutegreifer auf der Hut sein müssen.

Noch hingerissen von dem hautnahen Erlebnis ewiger Naturgesetze, kehren die Besucher früh am Morgen in die scharf gegensätzliche Welt weiter unten zurück.

Schüchterne moslemische Mädchen mit lächelnden Augen im bui-bui, *der althergebrachten Kleidung des Islam.*

Das junge Mädchen, das hier eine Kokosnuß zerkleinert, gehört zu der am wenigsten bekannten Gemeinschaft Kenias: den Segeju.

Südlich von Diani ist die Küste ursprünglich und wenig entwickelt. Sie blieb hier weitgehend unberührt von der rasch angewachsenen Touristenindustrie, der zweitgrößten Einkommensquelle des Landes. Das ändert sich erst in Shimoni, der ersten britischen Dauersiedlung auf dem kenianischen Festland, einstiger Sitz von MacKinnons Unternehmen IBEA und schon seit langem Erholungsort der Siedler. Der Ort ist berühmt als Ausgangspunkt zum Tiefsee-Angeln im Pemba-Kanal.

Die fischreiche Meerenge trennt die Küste von Pemba, der Insel des benachbarten Tansania. Erfahrene Angler aus aller Welt treffen sich im ›Pemba Channel Fishing Club‹, der einst durch einen Besuch des Schriftstellers Ernest Hemingway geadelt wurde. Sie kommen hier zusammen, um ihre Kräfte mit den bis zu 400 Kilogramm schweren Riesen der Tiefsee zu messen – den Marlinen, Barrakudas, Bonitos, Thunfischen, Schwertfischen, Fächerfischen und Haien.

Nur wenige Kilometer landeinwärts befindet sich einer der ersten Meeres-Nationalparks der Welt: In seinem kristallklaren Wasser liegen die faszinierendsten Korallengärten. Außerdem gibt es hier eine ursprüngliche tropische Insel: Wasini, die zwar bewohnt ist, aber doch weitgehend unberührt und mit interessanten Korallenformationen.

Auf dem Festland kann man eine alte Sklavenhütte besichtigen, wo früher die bedauernswerten Menschen untergebracht wurden, bis die Sklavenhändler kamen, um sie unter unwürdigen Bedingungen unter Deck auf Schiffen fortzubringen. Viele von ihnen starben während der langen Reise in die westliche Welt. Dieser Teil der Küste ist noch immer recht verschlafen, die dynamischen Veränderungen, die weiter nördlich stattgefunden haben, sind nicht bis hierher vorgedrungen.

Der Massentourismus ist ein verhältnismäßig neues Phänomen in Kenia. Zum Zeitpunkt der Unabhängigkeit in den frühen 60er Jahren kamen etwa 60 000 jährlich – eine Elite aus reichen und prominenten Reisenden. Ihr Ziel war vor allem die Jagd auf Großwild in den Savannen des Binnenlandes. Nur wenige besuchten die Küste, überwiegend europäische Landwirte und Siedler aus dem Binnenland.

Jahrelang bestand das Sprungbrett von Mombasa nach Norden in einer Zollbrücke auf Pontons, die sich mit den Gezeiten hob und senkte. Heute wird der Tudor Creek von einer eleganten, neuen japanischen Brücke in einem Bogen überspannt – Symbol für den raschen Wandel, den die Unabhängigkeit und der Pauschaltourismus in Gang gesetzt haben. Bewohner des Landes und Touristen können sich von hier aus auf eine Reise begeben, die sich auf Teer- oder Schotterstraßen, auf gänzlich unbefestigten Straßen oder Wegen und mit Hilfe von Fähren und Booten über mehr als 400 Kilometer bis zur somalischen Grenze erstreckt.

Vor etwa einem halben Jahrhundert begann eine Gruppe von Investoren das Festland von Nyali, genau gegenüber der Altstadt, zu entwickeln. Es gab vorher nur eine einzige Siedlung: Freretown, benannt nach einem britischen Verwaltungsbeamten, der hier eine Zufluchtsstätte für davongelaufene Sklaven eingerichtet hatte.

Heute gibt es hier geräumige und hübsche Häuser, einen 18-Loch-Golfplatz und reizende Hotels, darunter das älteste und unbestreitbar prächtigste, das Nyali-Beach-Hotel. Die Perlenkette dieser ansehnlichen Gebäude und Anlagen setzt sich unmittelbar an den angrenzenden Stränden Bamburi und Shanzu fort.

Nur etwa einen Kilometer landeinwärts befindet sich eine Zementfabrik, früher die zehntgrößte der Welt. Durch ihren Abbau hat sie den Busch und den Korallenuntergrund stark verunstaltet. Doch hat die Firma, ausgelöst durch ein vorbildhaftes Bürgerbewußtsein, eines der besten Renaturierungs- und Schutzprogramme der Industriegeschichte in Gang gesetzt.

Ende der 60er Jahre arbeitete hier der Schweizer Agronom René Haller als Landschafts- und Naturschutzplaner. Nach zwei Jahrzehnten ist ein großer Teil der unansehnlichen Steinbrüche in bewundernswerte Schutzgebiete mit Kasuarinen, Kiefern, Fischteichen und Wildgehölzen verwandelt, die sogar durch landwirtschaftliche Nutzung und Fischfang und als Touristenattraktion Erträge bringen.

Jenseits von diesem extensiven Erholungsgebiet führt eine Hängebrücke über den Mtwapa Creek. Vor Jahren wendete sich hier die Straße noch landeinwärts zu einem Ort namens Shimo la Tewa; dort wurde man mit einer Seilfähre von einer dunkelhäutigen Mannschaft unter rhythmischen Gesängen über den Meeresarm gezogen. An dem Gewässer reiht sich ein Tauch- und Wassersportzentrum an das andere – der tiefe Meeresarm eignet sich hervorragend zum Tauchen mit Atemgerät und zum Wasserskifahren; störende Wellen treten kaum auf, denn vor dem Wind schützen die Klippen an den Ufern, auf denen vornehme Häuser mit schwer duftenden tropischen Pflanzen in den Gärten stehen.

Auf der nördlichen Seite befinden sich ein Aquarium und ein Standquartier für Luxus-Dhaufahrten, bei denen die Fahrgäste mit Giriama-Tänzen unterhalten werden. Wie die Digos zählen die überschwenglichen, extrovertierten Giriamas zu einer mehrere Millionen umfassenden Volksgruppe, die als Nyika oder Mijikenda zusammengefaßt wird. Zu ihr zählen außerdem sieben weitere, weniger bekannte Völker – die Duruma, Jibana, Ribe, Kambe, Rabai und Kauma –, doch überwiegen die Giriama bei weitem.

Irgendwann im 16. Jahrhundert zogen die Giriamas hierher, als sie von den Oromo-Kriegern aus Nordost-Kenia und Südost-Äthiopien südwärts verdrängt worden waren.

Jahrhundertelang blieben die einzelnen Dörfer *kaya* getrennt, erst vor rund einem halben Jahrhundert schlossen sie sich zu einer losen übergeordneten Gemeinschaft zusammen. Die Seher, eine freimaurerähnliche Bruderschaft der Medizinmänner, hatten das Monopol für bestimmte Kenntnisse und Heilverfahren alle anderen wurden in Abhängigkeit gehalten.

Heute erinnern an die alte Kultur dieses Volkes die halmgedeckten Häuser und die lockere Lebenshaltung, die sich in dem sonnigen Humor und in den Tänzen ausdrückt. Jahrhundertelang gingen in dem unangenehmen Klima der Küste ihre Frauen busenfrei; im übrigen galt ein gut gerundetes, um nicht zu sagen enormes, aber gut bedecktes Hinterteil als Hauptmerkmal sexueller Anziehungskraft. Früher wurde hier häufig durch Polsterung nachgeholfen; als man Anfang des Jahrhunderts Fahrradreifen und -schläuche kennenlernte, boten sich schöpferische Möglichkeiten zur Verschönerung des besagten anatomischen Bereichs.

Bei vielen Giriamas kam es während des jahrhundertelangen Kontaktes mit den Besuchern der Küste unterschiedlicher Herkunft zu Mischehen, so daß eine Verschmelzung aus mehreren Wurzeln entstand, die man heute als Swahili-Leute bezeichnet. Dieses fröhliche Mischvolk gehört dem Islam an und hat eine Abneigung gegen unzüchtige Kleidung, wie naiv die Motive auch immer sein mögen. Durch die verschiedenen Menschengruppen

Giriama-Kinder bei der Mehlbereitung. Als einer der neun Stämme der Mijikenda-Gruppe, die eine Million Menschen umfaßt, sind die Giriama an der gesamten Küste bis zur tansanischen Grenze nördlich von Lamu verbreitet.

bekommen Mombasa und das Umland an der Küste ihre eigene Prägung, wie sie sonst nirgends in Kenia zu finden ist.

Einer der ersten Erholungsorte Kenias entstand in Kikambala, etwas unterhalb von Mtwapa. Die ursprünglichen luftigen Hotels mit den spitzen Halmdächern, die wegen ihrer Einfachheit und Kühle beliebt waren, wurden längst in massive Pauschaltouristenhotels umgewandelt, mit Blocks aus Betonanbauten für die Zimmer, den Service und für Veranstaltungen – von vielen wird das bedauert. Einige Planer blieben aber der Idee großer, vornehmer Holzbauten mit einem Palmwedeldach *makuti* treu.

Wenn man sich an einem solchen Strand unter einer schattigen Palme gerade oberhalb der Flutmarke rekelt, ein Glas Wermut in der Hand – geschüttelt, aber nicht umgerührt – und die gebräunten, langbeinigen Schönheiten aus dem frostigen Europa dabei beobachtet, wie sie mit wiegender Anmut der Lagune zustreben, während man selber gerade mit einem Fischer um den Preis einer köstlichen Languste feilscht – dann fühlt man sich leicht in die Welt eines James Bond versetzt.

Hinter Kikambala bleibt die Küste bis Kilifi, auf halbem Weg zwischen Mombasa und Malindi, unverändert. Eine Ausnahme bilden allerdings die ausufernden Sisal-Ländereien von Vipingo. Sisal war unter den ersten Feldfrüchten, die nicht für den Eigengebrauch angebaut wurden. Doch verdrängte die Einführung künstlicher Fasern das Naturprodukt größtenteils rasch. Dennoch heißt es, daß ein gutes Jahr hier zehn schlechte mehr als ausgleicht. Viele Erzeuger wurden über Nacht zu Millionären, wenn sie gerade einen Boom erlebten.

In Kilifi führen die veralteten Autofähren oft zu kilometerlangen Schlangen, doch ist der Ort nach wie vor eines der Juwelen der Küste. Hohe Klippen säumen die Einfahrt zu dem natürlichen Tiefwasserhafen – der Durchlaß durch das Riff ist der einzige begrenzende Faktor für die Zahl der Fahrzeuge, die hier anlegen können.

An den Felsen liegen in Stufen bis nach unten die hübschen Häuser, die auch an die Riviera passen würden, mit Blick auf die seegängigen Jachten, die an ihrer Vertäuung auf und ab tanzen. Bis fünfzehn Kilometer landeinwärts hat sich Kilifi zu einem natürlichen Zentrum für Wassersport entwickelt; Windsurfen, Wasserski, Motorbootrennen und Segeln gehören zu den beliebtesten Attraktionen. Auch andere *afficionados* werden von dem Ort magisch angezogen, beispielsweise Vogelkenner. In den Mangrovesümpfen am äußersten Ende des Meeresarms halten sich Millionen von karminroten Bienenfressern (Karminspinten) auf; in der Abenddämmerung fliegen sie in großen Schwärmen heran und verdunkeln die Sonne wie eine Wolke.

Wenn sie eine Biene gefangen haben, klopfen diese zwergenhaften Vögel erst den Giftstachel heraus, bevor sie das Insekt verschlucken. Mit ihren langen Schnäbeln, spitz zulaufenden Körpern und länglichen Schwänzen bieten sie im Flug ein schönes Bild; das Geräusch ihrer Flügel erfüllt die Luft mit einem feinen Summton.

Ganz in der Nähe dieser ornithologischen Schatzkammer befindet sich eine zweite mit seltenen Tierarten: der Sokoke-Wald, letzter Rest der ursprünglichen Küstenbewaldung. Das ungefährdete, aber geschützte Gebiet dient nach wie vor dem Rückzug aussterbender Arten.
Zwischen Kilifi und Watamu, dem nächsten Erholungsort, finden sich locker verteilt verträumte Dörfer mit Halmdächern, in denen sich trotz der anwachsenden Touristenzahlen die Lebensweise kaum verändert hat. Bei

Takaungu liegt das vergessene Grab eines Omani-Sultans, der hier im 19. Jahrhundert starb. In dem Ort hat sich eine Holzschnitzerindustrie entwickelt, hauptsächlich werden fein beschnitzte Türen mit arabischen Inschriften hergestellt.

Das Suaheli, eine der größten lebenden Sprachen der Welt, entstand aus einer Verschmelzung des Arabischen mit einigen heimischen Mundarten. Wie alle großen Sprachen nimmt auch das Suaheli fortlaufend noch Elemente aus anderen Sprachen auf. Besonders häufig wurden Urdu-Wörter einverleibt, z. B. *gari* für ›Fahrzeug‹, sowie englische Ausdrücke. Als die Briten hierherkamen, gab es beispielsweise kein entsprechendes Wort für den ›Commissioner‹ (den Bevollmächtigten). Rasch wurde dem Gehör nach das Suaheli-Wort *Komishona* daraus gebildet.

Die Sprache nahm an Bedeutung zu und wurde an solchen Orten wie der verlassenen Stadt Gede weiterentwickelt, deren Ruinen im Strauchdschungel bei Watamu nur noch schwer zu finden sind. Einst war Gede eine vornehme Hauptstadt; aus unerklärlichen Gründen ging sie im 16. Jahrhundert zugrunde und wurde bald von den schnellwüchsigen Bäumen und Lianen überwuchert; erst zu Anfang unseres Jahrhunderts wurde sie überhaupt wiederentdeckt.

Die Ruinen lassen erkennen, daß Gede damals von einer vornehmen und gutherzigen Gemeinschaft bewohnt wurde, doch fanden sich keine Aufzeichnungen über ihre Geschichte oder die Gründe, weshalb die Stadt über Nacht verlassen wurde. Geht man zwischen den Resten der alten Gebäude, muß man den Eindruck gewinnen, daß nur noch unheilvolle Geister zurückgeblieben sind. Aus den Ruinen der Moscheen und Wohnhäuser tauchen Schwärme dunkler Fledermäuse auf, und Schlangen gleiten raschelnd unter die verfallenen Gemäuer in Deckung.

Watamu liegt bogenförmig um die Turtle Bay, eine Bucht mit leuchtend blauem Wasser, Korallengärten und Atollen; landeinwärts reicht der Ort bis an die Ausläufer des Mida Creek – auch dies ein ornithologisches Paradies, wo sich Vogelkenner über den Reichtum an Brut- und Zugvögeln freuen, besonders Wasservögeln der nördlichen Halbkugel.

Die Taucher mit Atemgerät erfreuen sich ihrerseits an den reichen Entdeckungen, die sie in der Turtle-Bucht machen können. Bei Flut kann man eine Unterwasserhöhle besuchen; dort lassen sich riesige, bis 400 Kilogramm schwere Klippenbarsche (Serranidae) beobachten, die eine umgekehrte Lage eingenommen haben, weil sie durch die schimmernde Höhlendecke desorientiert sind. Anfänger sollten hier jedoch wegen der unberechenbaren Unterströmungen nicht tauchen.

Zwanzig Kilometer weiter nördlich kann man womöglich auf eine Hinterlassenschaft eines portugiesischen Kriegers stoßen, die jahrhundertelang im Sand verborgen war. Vasco da Gama setzte 1498 bei Malindi zum ersten Mal seinen Fuß auf ostafrikanischen Boden – nachdem man ihn von Mombasa durch Kappen der Ankerseile vertrieben hatte – und kam rasch in freundschaftlichen Kontakt mit dem Sultan. Nach allen Berichten waren der Sultan und seine Vorgänger gesellige und kultivierte Menschen. Im Jahre 1417 hatten sie bereits dem Kaiser von China eine Giraffe geschenkt, die bei den Mandarinen, denen sie überreicht wurde, helle Verwunderung auslöste. Zwei Jahre später sandten die Chinesen eine Flotte mit Gegengeschenken und schickten bei der Gelegenheit auch den Giraffenpfleger zurück, der das Tier aus Malindi begleitet hatte.

Die Begrüßung, die Vasco da Gama erfuhr, war denkwürdig: „Neun Tage lang hatten wir Feste, Scheinkämpfe und Musikdarbietungen." Schließlich entließ der Sultan die portugiesischen Seefahrer mit reichlich Früchten und Proviant und gab ihnen einen Lotsen mit, der die Seestrecke nach Kalkutta kannte, so daß die Seereise von Portugal bis Indien gesichert war. Ein Denkmal auf der Landzunge, wo er an Land ging, erinnert daran.

Malindi liegt an einer weit geschwungenen Bucht. Hier befindet sich eine der wenigen Stellen, wo das Korallenriff unterbrochen ist, der Indische Ozean ungehindert eindringt und deshalb Wellenreiten möglich ist.

Bis zu den 60er Jahren blieb Malindi nahezu unberührt, abgesehen von ein paar Ferienhäusern der Siedler und einem Golfplatz; danach aber wurde es als Außenposten in den Pauschaltourismus einbezogen. Fast über

Die Ruinen von Gede, der sagenhaften arabischen Stadt, seit Jahrhunderten verlassen, wurden längst von der tropischen Natur zurückerobert.

Die Korallensteinmauern der Ruinenstadt Jumba unweit vom Mtwapa Creek waren so stark vom Urwald überwuchert, daß sie erst Ende der 60er Jahre entdeckt wurden.

Nacht entstanden die Strandhotels, und heute ertönt auf den bunten Märkten ein Sprachgewirr aus Suaheli, Englisch, Deutsch und Italienisch.

Am südlichen Ende der Stadt kann man Kenias ersten Meeres-Nationalpark besichtigen. Das Unterwasser-Paradies ist jedoch leider durch den Schlamm gefährdet, der in Tausenden von Tonnen zu jeder Regenzeit vom Sabaki eingeschwemmt wird und die Riff-Fische sowie die zerbrechlichen Korallenstöcke bedroht, die in Tausenden von Jahren entstanden.

Seit den dreißiger Jahren, als Ernest Hemingway hier eintraf, um seiner Lieblingsbeschäftigung nachzugehen – in Wirklichkeit verbrachte er mehr Zeit in der Bar ›Blue Marlin‹ beim Gin als beim Thunfischfang –, wurde Malindi zum Ausgangspunkt für die meisten großen Sportfischereiwettbewerbe. Aus aller Welt kommen Tiefseeangler mit dem Flugzeug hierher, um ihre Kräfte mit den Meeresriesen zu messen, für die die Küstengewässer Kenias berühmt sind.

Aus der Sicht der meisten Besucher aber läßt sich das Besondere dieser Küstengebiete in dem 300 Kilometer langen Abschnitt nördlich von Malindi erleben. Das bewahrheitet sich sehr schnell, sobald man auf der anderen Seite der Sabaki-Hängebrücke die Teerstraße verläßt.

In Ngomeni fasziniert das Nebeneinander der Atmosphäre aus Tausendundeiner Nacht – scheue, verschleierte Mädchen, Minarette und zinnenbewehrte Moscheen – und andererseits den technischen Einrichtungen des 20. Jahrhunderts. Außerhalb am Meer steht die Abschußrampe für Satelliten, die von den Italienern in den sechziger Jahren gebaut wurde. Zum Glück wird nur selten beim Start der Raketen für die Forschungs- und

Eine Säule kennzeichnet die Stelle in Malindi, an der Vasco da Gama vor 500 Jahren an Land ging.

Oben rechts: Besonderes Grabmal aus dem 15. Jahrhundert vor einer Moschee in Malindi.

Unten rechts: Dieser Glockenturm auf der Mombasa-Insel warnte geflohene Sklaven, wenn die Händler ihnen auf die Spur kamen.

Grabmal des Scheichs von Changwame aus dem 17. Jahrhundert. Seine Familie gehörte zu den ursprünglichen Herrschern in Mombasa.

Wettersatelliten der Nachthimmel grell erleuchtet. Die meiste Zeit über kann man sich hier durchaus ein, zwei Jahrhunderte zurückversetzt fühlen.

Bei Marafu, nicht weit landeinwärts von Ngomeni aus, findet sich eine auffallend gefärbte Mondlandschaft aus erodierten Zinnen und Klippen, die von den Einheimischen ›Höllenküche‹ genannt wird. Bei Gongoni sind die vom Menschen geschaffenen Lagunen sehenswert, in denen die auflaufende Flut eingefangen wird, um durch Verdunstung Salz zu gewinnen.

Außerdem kann man hier buchstäblich ins Meer hinausgehen, um einen Wahrheit gewordenen Traum zu besichtigen. Eine europäische Siedlerfamilie hat ein Korallenatoll in eine Robinsoninsel verwandelt, die vom erstklassigen Mahl aus Meeresfrüchten bis zu den wichtigsten Wassersportarten alles bietet.

In der zauberhaften Formosa-Bucht im Norden der Insel, die nicht von einem Riff geschützt wird, ermöglichen die Brecher abenteuerliche Wasserskifahrten. Der Tana, Kenias größter Fluß, mündet hier in einem ausgreifenden Delta aus Mangrovesümpfen, die 40 km landeinwärts bis nach Garsen reichen, die Hauptstadt des Kernlandes der Orma und Pokomo.

Durch die ständige Überschwemmungsgefahr ist der Tana ein unangenehmer Fluß; bei den gelegentlichen Regenfällen kann er auf beiden Seiten zehn Kilometer weit über die Ufer treten. Wer gerade auf der Hauptstraße nach Lamu fährt, bleibt im Wasser oder im Schlamm stecken. Auch der Fährenbetrieb zwischen den Ufern muß wegen der starken Strömung eingestellt werden.

In Garsen gibt es aber keine Unterkünfte, die den Namen ›Hotel‹ verdienen. Die Bootsbesitzer unter den Pokomos machen deshalb bei Hochwasser phantastische Geschäfte: Sie benutzen ihre hölzernen Kanus als amphibische Version der *matatus*, die überall auf Kenias Straßen zu sehen sind. Sie befördern die wartenden Touristen, Rucksackreisenden und heimischen Pendler auf die andere Seite, wo sich in tausend Jahren wenig verändert hat. In der Wildnis der Mangrovesümpfe lassen sich die Reste exzentrischer Unternehmungen erkennen – Gummiplantagen u. ä. –, die hier um die Jahrhundertwende von entsprechend exzentrischen Europäern oder Einheimischen begonnen wurden.

In den 60er Jahren des 19. Jahrhunderts ließ der Sultan von Witu einen Kanal durch die Sümpfe zwischen dem Tana und einem kleinen Fluß namens Ozi anlegen, um die Wasser des Tana zu nutzen. Zwei Jahrzehnte später wurden seine Plantagen durch Überschwemmung vernichtet, als der Tana den Kanal als günstiges Bett annahm und seinen Lauf für immer veränderte. Noch heute fließt er bei Kipini in den Indischen Ozean.

Witu wirkt heute verloren und verlassen, wenn man von den kleinen, verstreuten Dörfern absieht; aber eine Zeitlang hatte sich hier wegen der üppigen Mangoplantagen ein gewisser Wohlstand entwickelt. Das änderte sich plötzlich durch den Einfluß des Sultans, der nach einem Affront gegen den weitaus mächtigeren Sultan von Sansibar 1862 als Flüchtling hiergekommen war. Er unterzeichnete 1888 einen Vertrag mit den Gebrüdern Dendhart aus Deutschland. Der Sultan mit dem Spitznamen ›Simba‹ (Löwe in Suaheli) rief Witu als Staat Swahililand aus und ließ sogar seine eigenen Münzen prägen und Briefmarken drucken.

Doch der Berlin-Vertrag von 1890 ließ diese unsichere Allianz hinfällig werden. Trotzdem blieben neun Deutsche, die eine Sägemühle im Fürstentum einrichten wollten – zum Ärger des neuen Sultans, Simbas Sohn. Bei einer Auseinandersetzung erschoß einer der Deutschen seine Wache und wurde daraufhin selber getötet, zusammen mit den anderen.

Der Sultan weigerte sich, die Angelegenheit mit der neuen Verwaltung zu besprechen, deshalb verwüstete eine britische Strafexpedition die Stadt und die Plantagen der Umgebung.

Irgend etwas muß in dieser Gegend die Verrücktheit fördern. Mindestens drei der Offiziere sollen während ihrer Stationierung in Kipini Selbstmord begangen haben. Seit Jahren rostet hier auf einer Schlammbank das Wrack der Barkasse *Pelican*, mit der ein Bezirksbevollmächtigter die britische Flagge bis Garissa stromaufwärts bringen wollte.

Hier in Witu war es auch, wo vor dem Ersten Weltkrieg ein anderer europäischer Siedler – Charlie ›Coconut‹ Winton – eine neue Plantage anlegte. Sie erwies sich als Fehlschlag, und Winton zog sich in sein Haus in Lamu zurück, schloß die Türen und setzte vierzig Jahre lang keinen Fuß mehr vor die Tür.

Sein ebenbürtiger Zeitgenosse Percy Petley befaßte sich ebenfalls glücklos mit der Landwirtschaft – er ging bankrott – und eröffnete in Lamu die Gaststätte ›Petley's Inn‹. Sie erwarb sich den Ruf als eines der exzentrischsten Wirtshäuser der Geschichte. Die überraschten Gäste wurden oft aufgefordert, sich ihr Essen selber zu kochen. Widersetzten sie sich, wurden sie aufgefordert, das Lokal zu verlassen.

Was Gibbon so ähnlich über Abyssinia sagte, gilt auch für Lamu: der Ort schlafe in seinen eigenen Schatten „nahezu tausend Jahre lang, und vergaß

Der Wind bläht die Lateinsegel von zwei Dhaus, während sie die geschützten Gewässer des Kilifi Creek verlassen. Mit derartigen Schiffen wurde über zweitausend Jahre lang Handel zwischen Afrika und Arabien getrieben.

Traditionelle Küstendhau bei Niedrigwasser.

die Welt, wie die Welt den Ort vergaß". Die Europäer müssen hier bei ihrer Ankunft wie ein Donnerschlag der Götter gewirkt haben.

Für die Beat-Generation der 60er Jahre war Lamu das andere Ende des Regenbogens, der von der ›Freak Street‹ in Kathmandu ausging. Hier brauchte man bloß einfach auszusteigen, während man sich in Nepals Hauptstadt mit Marihuana und Haschisch hinauskatapultierte.

Die Wanderer mit ihren zotteligen Haaren waren mehr daran beteiligt, die Stadt aus ihrem Dornröschenschlaf zu reißen, als Henry Morton Stanley bei seinem Besuch vor einem Jahrhundert. Mit dem ersten Schritt, den die Hippies in den schmalen Straßen und Gassen taten, leiteten sie die Renaissance des Ortes ein. Äußerlich hat sich aber in der streng islamischen Stadt wenig geändert; das einzige Auto – das des Bezirksbevollmächtigten – kann nur rund 2 km weit fahren, die nicht in bebauten Gebieten liegen.

Hauptsächliches Beförderungsmittel ist der Esel. In den achtziger Jahren gab es so viele von den Grautieren, daß ein wütender Bürger, aufgebracht über den Kot in den Straßen, die Einführung von Eselwindeln forderte, um seine hübsche Stadt sauberzuhalten.

Doch hat Lamu seine geheimnisvolle Atmosphäre noch bewahrt. Der Ort ist der letzte Rest einer tausendjährigen Zivilisation, die sich zwischen dem 9. und 19. Jahrhundert entwickelte. Die erste Besiedlung erfolgte bereits im 2. Jahrhundert. Die vornehmen alten Häuser mit ihren *cortiles* spiegeln ein Kulturerbe wider, das bereits Fließwasserleitungen und einfache Klimaanlagen kannte, als Europa noch in finsteren Zeiten lebte.

Gelegentlich sieht der Besucher, wie eine Tür zu einem blumengeschmückten Innenhof geöffnet wird: Der Duft der Blumen weht einem entgegen, manchmal plätschern Brunnen, und man erblickt ein idyllisches Bild aus kühlen Farben.

In den Gassen sieht man dunkeläugige Mädchen, gekleidet in das allesverhüllende schwarze Gewand *bui-bui*, das nur die Augen dem öffentlichen Blick freigibt; scheu kichern sie in sich hinein, während sie auf dem Weg zu einer Besorgung daherschlendern.

Wie Mombasa und Malindi war auch Lamu im 16. Jahrhundert eine blühende Hafenstadt und ein Sultanat, das oft mit seinen Nachbarn ritualisierte Kriege führte – vor allem mit Pate, Siyo und Faza, Inselkönigreichen dieses nördlichen Archipels. Über Jahrhunderte ging das so vor sich: Sie segelten mit flatternden Wimpeln hinüber, reich uniformiert, und stimmten mit Stil und Würde Schlachtrufe an, mit denen ihre Rivalen verspottet wurden. Echte Kämpfe zählten wenig in der Liste der Heldentaten, doch wenn die Armeen einmal zusammenstießen, war das Ende oft blutig.

Im Jahre 1813 berechnete der Nabhani von Pate den Zeitpunkt der Ebbe falsch, als er mit seiner Flotte an den Shela-Strand von Lamu segelte, um sozusagen dem Sultan einen metaphorischen Fehdehandschuh hinzuwerfen.

Erzürnt befahl der Sultan einen Gegenangriff, und die Bataillone von Pate zogen sich rasch auf ihre Boote zurück – die inzwischen wegen der Ebbe trockenlagen. Es kam zu einem gräßlichen Gemetzel, aus dem die Leute von Lamu als goldene Sieger hervorgingen. Sie konnten den gesam-

Der Shela-Strand von Lamu: Schauplatz eines gräßlichen Massakers, als die Flotte eines rivalisierenden Sultans bei ablaufendem Wasser plötzlich festsaß.

Dhaus und Boote im alten Hafen von Lamu.

ten Handel in die Hand nehmen und lebten sechzig Jahre lang in wachsendem Wohlstand, bis die Briten Sansibar zwangen, ein Anti-Sklaven-Gesetz zu unterzeichnen. Dabei setzten sie sich mit Schiffspatrouillen an der Küste durch, die die Sklavenschiffe abfingen, aber auch mit Hilfe der Missionare und solcher ›Kreuzfahrer‹ wie Stanley. Lamus wirtschaftlicher Abstieg ging rasch vonstatten; erst mit dem unerwarteten Zustrom der Hippies erholte es sich wieder, sie läuteten Lamus goldenes Zeitalter als Touristenziel ein.

Die Bewohner von Siyu und Pate beobachten ihren wohlhabenden Nachbarn auf der anderen Seite des Meeresarms, ohne sich von der augenblicklichen Lage beeindrucken zu lassen, offenbar zufrieden mit ihrem eigenen Schicksal. Eine mächtige Festung und eine rostige Kanone erinnern in Siyu noch an die bewegte Vergangenheit; jetzt liefern sie nur noch ein interessantes Spiegelbild im ruhigen Gewässer am Rand der Geschichte, an den sie verdrängt wurden.

In Pata bezeichnet einzig ein grasbewachsener Landestreifen mitten im tropischen Wald den Zusammenhang zum 20. Jahrhundert. Die seltenen Besucher werden auf Eseln über einen Dschungelpfad, durch Mango- und Kokosnuß-Plantagen und über das unverdorbene Hinterland hinweg zu den kürzlich entdeckten Ruinen der ersten bekannten Siedlung an der kenianischen Küste geführt; Abwechslung bieten unterwegs die Dörfer mit halmgedeckten Hütten und lachenden Mädchen und finsteren Männern.

1980 begann man ernsthaft mit der Ausgrabung der verlassenen Stadt Shanga. Eine ›Operation-Drake‹-Mannschaft unter Leitung des Archäologen Mark Horton grub sich durch verschiedene Schichten der Häuser und

Schaukampf in Lamu während der Feierlichkeiten zum Geburtstag des Propheten Mohammed.

Rechts: In Lamu ist das alte Handwerk des Dhau-Baus noch lebendig. Alle legen beim Stapellauf mit Hand an – ganz im Geiste des kenianischen ›Harambee‹ (wir ziehen alle an einem Strang).

Straßen bis zur Ebene des 9. Jahrhunderts vor. Aus den zahlreichen Funden und Gebäuderesten ließ sich das Bild einer faszinierenden Gesellschaft gewinnen. Hochgestellte Kaufleute und ihre Frauen führten damals in dieser geschäftigen Hafenstadt ein prunkvolles Leben. Es fand sein Ende, als die zurückweichende See den Hafenort trockenlegte.

Heute kann man in den acht Hektar großen Ruinenflächen nur noch einen Abglanz der Vergangenheit aufspüren. In einigen Häusern gab es Nischen, in denen Keramikarbeiten und Kunstwerke ausgestellt wurden. Der vorherrschende Glaube wird durch die Moschee bezeugt, deren *kiblah* in den Osten nach Mekka weist. Allmählich verließen die Einwohner die Stadt – und ließen nur ein paar Zeugen jener ruhmreichen Zeit zurück. Sie bilden auch heute noch einen lebhaften Gegensatz zu den Kulturen auf dem Festland im Inneren, wo sie damals Sklaven und Gebrauchsgegenstände plünderten, Grundlage ihres Wohlstands.

Rund hundert Kilometer nördlich von Pate liegt eine Kette unbewohnter Koralleninseln. Nur auf der Kiwaiyu-Insel gibt es ein Touristendorf mit Halmdächern, sicherlich der entlegenste Rückzugsort nach dem Motto ›fort von allem‹ in ganz Kenia. Eine donnernde Brandung unterhöhlt diese Inseln, wo erstaunlicherweise Buschböcke, Affen, Stachelschweine und Wildschweine den Boden bewohnen; einen ganz anderen Eindruck vermitteln die Vögel, die in den Klippen brüten, mit ihren lauten Schreien.

In Kiunga auf dem Festland, einem paradiesischen Dorf zwischen Palmen, steht das alte Haus eines Kolonialbeamten – einziger Beleg dieser Ausläufer des einstigen Empires.

Auch in diesem unberührten Paradies mußte seinerzeit ein Beamter stationiert werden. In seiner Amtszeit gab es einen Aufstand unter den Einheimischen, die verständlicherweise nicht erfreut darüber waren, daß sie für die Arbeit auf ihrem eigenen Land Steuern zahlen sollten. Der Regierungsbeauftragte (DC) versammelte die einzigen zwei europäischen Nachbarn zu einem Treffen *baraza* mit dem Häuptling und Gefolge.

Das Treffen zog sich hin, und die Luft wurde dicker. Die Siedler hielten die Zeit für eine Erfrischungspause gekommen, und der DC schlug vor, sich in seine Residenz zu ein paar Gläsern Long Gin zurückzuziehen. Sie überlegten, wie sie erreichen könnten, daß die Eingeborenen solange warteten, und kamen auf eine seltsame Idee.

Einer von ihnen hatte ein Glasauge, der Beamte hatte falsche Zähne und der dritte ein Holzbein. Der DC wendete sich in Suaheli an die Afrikaner. Die Europäer, die *wazungu*, so erzählte er ihnen, würden sie eine Weile verlassen. Dann legte er das Glasauge auf den Tisch und warnte sie, sie sollten besser nicht fortgehen, sie würden noch immer beobachtet. Dann legte er die falschen Zähne auf den Tisch und behauptete, die Weißen würden gewarnt werden, falls sie nicht gehorchen würden.

Schließlich legte er das Bein auf den Tisch und machte vorsichtshalber die Bemerkung, bei Mißachtung der anderen Warnungen würden sie verfolgt und zurückgebracht.

Über das Ergebnis des Treffens gibt es keinen Bericht. Aber keiner der eingeborenen Teilnehmer bewegte sich oder sprach, bis die drei Europäer – gut erfrischt – zurückkamen und einen Schiedsspruch fällten.

Gleich, ob die Geschichte stimmt, die Zivilisation des 20. Jahrhunderts hat kaum die Oberfläche dieser Inseln und der Kulturen auf dem Festland berührt. Es bleibt eine der wirklich zauberhaften Gegenden Kenias.

Jugendliche schlagen Tamburin und Trommel, um das ›Maulidi‹-Fest einzuleiten, die Feierlichkeiten zum Geburtstag des Propheten im sonst eher verschlafenen Lamu.

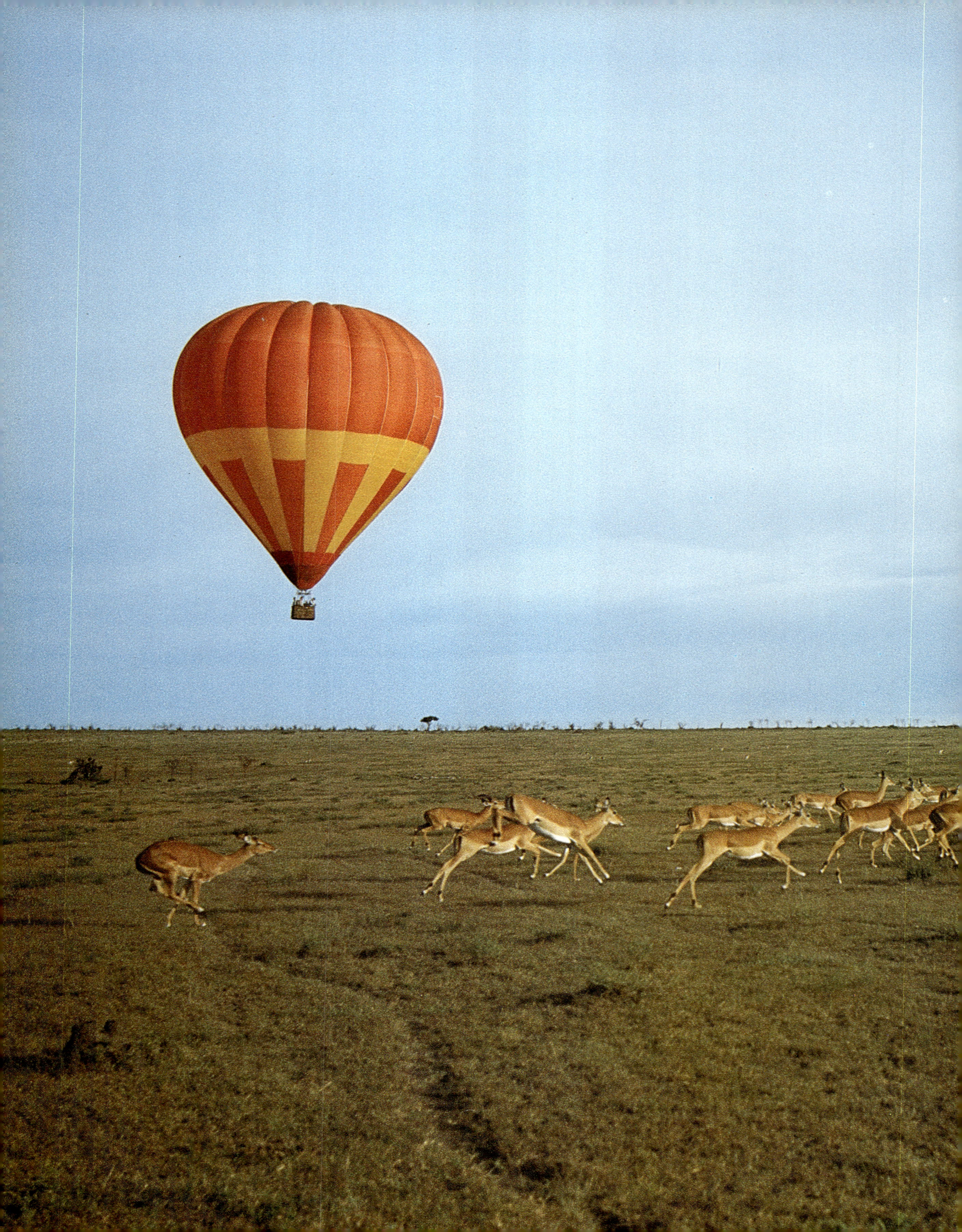

Schnee auf dem Kilimandscharo

Im Jahre 1896, als der erste Zug der Uganda-Eisenbahn von Mombasa abfuhr, floß der Gezeitenstrom Tag für Tag durch den Flaschenhals des Kilindini Creek und trennte dadurch die Insel vom Festland. George Whitehouse, der Generalmanager, ließ die Kluft mit einem Holzviadukt überbrücken. Heute dient ein Erddamm demselben Zweck. Technisch gesehen, liegt Mombasa also nicht mehr auf einer Insel.

Aber das Panorama und die gemächliche Gangart sind noch genauso, wie es um die Jahrhundertwende die ersten Siedler und Touristen erlebten, als sie im Hafen das Schiff verließen und mit der Bahn ins Innere fuhren.

Nur wenige Eisenbahnen der Erde wirken noch so romantisch und abenteuerlich wie der Nachtexpress von Mombasa nach Nairobi. Kurz vor Sonnenuntergang verläßt er die dunstige Küste, am nächsten Morgen kommt er nach der Morgendämmerung in der frischen Hochlandluft Nairobis in 500 km Entfernung an.

1901 konnte die Reise noch eine ganze Woche dauern: Die alten Lokomotiven – aus dem Bestand in Indien ausgemustert – quälten sich vom Rande der Ebene an die steilen Hänge der ersten Gebirgsschwelle hinauf durch die Serpentinen der Mazeras-›Schlange‹. Damals fuhr der Zug dicht an den Missionsstationen vorbei, die Mitte des vorigen Jahrhunderts in Rabai und Ribe von den lutherischen Pastoren Johann L. Krapf und Johannes Rebmann begründet wurden. Rebmann war es, der bei einem Ausflug ins Landesinnere, nur mit Schirm und Bibel bewaffnet, am 11. Mai 1848 zum ersten Mal den Schnee des Kilimandscharo zu sehen bekam. Sein Bericht über Schnee dermaßen nahe am Äquator erweckte überhaupt erst das Interesse an Kenia.

Die Bahn klettert über den Rand der ersten Hochebene, die noch immer leicht ansteigend etwa 200 km weiter reicht, bis Mariakani, wo das üppige tropische Blattwerk der Küste zunehmend dünner wird und einer Strauchzone weicht, die ab und zu mit Palmhainen durchsetzt ist.

Blickt man vom bequemen Eisenbahnwaggon aus auf diese anscheinend undurchdringliche Masse aus dornigen Sträuchern, kann man sich kaum vorstellen, wie der junge Schotte Joseph Thomson sich mit seiner kleinen Trägerschar hier 1883 durchschlug. Selbst nach den Maßstäben seiner berühmten Zeitgenossen Stanley, Livingstone und Speke war er einer der außergewöhnlichsten Männer, die Afrika durchforschten.

Hinter der Strauchzone überquert die Bahn die tückische Taru-Wüste, eine ausgedörrte Wildnis, in der es kein Wasser gibt – ein Vorgeschmack auf das atemberaubende, aber zeitlos schöne Land und Abenteuer, das man zu erwarten hat. Die Hauptsiedlung in der Taru-Wüste ist MacKinnon Road, eine weitere Erinnerung an das unerfüllbare Sendungsbewußtsein dieses umsichtigen Schotten der viktorianischen Zeit.

Dem Bautrupp für seine großartige zentralafrikanische Eisenbahn schickte er eine Planungsgruppe voraus (mit dem Königlichen Pionier George Ellis unter Führung von Hauptmann Sclater), die auf den Spuren Thomsons einen Pfad bahnte, der später von den Bahnvermessern benutzt werden konnte.

Die spätere Straße folgte in etwa dem alten Karawanenpfad zum Victoriasee und durch Fort Smith am östlichen Hang des Rift-Tals. Man hatte die Absicht, durch ihren Ausbau das zusätzlich zu fördern, was letztlich nur durch die Eisenbahn erreicht wurde: das Landesinnere für gewinnträchtigen Handel zu erschließen. Noch viele Jahre nach dem Bau der Bahnlinie mußte die Straße so, wie sie war, ihren Dienst tun. Selbst nach der Unabhängigkeit mußte man mit Motorfahrzeugen von Mombasa nach Nairobi größtenteils noch die unbefestigte Strecke benutzen – die Teerdecke wurde auf der gesamten Länge erst 1969 fertiggestellt.

Auf beiden Seiten liegt das unverdorbene Kenia – im Norden, in der Richtung nach Somalia, das weiträumige, trockene Hinterland, das von ausdauernden Nomaden spärlich bewohnt wird; im Süden, nach Tansania hin, die Savanne, die fast nur von Großtieren bewohnt wird.

Eine Minderheit unter den Nomaden bilden die Watu; sie sind vielleicht die ältesten ursprünglichen Bewohner Kenias, Nachkommen einer Volksgruppe, die hier schon vor tausend Jahren lebte. Sie sprechen eine Sprache, die mit ihren Klicklauten Ähnlichkeiten zur Sprache der Buschmänner der

Vorige Doppelseite: Eine besondere Art, im Garten Eden zu reisen – Heißluftballon über einer Impalaherde in einer der wildreichen Savannen Kenias.

Ausblick von den mehr als 2100 Meter hohen Taita-Bergen in Südostkenia: Ebenen und Berge, soweit das Auge reicht.

Kalahari und Okawangos in Südafrika aufweist. In den Traditionen sind die Entsprechungen sogar noch größer.

Heute gibt es noch etwa 5000 Watu. Sie leben von alters her als Jäger und Sammler. Beobachtet man die Frauen der verwandten Bonis dabei, wie sie nach dem Regen nach Wurzeln, Beeren und Früchten graben, dann begreift man: Es gehören ein großer Erfindungsreichtum und eine unglaubliche Spannkraft dazu, wenn diese Gemeinschaften eine Naturkatastrophe nach der anderen überleben sollen. Selbst die Stengel von Wildpflanzen erbringen, wenn sie aufgehackt werden, eine durchaus wertvolle Nahrungsquelle bei Trockenheit und Hunger. Das Mark wird zum Gären gebracht, in heißem Wasser gewaschen und zu Mehl gemahlen, so daß man dadurch einen stärkenden Brei bekommt.

Die Watu sind Kenias berühmteste Spurenleser und Jäger. Hunderte von Jahren, bevor die Bogenschützen im England der Plantagenets sich bei Agincourt den Franzosen entgegenstellten, benutzten die Watu den Langbogen. Selbst heute noch verwenden sie – entgegen dem Gesetz – die Waffen, um Elefanten zu jagen – nicht als erbarmungslose Wilderer, sondern zur Deckung des Fleischbedarfs außerhalb der Grenzen des Tsavo-Ost-Parks, manchmal auch in ihm.

Zusammen mit Tsavo-West gehört Tsavo-Ost zu den ursprünglichen Nationalparks, die 1948 eingerichtet wurden: zwei Teile eines weiträumigen Naturschutzgebietes, das um etwa 28 qkm größer ist als Wales. Mit seiner Gesamtfläche von 21000 Quadratkilometern macht der Tsavo mehr als 3,5 Prozent von Kenias Gesamtfläche aus. Dabei ist er nur einer –

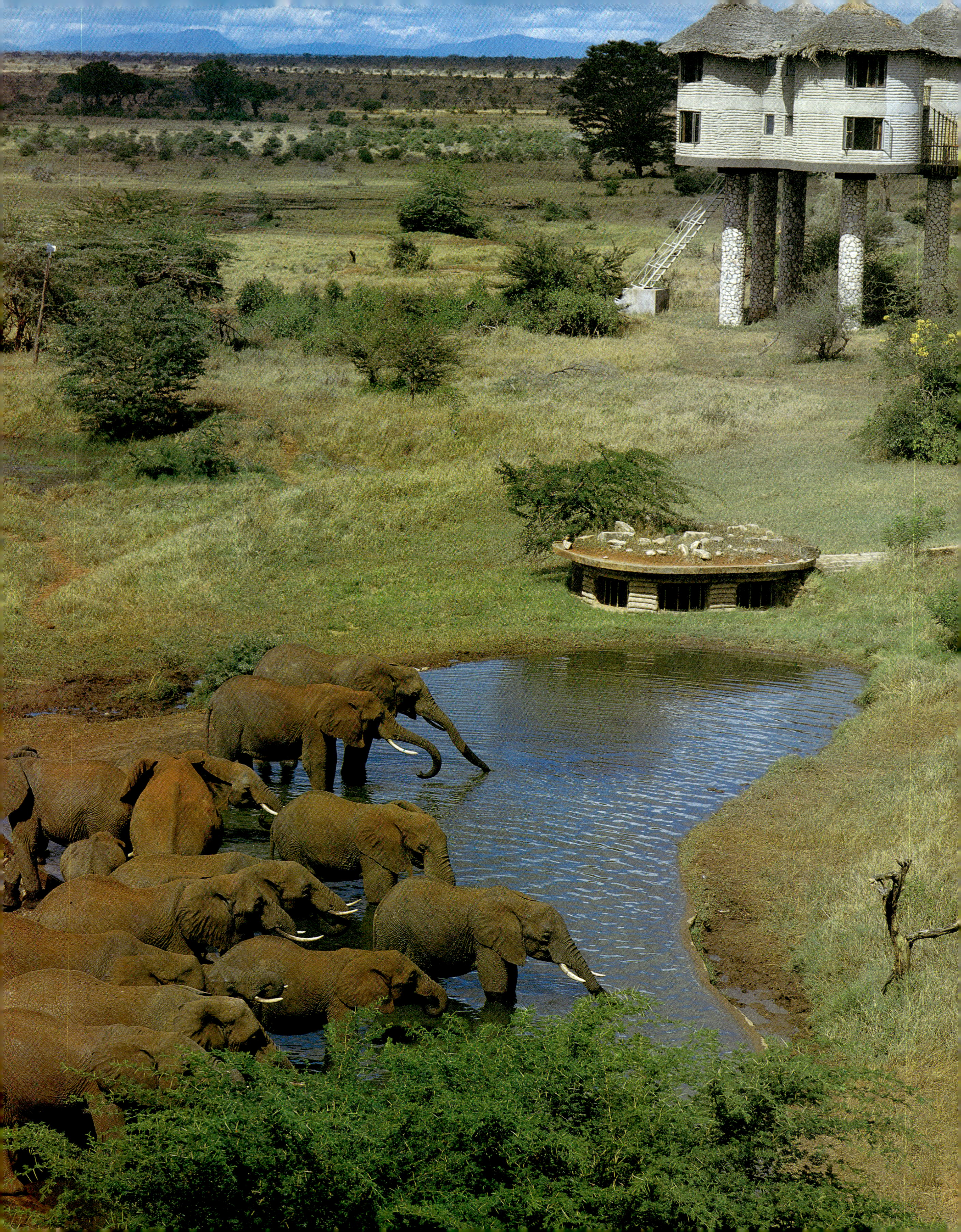

Elefanten an der Salt-Lick-Lodge in den Taita-Bergen. Die einstige Sisalfarm wurde nach der Fernsehserie Bonanza *genannt.*

zugegeben: der größte – von zusammen 62 Schutzgebieten für Tiere und Pflanzen. Man kann daran ermessen, wie ernst Kenia die Verantwortung für sein Naturerbe nimmt, und den Vergleich mit den USA hält es ohne weiteres aus, denn dort wurde wenig mehr als ein Prozent des Landes als Nationalpark ausgewiesen.

Allein in den beiden Tsavo-Teilen befinden sich dreißig Flugplätze sowie hartnäckige und wirkungsvolle Anti-Wilderer-Trupps. Die pflichtbewußten Aufseher und Wildhüter konnten die schreckliche Abschlachtung von Elefanten, Nashörnern und anderen Arten drosseln, die in den siebziger Jahren stattfand. Sie haben nicht nur einfach ein Erbe verwaltet.

Jedes Jahr kommt eine Viertelmillion Besucher in den Tsavo-Park, insgesamt 250 000 £ an Parkgebühren werden eingenommen. Die Luxus-Lodges zahlen zusätzliche Gebühren dafür, daß sie in der Wildnis den Komfort von Fünf-Sterne-Hotels bieten dürfen. In jeder Hinsicht sind Kenias Schutzgebiete und ihre Unterkünfte einzigartig.

Die Hauptstadt dieser Gegend ist Voi, die erste Bahnstation hinter Mombasa. Der Ort liegt am Fuße des Voi-Gebirges, einer großen Felsenfestung, die nach der Stadt benannt ist. In den vierziger Jahren hatte der Militärpilot Bob Astles, der später als Helfershelfer Idi Amins berühmt-berüchtigt wurde, in jenem Gebirge einen Flugzeugabsturz in dicker Wolkendecke. Er selber konnte sich zu Fuß retten, sein Fluggast wurde getötet.

Straße wie Eisenbahn durchschneiden den Tsavo-Park in der Mitte, und die Zugreisenden hatten in der Anfangszeit in Voi ihren ersten Aufenthalt über Nacht, dem noch viele folgen sollten. Bis vor kurzem bot der *dak*-Bungalow, der als Unterkunft gebaut worden war, immer noch Mittagessen, Bett und Frühstück vor der Weiterreise an.

In Tsavo-Ost, zehn Kilometer von der Stadt entfernt, liegt eine der zauberhaftesten Lodges der Schutzgebiete Kenias. Sie wurde in den Absatz einer schroffen Klippe hineingebaut und bietet einen Hauch von Luxus und Wildnis zugleich. Schwimmt man in dem blau-gekachelten Schwimmbad, kann man auf Elefanten- und Büffelherden blicken, die sich oft zu Hunderten am Wasserloch weiter unten aufhalten.

Beim Schwimmen sollte man sich daran erinnern, daß diese größten Landtiere täglich 150 Liter Wasser und 140 Kilogramm feste Nahrung brauchen. Sieht man dann diese ausgedörrte Wildnis, wird einem klar, warum so viele Tiere während einer Trockenheit sterben – nicht an Wassermangel, sondern vor Hunger.

Obwohl man in den meisten Schutzgebieten Kenias noch viele von ihnen sieht, ist der Elefant in Bedrängnis. Dieses Tier braucht riesige Landflächen zum Leben. Aber durch Grenzen, Grenzmarkierungen, Eigentumsrechte und menschliche Siedlungen werden ihre Reviere immer mehr verkleinert. Ihre Pfade werden blockiert und mit Schranken versehen.

Wo sie aber noch umherstreifen, erbebt die Erde kaum unter ihrem Tritt. Bei aller Größe – sie wiegen zwischen 3½ und 6½ Tonnen – gehen die grauen Riesen mit der Anmut eines Ballett-Tänzers. Ihre massigen Füße bestehen aus vielen Schichten elastischen Gewebes. Ihre Schulterhöhe beträgt vier Meter – kein Wunder, daß sie Unmengen von Nahrung und Wasser aufnehmen. Dabei verlassen sie sich fast ganz auf ihren erstaunlichen Körperanhang, die verlängerte Nase: den Rüssel mit seiner Handlichkeit, Biegsamkeit und Stärke. Er dient ihnen auch zum Riechen, zur Verständigung, zum Waschen, Transportieren und Beseitigen von Hindernissen. Die Stoßzähne sind zusätzliche (aber nicht unwichtige) Hilfsmittel beim Heben, Tragen und Forträumen von Hindernissen.

Die beiden Stoßzähne der Männchen erreichen heute kaum mehr als jeweils 45 Kilogramm. Der schwerste, den man kennt (aus dem Kilimandscharogebiet), wog 103 Kilo, und der längste maß fast vier Meter am Außenbogen. Elefanten sind gesellig und führen ein hochentwickeltes Sozialleben, bei dem sie vieles mit Berührungsreizen regeln. Ihre Herden umfassen zwanzig bis eintausend Tiere.

Bei Aruba in der wasserlosen Taru-Wüste, etwa vierzig Kilometer vom Aussichtspunkt auf den Felsen, wird durch einen künstlichen Damm von 85 ha der jahreszeitenabhängige Lauf des Voi-Flusses von den Taita-Bergen herab gestaut; dadurch entstand ein großes Becken für Elefanten und andere Tiere der Ebene. Die Besucher können hier in einem Zeltlager ähnlich leben wie die frühen Abenteurer, nur sicherer und bequemer.

Große Teile des Tsavo-Ost sind für Besucher unzugänglich, doch die Gegenden, die man befahren darf, wecken Erinnerungen an das großartige Land, das Afrika einmal war. In einem privaten Wildgebiet von 250 000 ha, das dem Park angegliedert ist, werden seltene Arten nachgezüchtet und ausgesprochen exklusive Safari-Erlebnisse ermöglicht. Die ›Galana Game Ranch‹ bietet teure, maßgeschneiderte Ferien im Busch für eine Elite.

Die Ranch liegt in den Auen des 300 km langen Yatta Plateau. Als einer der längsten Lavaströme der Welt übertrifft die Hochebene den Athi Galana River, der aus den Ngong-Bergen bei Nairobi kommt. Bei Galana fließt der bei Hochwasser ausgesprochen mächtige Fluß durch eine schmale Schlucht und in Kaskaden herab – die Lugard's Falls. Angeblich kann man oben über den Wasserfällen stehen und beobachten, wie das Wasser nach unten stürzt, wo die Krokodile bewegungslos in der Sonne baden. Die Fälle sind nach Lord Lugard, dem ersten Prokonsul in Ostafrika benannt.

Der junge Elefant gönnt sich ein Staubbad mit Hilfe seines Rüssels. Ein Kalb ruht in seinem Schatten.

Zwei junge Elefanten im Amboseli-Nationalpark setzen beim Spielkampf Rüssel und Stoßzähne ein. Die Stoßzähne der Elefanten dienen der Unterstützung u.a. beim Beseitigen von Hindernissen, bei der Nahrungsaufnahme und beim Transport.

Nächste Seite: Eine Massai-Giraffe im Amboseli beim Lauf über die Ebene. Im Hintergrund rechts der Kilimandscharo.

Südlich von Voi sieht man von weitem die schroffen Taita Hills aus den weißen Wolken, die am Himmel segeln, als klobige, blaugraue Felsmasse heraustreten. Kommt man näher heran, wirken sie eher milde, wie eine üppige Insel im Savannenozean. An manchen Stellen wurde das Grasland für den Sisalanbau umgewandelt, aber das ist eher eine Randerscheinung – insgesamt konnte hier eine Wildnis erhalten bleiben, in der die freilebenden Tiere ein Schauspiel bieten, das es nur noch in den anderen großen Schutzgebieten Kenias und Tansanias gibt.

Für Vogelkenner ist der Jipe-See an der Grenze zu Tansania der größte Anziehungspunkt. Mit seinem roten Becken und dem glitzernden Wasser liegt er malerisch vor dem Hintergrund der Pare-Berge, wo aus kleinen Dörfern schlanke Rauchsäulen ruhig in die stille Luft aufsteigen. Man kann sich vom Nationalparkbüro einen Kahn mieten und den See erkunden.

Es macht große Freude, auf dem See zu treiben – vielleicht gerät man rasch nach Tansania, die Grenze ist hier nicht markiert – und einen Kormoran dabei zu beobachten, wie er plötzlich nach einem Fisch taucht.

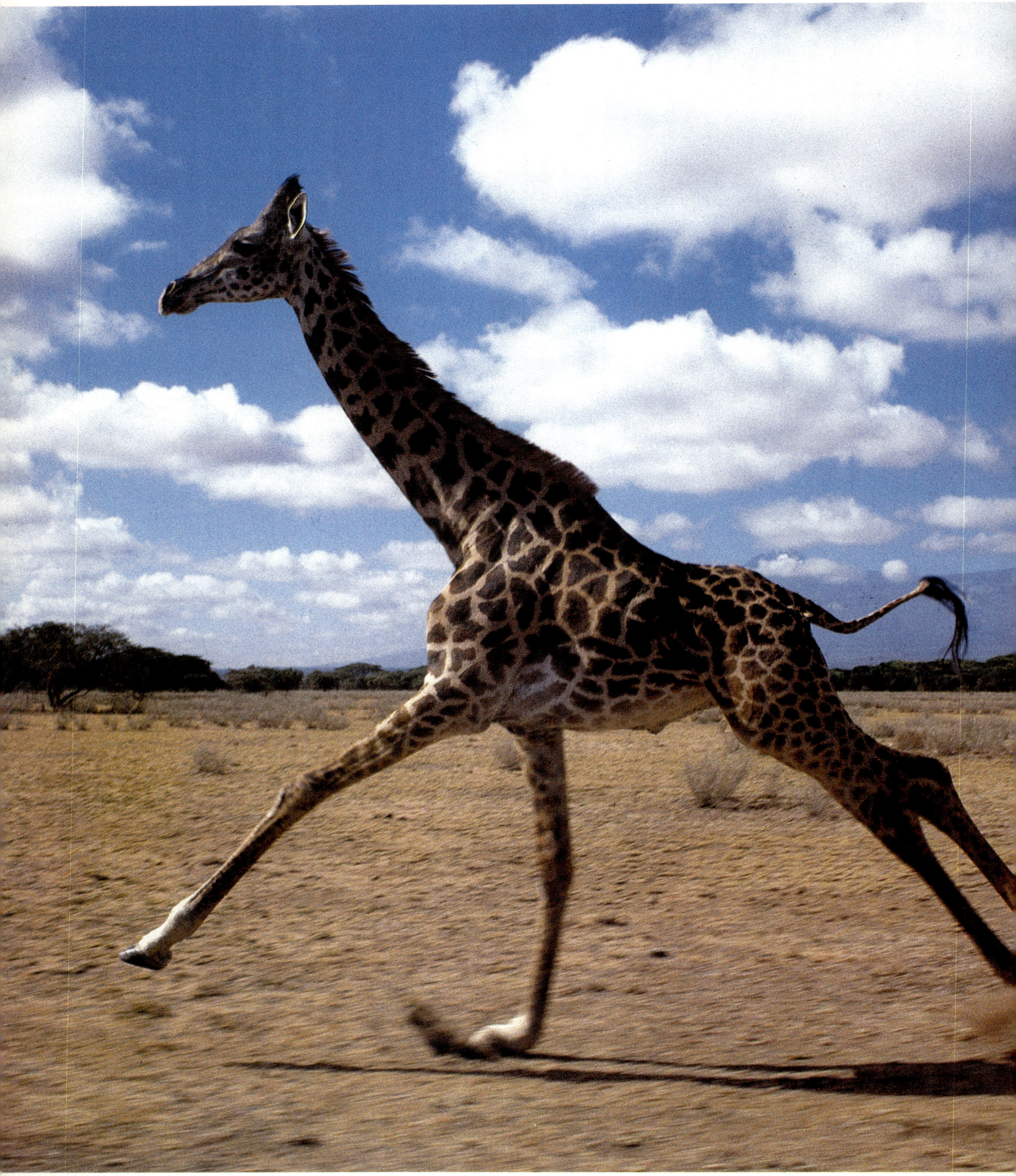

Das ganze Leben scheint bewegungslos, ein erstarrter Augenblick der Ewigkeit.

Doch gibt es in der Nähe ein barockes Monument, das an die Kürze des Lebens und die starke Eitelkeit des Menschen erinnert: ein Schloß mit vielen Zimmern, dem Aussehen und den Ausmaßen nach einer europäischen Festung ähnlich. Die Leute gaben ihm den Namen ›Grogan's Folly‹ (Torheit) nach dem Erbauer Ewart Grogan, dem Mann, der wegen der Liebe zu einer Frau vom Kap bis nach Kairo wanderte.

Fährt man nur ein Stück die Straße weiter, kommt man zu der Grenzstadt Taveta. 1924 wurde sie an die Bahnlinie angeschlossen, und heute fährt zweimal wöchentlich (mittwochs und sonntags) ein Zug von Voi in die geschäftige Marktstadt. Beim Bau wurde die Linie über die Grenze bis Moi weitergeführt, um dort Anschluß an das tansanische Eisenbahnnetz zu gewinnen, und später wurden die Uganda- und die Tansania-Bahn zu einer Ostafrikanischen Eisenbahngesellschaft vereinigt. In den 70er Jahren war zwar kurz hinter Taveta die Verbindung unterbrochen worden, aber gegen Ende der 80er Jahre wurde sie wiederhergestellt.

In Taveta und Umgebung befand sich der einzige Kriegsschauplatz in Afrika während des Ersten Weltkrieges, als Tansania deutsche Kolonie war. Nach dem Angriff auf die Stadt am 15. August 1914 fiel Taveta in deutsche Hände – 11 Tage nach Kriegsausbruch. Die Stadt wurde evakuiert. 9 Tage später verirrte sich eine Patrouille, die ungenaue britische Karten benutzte, und wurde zwischen Voi und Sultan Hamud gefangengenommen.

Während der nächsten vier Jahre sollte Taveta zum Brennpunkt der Ereignisse in Ostafrika werden, damit auch zum Schauplatz einer der größten Heldengeschichten der Militärgeschichte. Die hauptsächliche Eisenbahnlinie in Kenia war für die Deutschen natürlich das strategische Ziel; Taveta war der Ausgangspunkt für ihre plündernden Soldaten.

Als die Deutschen sich zurückzogen, blieb eine kleine Schutztruppe aus deutschen und afrikanischen Soldaten unter dem Befehl Oberst Lettow von Vorbecks, die weiterhin den weitaus stärkeren britischen Truppen durch eine Reihe von Überfällen Ärger bereiteten; sie zogen sich erst zurück, als sie sich einer 200 000 Mann starken Expeditionstruppe unter General Jan Smuts stellen mußten. Die ganze Geschichte ist Thema des Buches *Shout at the Devil* von Wilbur Smith, das später auch verfilmt wurde.

An der Strecke Voi–Taveta erinnert heute eine ›Game Lodge‹ daran: Sie ist im Stil eines deutschen Forts aus zementverbundenen Sandsäcken gebaut und befindet sich in einem privaten Wildreservat von 11 000 ha, das von der Internationalen Hilton-Gruppe betrieben wird. Die andere Lodge im selben Gebiet ist eher afrikanisch geprägt: eine Anzahl von Rundhütten auf Betonstelzen und durch Stege verbunden; unten weiden große Elefantenherden, ungestört von aufdringlichen Touristen.

Hier können Sie in der atemlosen Stille einer indigoblauen afrikanischen Nacht stehen, die Sterne über sich wie Diamanten am Himmel, und im tropischen Mondlicht beobachten, wie sich unter Ihnen der mächtige Schatten eines Elefanten langsam bewegt, ab und zu einhält und Nahrung zu sich nimmt, einer aus einer Herde von über 100 Tieren, die nach eigenem Zeitmaß zur Salzlecke und zum Wasserloch vor der Lodge ziehen.

Mitten in der Wildnis, ohne Zäune, befindet sich hier das wohl ungewöhnlichste Konferenzzentrum der Welt: Industriemagnaten, Topmanager und führende Geschäftsleute tagen hier unter Löwen, Elefanten, Büffeln und zahlreichen anderen Wildtieren.

Genaugenommen, muß man dieses Schutzgebiet als Fortsetzung des großen Tsavo-Parks ansehen. Alle hauptsächlichen Wildtierarten Kenias kann man auch hier beobachten – mit Ausnahme der Nashörner. Wegen ihres völlig wertlosen Horns – für das man aufgrund der angeblichen Heilwirkung bis 25 000 US-$ je pound bezahlt – wurden die Nashörner gnadenlos bejagt, so daß ihr Bestand von 20 000 Tieren im Jahre 1970 auf weniger als 500 zusammenschrumpfte.

Im ›Salt-Lick‹-Reservat machten sich die Wildhüter große Sorgen um den dortigen Nashornbestand. Sie faßten deshalb einen ungewöhnlichen Entschluß: Sie beschossen die Tiere mit Betäubungsgewehren, fingen sie

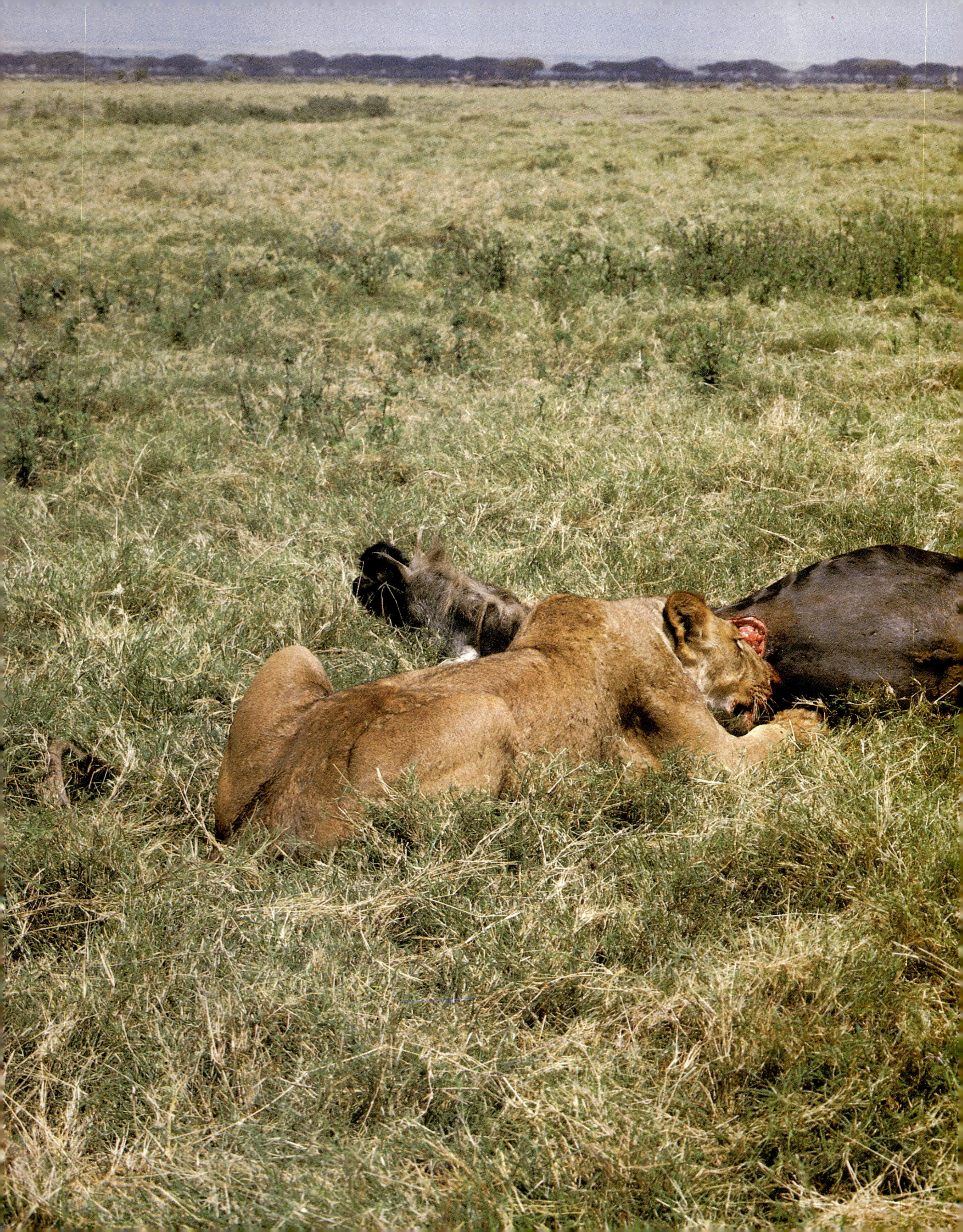

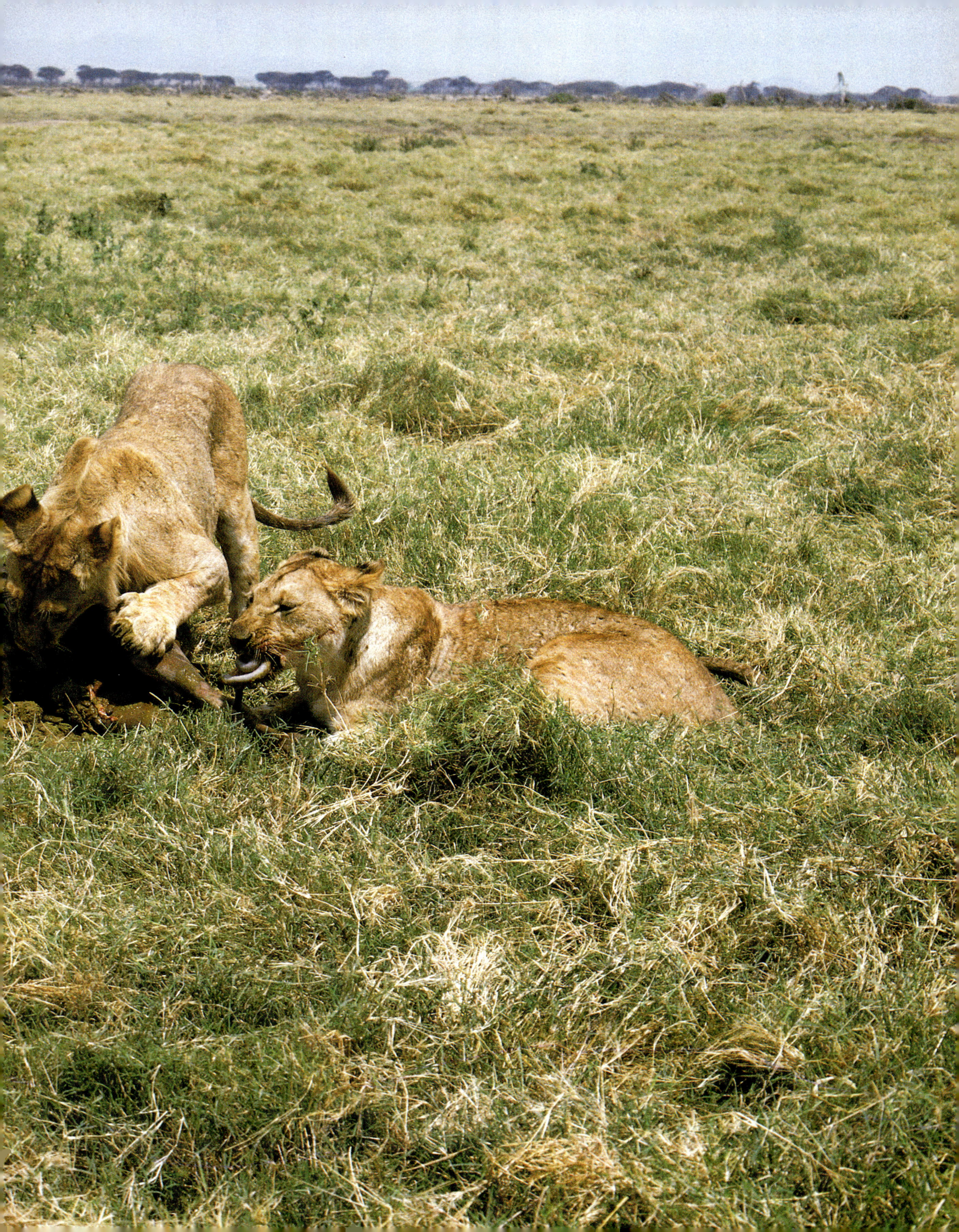

Vorige Doppelseite: Drei Löwinnen genießen den Riß eines Gnus.

Blick auf den von Euphorbien umrahmten Chala-See. Im Hintergrund Afrikas höchster Berg, der Kilimandscharo, mit dem 5895 Meter hohen, eisbedeckten Kibo-Gipfel (hier von einer Wolke umhüllt) und dem zweiten Gipfel, dem Mawenzi (rechts).

ein und siedelten sie in ein Zuchtgebiet vor den Ngulia-Bergen im Tsavo-West um.

Ein typisches Erlebnis im Naturschauspiel des Salt-Lick-Gebietes: Zehn Löwinnen, teils herangewachsene Junge, teils Mütter, die ihnen das Jagen beibrachten, schlichen um die Mittagszeit auf das Wasserloch zu und lauerten im hohen Gras am Rand, während die Herden der Zebras, Wasserböcke, Impalas und Kuhantilopen mit kläffenden, bellenden, knurrenden Lauten Alarm schlugen.

Aus den Galeriewäldern der ausgetrockneten Flüsse im Osten und Süden zogen die Elefantenherden heran, wobei sie zwischendurch immer wieder Nahrung aufnahmen. Insgesamt sah man rund eintausend Tiere in mehreren Herden; jede Herde benutzte ihren eigenen sicheren Pfad zum nie versiegenden Wasserloch – in der Trockenzeit oft die einzige Flüssigkeitsquelle im Umkreis von vielen Kilometern.

Eine Herde, in der sich eine Mutter mit einem zwei Tage alten Kalb befand, kam in die Nähe der Löwengruppe. Die Elefantenmutter nahm ihr Kleines sofort unter ihren schützenden Körper, als die Löwinnen näherschlichen. Dann griff sie an, die großen Ohren wedelten vor und zurück – die Raubkatzen sprengten auseinander. Einige gingen hinter Büschen in Deckung. Die Mutter blieb noch immer auf der Hut, sie suchte nach jeder einzelnen Löwin, bis sich schließlich die letzte Katze gewissermaßen beschämt davongestohlen hatte.

Die Löwen haben sich sehr an die Safarifahrzeuge gewöhnt, die sich überall zusammenrotten, und versammeln sich gerne in größeren Gruppen, um sich in der Sonne zu rekeln. Die raschen und gefährlichen Jäger bieten aus der Sicht der meisten Zuschauer ein unerwartetes Bild: Sie bewegen sich selten und beobachten die Tierherden mit bernsteinäugigem Gleichmut.

Die Löwen mit ihrer unverwechselbaren würdevollen Erscheinung können bis zu 280 kg schwer werden und sind damit die größten unter den drei Großkatzen Kenias. Wie die Leoparden besitzen sie runde Augen, im Gegensatz zu den ovalen Augen der meisten anderen Katzen. Löwen können hervorragend springen – sie sind in der Lage, vier Meter hohe Hürden oder zwölf Meter breite Gräben zu überwinden. Sie jagen gemeinschaftlich. Am häufigsten springen sie auf den Rücken des Beutetiers, ziehen es auf den Boden und packen es an der Kehle. Oder sie ersticken es, indem sie seine Schnauze ins Maul nehmen. Jeder Löwe tötet im Durchschnitt 19 Tiere jährlich mit einem Gewicht von durchschnittlich 114 Kilogramm. Ein Löwe bzw. eine Löwin kann durchaus bei einer einzigen Freßorgie 25 kg Fleisch hintereinander verschlingen und danach fünf Tage lang ohne Beute auskommen.

Wo immer man sich in dieser Vulkanlandschaft mit ihrem Gras- oder Strauchbewuchs bewegt, im Hintergrund erblickt man stets die über 2 100 m hohen Taita-Berge mit ihren schroffen Felsspitzen, großen Vorgebirgen und mächtigen, walrückenähnlichen Gipfeln. Und im Südwesten sieht man weit hinten die flache Eiskappe von Afrikas größtem Berg, dem 5 895 m hohen Kilimandscharo, über einem Wolkenring schweben, in beträchtlicher Entfernung von der Ebene des Salt-Lick-Gebietes, die rund 600 m über dem Meeresspiegel liegt.

Die schroff und unwirtlich wirkenden Taita-Berge beherbergen in Wirklichkeit einige schöne Täler mit üppigem Wuchs an Blumen, Früchten und Gemüsesorten. In engen Serpentinen windet sich die Straße bis Wundanyi nach oben. Innerhalb von zwanzig Minuten hat man scheinbar Afrika hinter sich gelassen. Die kleinen Landflächen und sauberen Terrassen, die sich an den steilen Bergflanken herabziehen, könnten auch am Mittelmeer liegen. Nur die Bauern und ihre Familien erinnern daran, daß man sich hier auf der anderen Seite der Erde befindet.

Die Taita-Taveta-Bewohner gehörten zu den ersten Kenianern des Binnenlandes, mit denen die Missionare und Thomson Kontakt aufnahmen. Die in sieben Clans gegliederte Gemeinschaft hat seit langem Landbau betrieben, verbunden mit ausführlichen spirituellen Vorbereitungen. Voraussetzung für die Bodenbearbeitung waren stets die Autorität der Stammesältesten sowie Opfergaben und Anrufungen an die Geister der Ahnen; diese wurden in der Sammlung von Totenschädeln vermutet, die in heiligen Höhlen aufbewahrt wurde. Mit ihrem stolzen, fleißigen und charakterstarken Wesen haben die Taita seit der Unabhängigkeit einen großen Beitrag zum Fortschritt Kenias geleistet; von Anfang an zählten sie zum Elitekader pflichtbewußter ziviler und privater Führungskräfte und Politiker.

Viele von ihnen arbeiten auch als Fischer: im Jipe-See und im funkelnden Chala-See, der oberhalb von Taveta an den Kilimandscharohängen versteckt liegt, auch er zur Hälfte durch die Grenze nach Tansania geteilt. Dieser See ist rund einhundert Meter tief und wird durch die Schmelzwasser von Afrikas größtem Berg gespeist. Da er in einem tiefen Vulkankrater liegt, zählt zu seinen Geheimnissen der natürliche Bestand an Nilkrokodilen – keiner weiß, woher sie kommen.

Zum größten Teil wurde das früher dicht bewaldete Tsavo-West-Gebiet jedoch in offenes Gras- und Buschland umgewandelt. Dafür sind vor allem die Elefantenherden verantwortlich, die unaufhörlich über die rote Erde streifen, Leidtragende der gelegentlichen starken Trockenheit, die den Park in eine Staubwüste verwandelt.

Seit den 80er Jahren jedoch konnte sich Tsavos Waldland durch die guten, beständigen Regenfälle und planvollen Elefantenabschüsse weitgehend erholen – wieder eine Revolution im ewigen Kreislauf der Natur.

In der Mitte des Parks erheben sich die Ngulia-Hügel als eine Kette nackter Felsen rund 600 m über die Ebene. 1970 hat man auf den Klippen eine Lodge gebaut und damit ein großartiges ornithologisches Phänomen ausgelöst. In der kurzen Regenzeit im Oktober und November ziehen

Millionen Zugvögel über dieses Gebiet hinweg nach Süden, in einer Zeit, in der häufig Nebel auftreten. Angesichts des künstlichen ›Mondes‹ der Lodge, der ihnen durch den Dunst entgegenleuchtet, verlieren die Vögel die Orientierung und lassen sich zu Tausenden nieder – die Vogelkundler nutzen das, um sie zu fangen und zu beringen. Auf diese Weise konnten schon viele Rätsel zu der unglaublichen Navigationsleistung dieser Vögel über ungeheure Entfernungen hinweg gelöst werden.

Der periodische Tsavo-Fluß fließt um den Fuß der Ngulia-Hügel herum, und wenige Kilometer nordöstlich, wo er von der Linie Mombasa–Nairobi überbrückt wird, liegt ein unpassend modernes Motel namens ›Maneaters‹ (Menschenfresser). Es weist aber nichts darauf hin, daß sich genau an dieser Stelle eines der Dramen beim Eisenbahnbau abgespielt hat.

Als R. O. Preston hier Mitte 1898 für den Bautrupp eine Zwischenstation einrichtete, glaubte er, es könne sich nur um eine Angelegenheit von wenigen Tagen handeln, bis man weiterziehen würde. Aber er hatte seine Rechnung ohne die wilden Tiere gemacht.

Zwei Löwen hielten in einer wochenlangen Belagerung mehrere tausend indische und über 1 300 afrikanische Arbeiter in Schach. Die grausamen Menschenfresser töteten etliche Afrikaner und rund dreißig Inder. Colonel J. H. Patterson verwertete später diese Gruselgeschichte in seinem Buch *Man Eaters of Tsavo*. Der militärische Leuteschinder, der selbsternannte Retter, verpatzte einen Ansitz nach dem anderen, konnte die zwei Killer aber schließlich erledigen und verherrlichte seine Rolle, als er den Bestseller schrieb, der das viktorianische England in Spannung versetzte.

Im Amboseli-Nationalpark sucht ein Gepard vom Baum aus die Grasflächen nach Beute ab – im Hintergrund der majestätische Kilimandscharo.

Während all dieser Ereignisse fuhr Preston mit seiner Vorhut auf dem Fluß weiter und trieb die Vorarbeiten unbeirrt bis zur Station Mtito Andei auf halber Strecke voran – auch heute kaum mehr als ein verschlafener Halt in der Wüste. Neben dem Bahnhof gibt es drei oder vier Tankstellen und Cafeterias und ein einziges Plüschhotel. Doch Mtito Andei erfüllt seinen Zweck als Haupttor nach Tsavo-West und Tsavo-Ost zugleich.

Beide Parkteile haben ihre eigenen Wunder. Man braucht auf dem Netz der unbefestigten, roten Straßen im Tsavo-West vom Mtito-Andei-Tor aus nicht weit zu fahren und kommt zu einer Gruppe aus Akazien und Dumpalmen: Dort befinden sich die Mzima Springs, eine Quelle mit kühlem, klarem Wasser. In einer Entfernung von hundert Kilometern schmilzt die Äquatorsonne den Schnee am 5 895 m hohen Kilimandscharo-Gipfel. Das Wasser sickert Tausende Meter tief durch die vulkanischen Schichten des Berges, fließt unter der Erde, vereinigt sich mit den unterirdischen Flüssen von den Chyulu-Bergen und tritt schließlich an den Mzima Springs in einer Höchstmenge von 500 Millionen Litern pro Tag hervor.

Vor Jahren richtete eine Filmmannschaft an den Ufern eine Unterwasser-Beobachtungsstation ein. Gehen Sie die paar Stufen hinab, und Sie betreten eine neue Welt: Langsam bewegen sich die Flußpferde über den Grund, es wirkt fast wie bei den Bildern der ersten Menschen auf dem Mond. Dann schwebt langsam eine Schule wohlgenährter Buntbarsche vorüber. Kein Angelhaken, kein Netz wartet hier auf sie – nur das Nilkrokodil begrenzt ihre Zahl, das ruhig durch das Wasser gleitet und rasch zuschnappt.

Bis in die 80er Jahre wurde über eine 150 km lange Pipeline von der Mzima-Quelle aus die gesamte Wasserversorgung Mombasas bestritten; heute dient zur Ergänzung eine Leitung vom Sabaki bei Malindi. Im schwülen Mombasa hat man immer gerne den widersprüchlichen Vorteil genossen, Wasser von den gefrorenen Höhen des höchsten afrikanischen Berges zu trinken.

Südwestlich von Mzima liegt die erste Lodge Kenias für den Naturtourismus: Kilaguni, 1962 vom Duke of Gloucester eröffnet. Sie gab den Anstoß für viele ähnliche Unterkünfte im ganzen Land und war ein erster Schritt auf dem Weg der Verbindung von Naturschutz und Tourismus. Vor dem lachsfarbenen Himmel bei Sonnenuntergang spiegelt sich der weiße Kilimandscharo auf der ruhigen Oberfläche eines Wasserlochs, bis die Zebraherde, die zum Trinken kommt, das Bild in Wellen zerfließen läßt.

Alle großen Panoramen in Afrika werden von dem majestätischen Kilimandscharo übertroffen. Schon Preston und seine Leute blickten 1897 und 1898 jeden Morgen, nachdem sie aufgestanden waren, mit Verwunderung und atemlosem Staunen auf das ferne Schauspiel des Berges, der in rund 100 Kilometern Entfernung über der heißen, trockenen Ebene zu schweben schien. Während sie sich in sanfter Steigung nordwestlich auf das Rift zu bewegten, blieb der Berg außer in der Regenzeit immer am südwestlichen Horizont sichtbar.

Von Mtito Andei aus, der trockenen Grenze des Wakamba-Landes, wurde die Eisenbahnlinie bis Kibwezi vorangetrieben, einem düsteren Ort, wo Malaria und Schwarzwasserfieber an der Tagesordnung waren. Durch lange Trockenzeiten aber wurde es für den Bautrupp erträglich.

Danach windet sich die Linie bis zum Meilenstein 200 in der Nähe von Makindu weiter, wo heute ein Samaritertempel der Sikhs steht: Er bietet kostenfreie Zuflucht für jeden müden Wanderer, ein lebendiges Beispiel für die Lehren des Guru-Nanak-Glaubens. Nicht weit vom Tempel liegt die Hunter's Lodge, benannt nach dem Mann, der hier eine kleine Safari-Lodge gebaut hatte – einer der größten weißen Jäger Kenias, ein Schotte, der in dieser Gegend allein gemäß einem Regierungsvertrag eintausend Nashörner schoß. Doch gab es damals Zehntausende Nashörner. Hunter mag ihre bedrohliche Abnahme eingeleitet haben. Nicht einmal hundert Jahre später, 1987, war der Rhinozerosbestand dermaßen geschrumpft, daß die Wildschutzbeamten glücklich gewesen wären, wenn sie insgesamt so viele Tiere hätten zählen können, wie Hunter sie damals tötete.

Die Lodge liegt im nördlichen Bereich der 2 134 m hohen Chyulu-Berge, die zu den schönsten Landschaften Tsavos gehören: Vor vier, fünf Jahrhunderten erst entstanden diese Berge hier zwischen Tsavo und Amboseli, am Nordrand der Savanne, durch einen fürchterlichen Vulkanausbruch. Sie gehören zu den jüngsten Bergen der Welt und bilden einen schmalen, bogenförmigen, 80 km langen Ost-West-Rücken. Der Boden besteht aus harter, bröckeliger Lava und ist nach kurzen Regenfällen manchmal mit einer dünnen, anfälligen Grasschicht bedeckt. In der Tiefe befinden sich riesige Höhlensysteme; einige Höhlen erstrecken sich über mehr als 12 km, viele sind vielleicht noch länger, doch sind sie bisher unerforscht.

Eine unbefestigte Straße klettert in Zickzackkurven durch den Dornstrauch- und Akaziengürtel nach oben und weiter durch die Krummholzzone bis zur offenen Grasfläche auf dem Grat. Vom südlichen Kamm aus erstreckt sich unter dem Betrachter die weite, schimmernde Ebene bis zum Amboseli-Park und zum Fuß des Kilimandscharo hinüber. Beim letzten Stoß des Vulkanausbruchs, der die Chyulu Hills formte, müssen einige Brocken geschmolzener Lava über die Ebene gerollt sein. Auf der Fahrt von Tsavo nach Amboseli kreuzt man die teerähnlich aussehende Schranke; sie wird von den abergläubischen Eingeborenen, die damals hier lebten, nach dem Teufel als *Shaitani* bezeichnet.

Anfang 1899 war man mit der Eisenbahnbaustelle über den nördlichen Rand der Chyulu-Berge hinausgekommen und hatte mit der 250. Meile die

Während der Paarungszeit gönnen sich Löwe und Löwin nur wenig Ruhe: In einer Woche finden etwa 300 Begattungen statt.

Löwinnen bei der Nahrungsaufnahme. Eine erwachsene Löwin schlägt in einem Jahr durchschnittlich neunzehn Säugetiere. Hat sie erst einmal Beute gemacht, kann sie in der anschließenden Freßorgie bis zu fünfundzwanzig Kilo Fleisch hintereinander verschlingen.

zweite große Binnenlandsteppe am Fuße des Ukambani Range erreicht; diese Bergkette erhebt sich steil bis zu einer Höhe von rund 450 bis 600 Metern und läuft in die Kapiti- und Athi-Ebene aus. Man hatte einen Ort hinter sich gelassen, der als *Simba* bezeichnet wird (dem Suaheli-Wort für ›Löwe‹), wo der Busch vom König der Tiere stark bevölkert war. Auch Emali lag hinter dem Bautrupp.

An dieser Stelle traf mit Pomp und Zeremoniell der Herrscher von Sansibar ein, um den Fortschritt des merkwürdigen britischen Unternehmens zu besichtigen. Die Stadt, die um die Eisenbahnbaustelle herum rasch aus dem Boden wuchs, wurde Sultan Hamud zu Ehren benannt, und bei dem Namen blieb es bis heute.

Jede Stelle hier, hinter jedem Felsen, von jedem Gipfel aus, war voller Gefahren, aber auch von atemberaubender Schönheit. Südöstlich lag die staubige alluviale Massai-Ebene. In diese Wildnis hinein wurde eine Zweiglinie bis zu einem Punkt auf der Karte namens Kibini gebaut; hier fingen die Ingenieure mit Hilfe eines Bohrlochs Wasser vom Kilimandscharo auf, um den gierigen Durst der Dampfrösser zu stillen, die die Eisenbahn und ihre Bauarbeiter unerbittlich vorantrieben. Sehr viel später wurde diese Zweiglinie für Waggons ausgebaut, mit denen sich Steine zu einer Zementfabrik am Athi-Fluß transportieren ließen.

Jetzt begann der Aufstieg mit seinen schwierigen Stufen bis hinauf zur nächsten Steppe – durch Kima, das ein Jahr später einen ähnlichen Ruf erlangen sollte wie die Tsavo-Brücke. Im Juni 1900 belauerte und überfiel ein weiterer Menschenfresser seinen Verfolger: Der junge Inspektor namens Charles Ryall, der von der indischen Polizei zur Uganda-Eisenbahn-Polizei abgeordnet worden war, hatte in einem Schlafwagen auf der Lauer gelegen. Er wurde auf einem kleinen Friedhof am Ende des Golfplatzes der Eisenbahn an Nairobis Uhuru Highway begraben, einen Steinwurf vom Eisenbahn-Museum entfernt; hier steht heute noch der Wagen im Mittelpunkt der Ausstellung, in dem das Geschehen sich abspielt hatte.

Weiter führte die neue Bahnlinie durch Ulu und über den Kamm der Ukambani-Berge bis Konza, dem südlichsten Punkt, den die Linie erreichen sollte (was heute von manchem bedauert wird). Dann ging es weiter über die Kapiti-Ebene zwischen Kilimandscharo und Ngong-Bergen, einem Grat aus Buckeln, die blaugrau am südwestlichen Horizont schimmerten. Der Anblick der Ebene, die sich im Unendlichen zu verlieren schien, wirkte atemberaubend.

Das Schauspiel, das hier zu sehen ist, veranlaßte den früheren US-Präsident Teddy Roosevelt, vom Pleistozän der Tiere zu sprechen, als er nach dem passenden Superlativ suchte. Damals gehörte die Ebene zu dem 25 000 Quadratkilometer umfassenden Großen Südlichen Wildschutzgebiet. Kilometerweit bestand die Savanne aus einem Geflimmer lebender Tiere, oft in einer solchen gedrängten Menge, daß man die Arten nicht unterscheiden konnte – Abertausende Antilopen und Gazellen, langbeinige Giraffen, bedrohlich wirkende Nashörner, heimlich lebende Löwen und anmutige Geparden. Auch Winston Churchill war fassungslos; wie viele Siedler hielt er den Zug an und ließ ihn an einem kleinen Halt warten, bis er von der Jagd zurückkam.

Der Kilimandscharo lag nun im Südosten etwa 150 Kilometer entfernt. In der heißen Trockenzeit von Dezember bis März war er von Konza deutlich

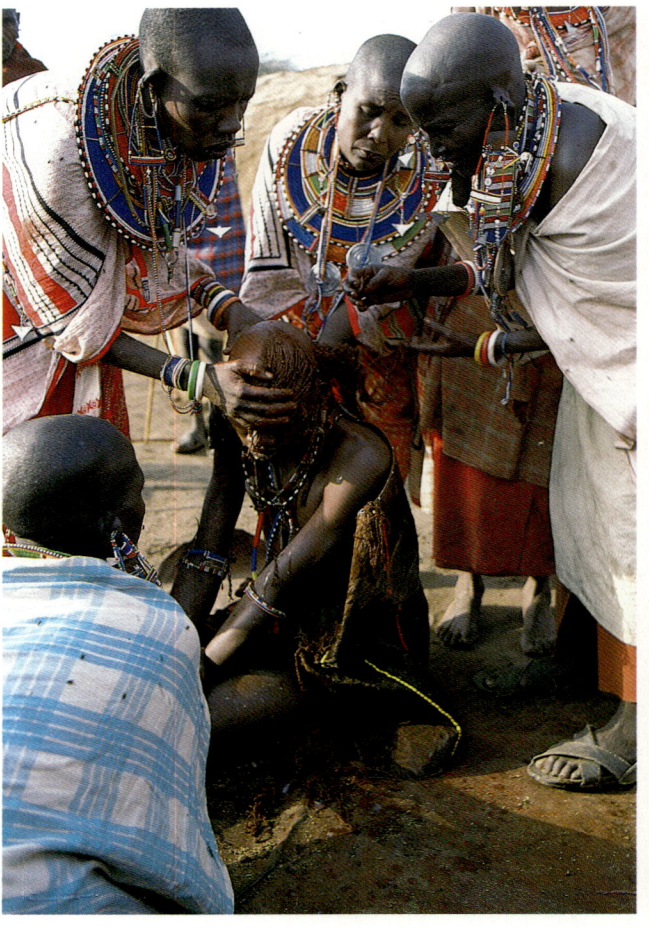

Auf dem Markt von Tala nahe Machakos im Kambaland bereiten sich die Händler auf das Tagesgeschäft vor.

Ein junger Massaikrieger soll in den Kreis der Ältesten aufgenommen werden. Seine Mutter und seine Freunde entfernen bei einer rituellen Rasur die schöne Frisur.

Gegenüber: Das junge Massai-Mädchen wurde nach der Beschneidung mit einer Tiara geschmückt, die aus bunten Perlen besteht.

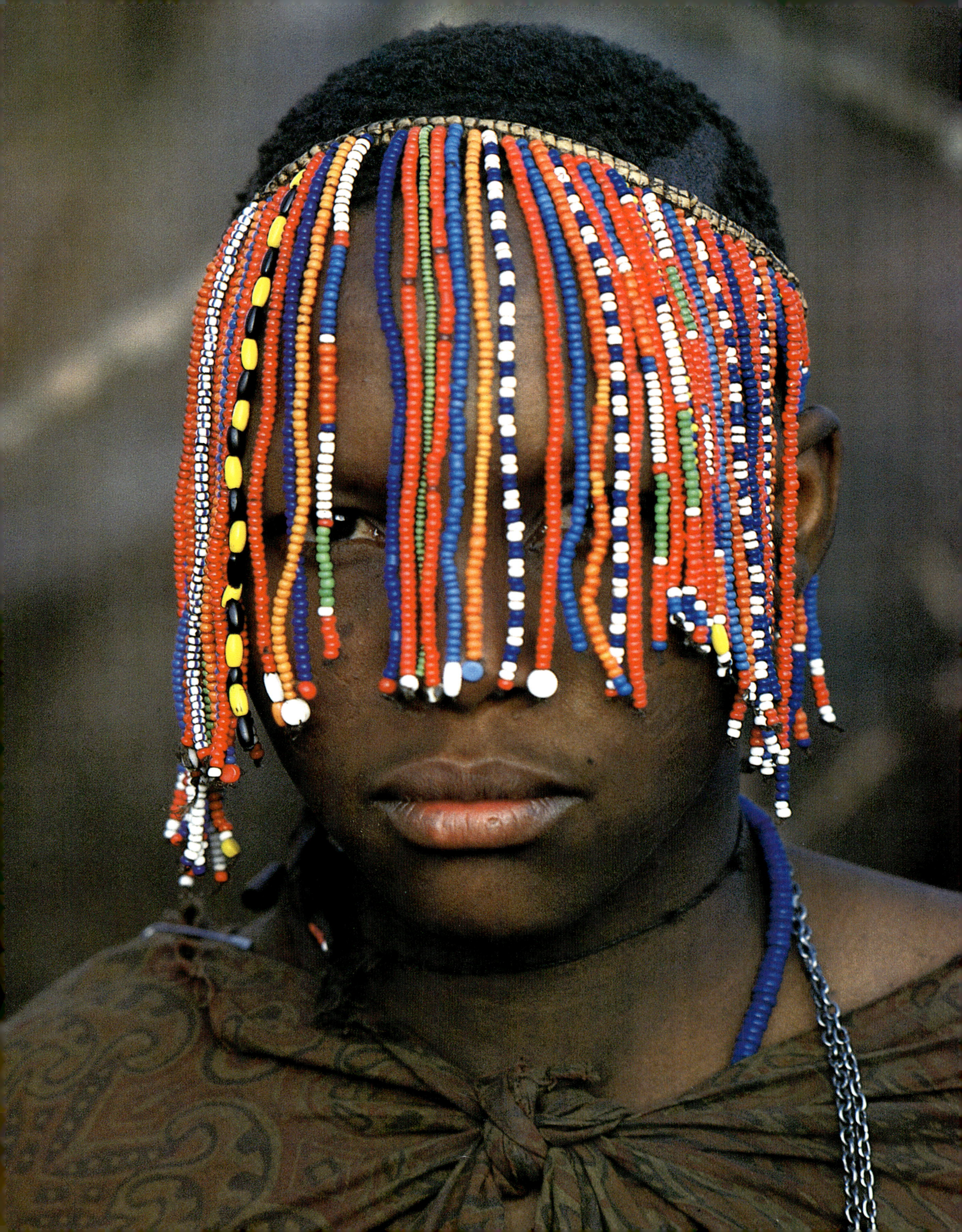

sichtbar. Auch jetzt war er noch von einem Wolkenring umgeben, sein Gipfel schien geisterhaft am klaren afrikanischen Himmel zu schweben. Der massive Block in der Landschaft war vor einer Jahrmillion in einer großen Eruption hier entstanden. Der Kilimandscharo ist der höchste freistehende Berg der Erde und einer der größten Vulkane, die jemals durch die Erdkruste brachen.

Vierzehn Jahre, nachdem Rebmann den Kilimandscharo zum ersten Mal gesehen hatte, kletterte der Deutsche Baron Klais von der Decken 4 270 m weit den Berg hinauf und erlebte plötzliche Schneefälle. Ein britischer Missionar sollte als erster Europäer den ewigen Schnee so nahe am Äqator genauer kennenlernen. 1867 kämpfte sich Reverend Charles New über die Schneegrenze hinaus – von den Chagga-Leuten wurde sie als Ort böser Geister angesehen, die man nur unter Lebensgefahr stören durfte.

Tansania ist auf dieses große Naturwunder neidisch, denn der Blick von Kenia aus auf die Ostwand ist unbestreitbar am gewaltigsten, besonders in Amboseli, das etwa 1 200 m über dem Meeresspiegel liegt. Der Berg erhebt sich plötzlich von seiner Basis aus mehr als 4 500 m in den Himmel. Ein tansanisches Parlamentsmitglied schlug einmal vor, um die Osthänge des Berges eine riesige Mauer zu bauen – um so den Anblick von der Seite zu versperren und die Touristen zu veranlassen, zur Besichtigung des Kilimandscharo nach Tansania zu kommen.

Der höchste Punkt des Kilimandscharo ist Uhuru Peak auf dem Hauptgipfel, Kibo. Nur fünf Kilometer Luftlinie entfernt liegt der sägeförmige Gipfel des Mawenzi – mit 5 148 Metern der dritthöchste Punkt in Afrika nach dem Kilimandscharo und dem Mount Kenya.

Der Kilimandscharo umfaßt eine ganze Welt im Kleinen: von den äquatorialen Tropen, über Regenwald, Savanne und echte Wüste (in 4 500 m Höhe) bis hin zum ewigen Eis. Zu den größten Wundern gehört, daß man vom Gillman Point (5 712 m) auf dem Rand des Kibo-Kraters aus in die Tiefe hinabsehen und die schwarzen Lava-Felswände mit den Fumarolen betrachten kann: Sie stoßen noch immer Dampf aus und bringen Eis und Schnee in ihrer Umgebung zum Schmelzen.

In dieser Höhe wehen ständig starke Winde, zerren an der Windjacke und drohen den Besucher von der Bergwand zu reißen. Das Klettern auf dem Kilimandscharo ist größtenteils eine mühselige, erschöpfende Bergwanderung; auf den letzten 900 Metern aber muß man eine steile Geröllwand hinauf, die sowohl die Nerven als auch die Durchhaltekraft bis an die Grenzen beansprucht. Die Süd- und Südwestwand hingegen gelten mit ihren Eisklippen und Gletschern als Herausforderung für die besten Bergsteiger der Welt.

Im Jahre 1978 verbrachte Reinhold Messner mehrere Wochen in der Südwand, um sich auf die erste Besteigung des Everest vorzubereiten (der noch 2 953 m höher ist). Er bezwang die 1 524 m hohe Breach-Wand des Kibo; sie wird von einem riesigen Eiszapfen beherrscht, der vom Diamond-Gletscher herunterhängt.

Von Amboseli aus erhebt sich der Kilimandscharo wie ein gigantischer Eiskuchen. Sein Bild wirkt immer feierlich und ruhig, um den Gipfel schweben weiße Haufenwolken vor dem unglaublichen Blau des afrikanischen Himmels; unten weidet vielleicht gerade eine Giraffenherde von den oberen Zweigen der Akazien. Solche Bilder haben Ernest Hemingway zu der klassischen Erzählung *Schnee auf dem Kilimandscharo* angeregt.

Wüstenfuchs (Fennek) vor seinem Bau, ständig auf der Hut mit seinem feinen Gehör. Die Ohren dienen aber nicht nur der Sicherheit, sondern auch zur Ortung der Insektenbeute.

Leopard am Riß, gut versteckt in einer Euphorbie.

Lange bevor das 380 qkm große Gebiet zum Nationalpark erklärt wurde, erlebte der Nobelpreisträger mit großer Freude die unberührte Schönheit Amboselis. Zeitgenossen wie Robert Ruark und einige Filmregisseure Hollywoods ließen sich von seiner Begeisterung anstecken. Noch heute ist der Park, eines der ersten Schutzgebiete Kenias, beliebte Kulisse.

Einer Paramount-Mannschaft, die hier 1948 filmte, ist die erste Lodge zu verdanken. Nach Ende der Filmaufnahmen wurden die Hütten, in denen die Stars gewohnt hatten (unter ihnen Ava Gardner), der örtlichen Verwaltung übereignet. Diese machte daraus die Ol-Tukai-Selbstbedienungs-Lodge für Natur- und Abenteuerreisende, noch heute gerne benutzt.

Ein großer Teil des Parks besteht aus dem alluvialen Trockenbett eines saisonabhängigen Sees, wo die flimmernde Hitze während der Trockenzeit oft Luftspiegelungen hervorbringt. Zu Recht ist das Amboseli-Schutzgebiet für seinen Wildreichtum berühmt.

Zwischen den Tieren und den Massai, die hier ihre Weidegründe haben, besteht ein harmonisches Verhältnis. Erst die moderne Entwicklung bedrängt ironischerweise für beide das Land.

Die Massai sind ein Volk von kriegerischen Hirten, die während der letzten tausend Jahre in Afrika südwärts zogen, vor 500 Jahren Nordost-Kenia erreichten und irgendwann im vorigen Jahrhundert in Zentral- und Süd-Kenia und Nord-Tansania ankamen.

Heute gibt es etwa 250 000 Massai in Kenia, die sich trotz ihrer abweisenden Haltung gegenüber allem Neuen allmählich in den Hauptstrom der nationalen Entwicklung einfügen. Das stolze Volk, das sich von anderen Gesellschaftsgruppen und Kulturen fernhält, ist für seine schrecklichen Krieger bekannt; ihre Überlieferungen und Lebensweisen, ihre vornehme Haltung erinnern stark an die alten römischen Legionen. Die geschmeidigen, schlanken Gestalten stehen auf einem Bein und halten den Speer senkrecht vor sich, das andere Bein bleibt hinter dem Speer versteckt; der Kopf ist mit einer Straußenfeder oder einer Löwenmähne geschmückt, ihre Haut glänzt von dem Öl, mit dem sie eingerieben wurde, ihr Körper ist locker in das Tuch der ockerfarbenen *shuka* gehüllt. Die Kriegerkaste der Massai, die *moran*, sind von unübertrefflicher militärischer Noblesse. Sie legen größten Wert auf ihre Frisur, deren Lockenpracht mit Ockerschlamm zusammengehalten wird. Sie brauchen keine Pflichten beim Hüten der Rinder zu übernehmen, sie sind nur für die Verteidigung zuständig.

Die Massai leben mit ihren Rindern zusammen. Jede Form der Bodenbestellung wäre traditionsgemäß unter ihrer Würde. Reichtum, Stellung und

Das Spitzmaulnashorn mit seinen ein bis eineinhalb Tonnen steht kurz vor der Ausrottung: Anfang der 70er Jahre gab es noch 20 000 Tiere, heute sind es weniger als 500.

Eines der letzten Exemplare aus dem gefährdeten Nashornbestand Kenias wälzt sich ausgelassen in einem der Nationalparks in einem Schlammbad.

Sicherheit werden von der Zahl der Rinder bestimmt. Doch haben sie heute kaum noch die Möglichkeit, mit ihren Herden weiterzuziehen, wenn die vorhandenen Flächen überweidet sind. Im Süden werden sie durch die Nationalgrenze beschränkt, an den anderen Seiten durch Höfe, Ackerflächen der Kleinbauern und neue Industrieanlagen.

Langsam schließen die Massai sich den nationalen Zielen an und beginnen einen positiven Beitrag zur Entwicklung des Landes zu leisten. Überall entstehen neue Schulen, und die Initiationsriten der achtziger Jahre – Beschneidungsriten an der Schwelle zur Mannbarkeit und *eunotos* beim Übergang vom Krieger zum Juniorältesten – dürften die letzten gewesen sein. Bei der Beschneidung muß der Einweihungsschüler seine Tapferkeit beweisen. Wenn er zusammenzuckt oder wehklagt, während seine Vorhaut ohne Betäubung beschnitten wird, gilt er sein ganzes Leben lang in der Massai-Gesellschaft als Außenseiter.

In den sexuellen Beziehungen nehmen die Massai eine ausgesprochen liberale Haltung ein. Die Krieger dürfen nicht heiraten, aber Geschlechtsverkehr ausüben. Erst wenn sie zu Juniorältesten werden, gelten sie als heiratsfähig. Die Frauen sind symbolisch mit allen Angehörigen einer Altersklasse verheiratet, und ein Unverheirateter darf die Frau seines Blutsbruders verführen. Er wird nicht dazu ermutigt, aber auch nicht deswegen geschmäht. Die Bräuche haben durchaus charmante Züge. Der Altersgenosse zeigt seine Anwesenheit dadurch an, daß er seinen Speer vor der Hütte der Eheleute aufpflanzt – ein Zeichen für den Ehemann und andere, ähnlich dem Schild ›Bitte nicht stören‹ vor der Hoteltür.

Im Inneren der Hütte trägt der Freier seine Werbung in lyrischer Sprache vor. Im ersten Stadium berühren sie sich nicht. Sie liegen ohne Berührung

Obwohl die Hyänenjungen mit offenen Augen und scharfen Zähnen geboren werden und fast von Anfang an Fleisch bekommen, gehören sie zu den Tieren in Afrika, die am längsten gesäugt werden. Die erwachsenen Tiere neigen zu Kannibalismus und stellen damit eine Gefahr für die Jungen dar.

Die Hyänen ernähren sich ausgesprochen vielseitig: Sie sind nicht nur Aasfresser, sondern auch furchtlose und wirkungsvolle Jäger. Sie fressen fast alles – selbst beim Verschlingen alter Stiefel, Besenstiele und Konservendosen wurden sie schon beobachtet.

Ein Schakal frißt von einem Zebra, ständig auf der Hut vor größeren Beutegreifern und Aasfressern. Eine Schar von Geiern und ein Marabu stehen bereit, um sich bei der ersten günstigen Gelegenheit zu nähern.

auf dem Bett, und der Mann versucht mit einer Flut romantischer Bilder ihr Herz zu erweichen. Nur wenn er sein Feuer deutlich genug zum Ausdruck bringen kann, gibt die Frau schließlich seiner Umarmung nach.

Die Massai leben zeitweise in Dörfern *enkangs* in niedrigen, kuppelförmigen Häusern aus Kuhdung und Flechtwerk. Wenn sie mit den Herden weiterziehen, wird das jeweilige Dorf verlassen.

Zu den altüberlieferten Mutproben der neu-aufgenommenen Krieger zählt die Löwenjagd nur mit Speer und Schild. Selbst heute gibt es noch junge Massai, die stolz die Wunden eines solchen Zweikampfes vorweisen.

Bei den Massai galt Konza als nordwestliche Grenze ihres Gebietes. Dahinter lag bis Kitui und Mwingi das Land der Kambas, große Flächen, die leicht unter Trockenheit leiden. Als geschickte Jäger und gute Landwirte waren die Kamba imstande, auch die höhergelegenen Gebiete wie die Ukumbani- und Mua-Berge einzubeziehen. Ihre ›Hauptstadt‹ Machakos (eine Verballhornung von Masaku, ihrem Heiler und Seher im 19. Jahrhundert) lag in dem Talgrund, umgeben von üppigen, fruchtbaren Bergen.

Die Gegend war so hübsch und erinnerte so stark an eine englische Hügellandschaft (nur mit günstigerem Klima), daß der erste britische Verwalter des oberen Kenia, John Ainsworth aus Manchester, den Ort zum Verwaltungssitz machte; 1894, lange vor der Eisenbahn, baute er dort eine mächtige Festung und eine Anlage, von wo aus er seinen ausgesprochen großen Besitz überblicken konnte. Er hatte volles Vertrauen, daß hier die Hauptstadt des zentralen Hochlands für Handel und Verwaltung entstehen würde, wenn die Eisenbahn erst so weit sein würde.

Im Norden des Kambalandes liegt das runde Gewölbe des Kilimambogo, des ›Büffelberges‹. In den sanften Hügeln zwischen den üppigen Kaffeeplantagen und kleinen Landbaubetrieben befindet sich der Bauernort Kagundo, eine Art ländlicher Vorort Nairobis, der zur geschäftigen Großstadt einen starken Kontrast bildet. Der farbenprächtige Tala-Markt bietet ein buntes Bild, Bauern und Händler vereinen sich zu einem wirren Gedränge um die Stände und Waren.

Die Massai beanspruchten für sich ein Gebiet südlich von Konza bis nach Tansania hinein über Namanga hinaus. Namanga ist die Grenzstadt zwischen den beiden Ländern, es liegt am östlichen Fuß des 2 526 m hohen Ol Doinyo Orok – des Schwarzen Berges.

Im Südwesten endet die riesige Ebene schroff mit dem östlichen Rand des Großen Rift-Tals, das durch die Arbeiten John Walter Gregorys in den 90er Jahren des vorigen Jahrhunderts zum ersten Mal bekannt wurde. Der junge schottische Geologe zog nicht lange nach Thomson durch das Gebiet und ging ins Hochland, um den schrecklichen Riß in der Erdoberfläche näher zu untersuchen. Vom Weltraum aus einer Höhe von 90 000 Kilometern ließ sich in unseren Tagen das über 5 000 Kilometer lange Rift-Tal klar erkennen; es erstreckt sich vom Baikalsee in Rußland über den Jordangraben am Roten Meer entlang und weiter südwärts bis Beira in Mosambik.

In Kenia ist das Rift Valley am dramatischsten ausgeprägt. Stellenweise reicht es hier über 1 500 m in die Tiefe, bei einer Breite von bis zu 100 Kilometern zwischen der Ost- und der Westwand. Gregory reiste bis nach Baringo, wo er den Grabenwänden in unterschiedlicher Höhe Gesteinsproben entnahm; anschließend kehrte er nach England zurück und veröffentlichte seine Theorien über die Entstehung des Rifts.

Am Anfang seiner Reise war er von der Kapiti-Ebene aus zum Rift gekommen: Hier ist der Abstieg zum Talgrund sanfter als an den meisten anderen Orten; die Meto-Berge – zu denen als höchste Erhebung der Schwarze Berg zählt – bilden die Ostflanke des Tals.

Löwen zählen zu den eifrigsten ›Hochzeitern‹ im Tierreich.

Gegenüber: Löwenjunge verbringen die Mittagshitze im Gras unter Strauchwerk.

Hunderte von Gnus stehen am Flußufer im Masai Mara mit Zebras zusammen, mit denen sie fast immer vergesellschaftet sind. Bei ihrer jährlichen Wanderung durch dieses Schutzgebiet erfüllen ihre durchdringenden Rufe und der Staub, den die Hufe aufwirbeln, die Luft.

Nächste Doppelseite: Ein unvergleichliches Schauspiel – die jährliche Wanderung von mehr als eineinhalb Millionen Gnus durch das Masai-Mara-Schutzgebiet. Große Zebra- und Antilopenherden schließen sich an, außerdem sind natürlich die Beutegreifer allgegenwärtig, um keine Gelegenheit zu versäumen.

Als er über die verschiedenen Verwerfungen hinabstieg, stieß Gregory auf der steinigen Ebene auf eine Lichtung, die mit Knochen übersät war. Dreißig Jahre später untersuchte den Fundplatz Dr. Louis Leaky, das *enfant terrible* der Archäologie, sein Leben lang auf der Suche nach dem Ursprung des Menschen. Überall auf dem Boden lagen die Belege für die Existenz des ersten Lebewesens, das nicht mehr auf allen Vieren ging, sondern in aufrechter Haltung.

Unser ältester Vorfahre, der *Homo erectus*, der im Norden Kenias am Turkanasee seine ersten zögernden Schritte getan hatte, war rasch zu einem geschickten Zweibeiner geworden. Einige Gruppen waren nach Süden gezogen und hatten als Jäger um Olorgasailie gelebt. Die Fossilien auf dem Rift-Boden waren zerbrochene Skelett-Teile einer längst ausgerotteten Rasse von Riesenpavianen. Sie waren mit einfachen Waffen: mit grob bearbeiteten Steinen, getötet worden, die sich ebenfalls an der Fundstelle fanden – aus Gesteinsarten hergestellt, die es in diesem Teil des Rift-Tals gar nicht gibt. Der Mensch war zum Jäger geworden. Heute kann man diese Fossilien besichtigen: ein dünner Faden aus dem immer noch rätselhaften Gewebe der Menschheitsgeschichte.

Gregory entdeckte auch eine der größten Sodalagerstätten der Erde: den Magadi-See, nach Salton Sea in Kalifornien/USA die zweitgrößte Abbaustelle der Welt.

Mit seinen 100 Quadratkilometern bildet der See ein ›Drainage‹becken ohne Abfluß. In nur 580 Metern ü. d. M. brennt die Sonne erbarmungslos

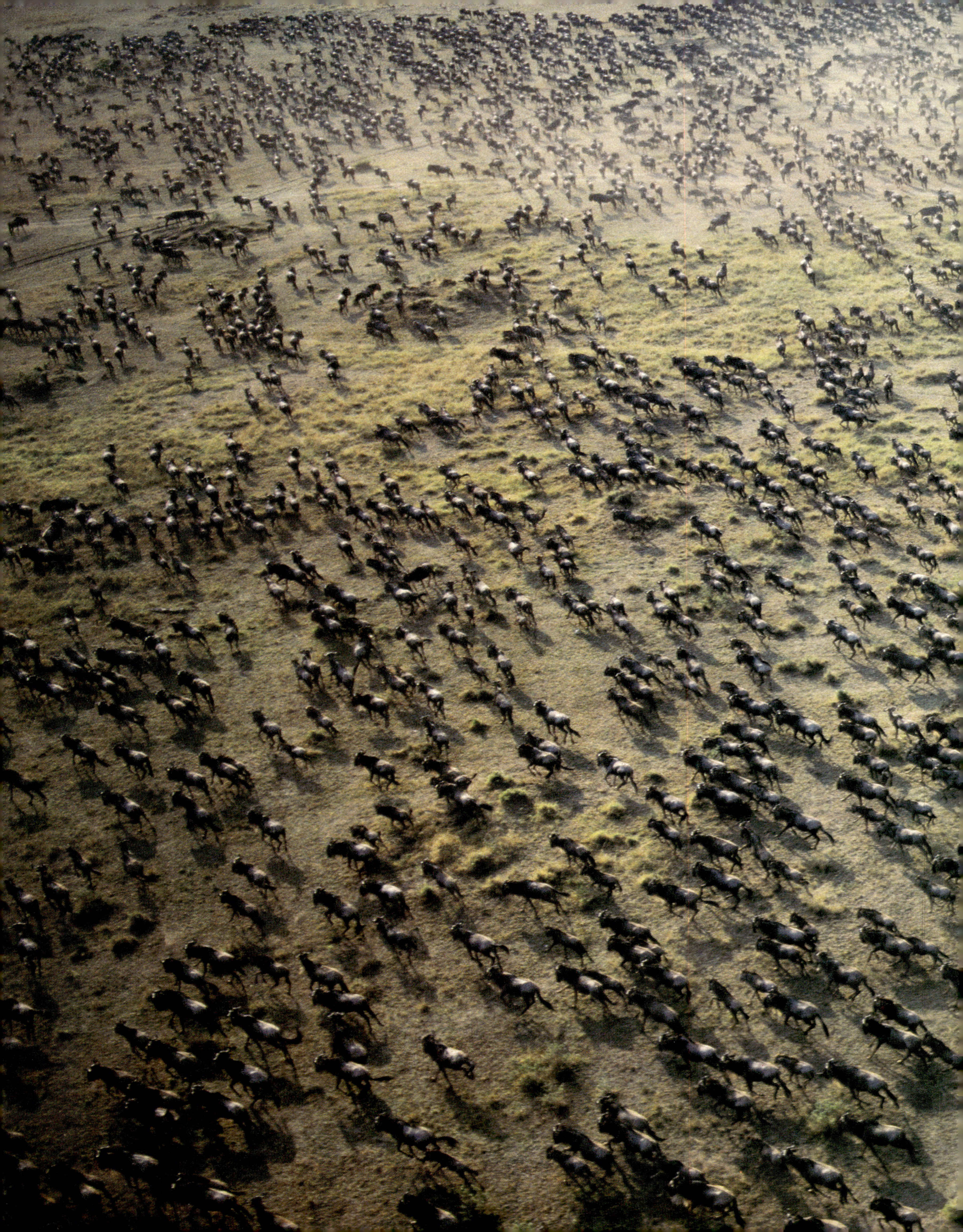

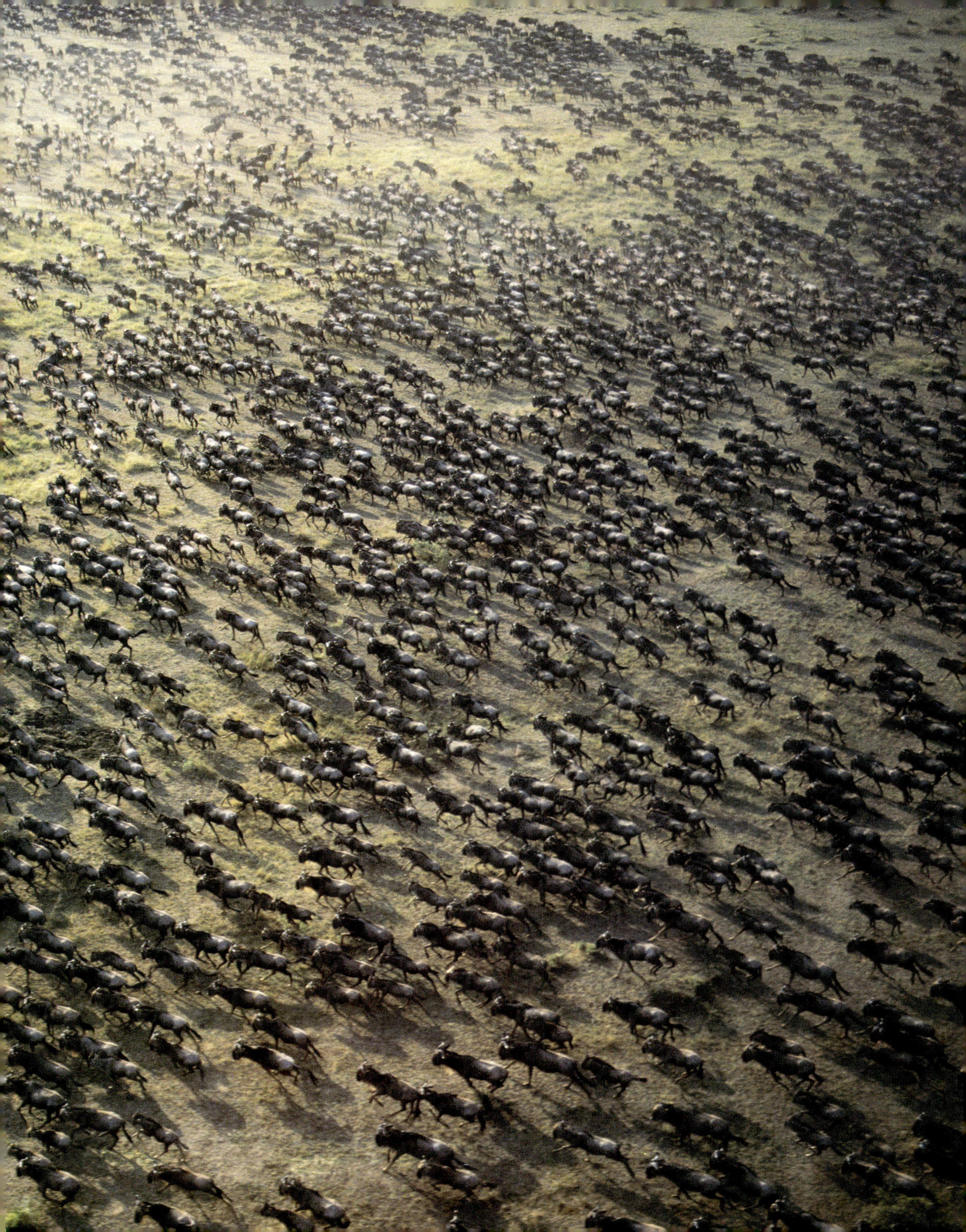

herab und führt zu einer intensiven Verdunstung; da kaum einmal Regen fällt und den See mit Wasser bedeckt, sind die Voraussetzungen für den Abbau des Tronasalzes geradezu ideal. Die Abbaurechte wurden von den Briten seinerzeit an die beiden Prospektoren Deacon und Walsh vergeben, die 1901 am Magadi ihren Anspruch absteckten.

Die Gesellschaft, die sie für die industrielle Nutzung schließlich begründet hatten, schloß im September 1911 einen Vertrag mit George Pauling für den Bau einer 150 km langen Eisenbahnlinie von Konza bis Magadi. Sie führt an Kajiado vorbei, dem freundlichen Verwaltungszentrum für das südliche Massaigebiet – 25 Kilometer von Olorgesailie entfernt –, und windet sich dann zu dem ausgedörrten Grund des Great Rift Valley hinab: ein dantisches Inferno aus Lavabrocken und Felsenzacken, häufig mit Temperaturen von über 45 °C.

Übrigens entstand ein großer Teil der Aufnahmen für den oscar-gekrönten Film *Jenseits von Afrika* an dieser spannenden Bahnlinie. Von Kajiado aus fährt die Eisenbahn in einer Reihe von steilen Stufen die Rift-Wand hinab über eine Länge von 42 Kilometern fast 1 300 Meter in die Tiefe. Wegen des Ersten Weltkriegs konnte die Strecke erst am 1. August 1915 der Uganda Railway – den heutigen Kenya Railways – übergeben werden, von der sie noch heute betrieben wird.

Über die abenteuerliche Bauzeit hat ein Teilnehmer des Bautrupps, der sich Korongo nennt, in einer Ballade im Stil des Robert Service erzählt:

Was die Beutegreifer und die anderen Aasfresser übrig lassen, wird von den Geiern genutzt – den ›Leichenbestattern‹ der Natur.

In the days to come, some remittance chum
May say to himself, ›I'll take
For a bit of fun just a railway run
And look at Magadi Lake‹.
When the snorting train shall awake the plain
And whistle and hiss and brake
How little he'll guess of the work and stress
That the railway took to make

Where the white rocks rang as we kept the gang
At work with pick and spade
Of the blasting fuse that we used to use,
The gelignite and the drill,
The culvert and bridge, the bank and ridge,
The cut in the marble hill …
Of the Saturday nights with gamble and fights
Of the Lions we used to kill

I've said goodbye, and I shall not try
To go back to those haunts again;
For I can recall ev'ry landscape small
As the lonely bush and plain,
As the wild beasts home, where the lions roam,
– Unquestioned their right to reign –
Now by day the smoke and by night the stroke
Of the piston declares the train.

Oh, I realize that we civilize,
And the work we do is fine,
Then we lay the trails for the gleaming rails
Of a pioneering line.
But soon they'll push, till there's no more bush,
And never a bushman's shrine,
And when that day's come, where will be the home
For a soul that is made like mine …

Heute bewegt sich der Reisende gewöhnlich auf der glatten Teerstraße, die von der Firma für den Soda-Abbau im Magadi-See gebaut wurde und die von Nairobi aus um den südlichen Fuß der 2 438 m hohen Ngong-Berge herumführt – ebenfalls ein Schauplatz in *Jenseits von Afrika*.

Vom Grund des Rift-Tals erheben sich Felsenhügel, deren Lavagestein mit kümmerlichem Gras und Dorngestrüpp bedeckt ist. Aus der Luft wirkt der Magadi wie eine schrumpelige, geschmolzene Eisdecke, mit indigoroten Flecken, wo sich die Greifbagger durch die Kruste fressen. Manchmal brüten hier Millionen von Flamingos; die bleiche, aber unglaublich schöne Landschaft beherbergt ein reiches Vogelleben.

Das Ostufer des Sees wird von der kleinen Stadt beherrscht, die sich durch den Einfluß der Soda-Firma in den letzten 80 Jahren entwickelt hat. Hier fehlt es an nichts: von den feinen Villenvororten über die Etagenwohnungen der Arbeiter, die vornehmen Klubs mit Schwimmbecken, bis hin zu Krankenhaus, Schulen und Golfplatz.

Die Sodaseen – der Natronsee in Tansania; Magadi-, Elmenteita- und Turkanasee in Kenia – sind ein bezeichnendes Merkmal für diesen Abschnitt des Rift-Tals, der sich in einem Bogen von Turkana im Norden bis Magadi im Süden durch die Landesmitte zieht; die Höhenlage reicht von kaum hundert Metern bis mehr als 1 800 Meter über dem Meer.

Die Massai um Magadi leben beispielsweise etliche hundert Meter tiefer als diejenigen am rund 70 km entfernten Naivasha-See, dem höchsten und reinsten der Rift-Seen Kenias. Der westliche Pfeiler des Rifts bei Magadi wird von der gewaltigen Wand des Nkuruman Escarpment gebildet, die durch die Loita-Berge noch gesteigert wird.

Diese schroffen Klippen führt keine Straße hinauf, doch haben sich die Massai ihre eigenen Pfade über den nackten Fels und durch die dichten

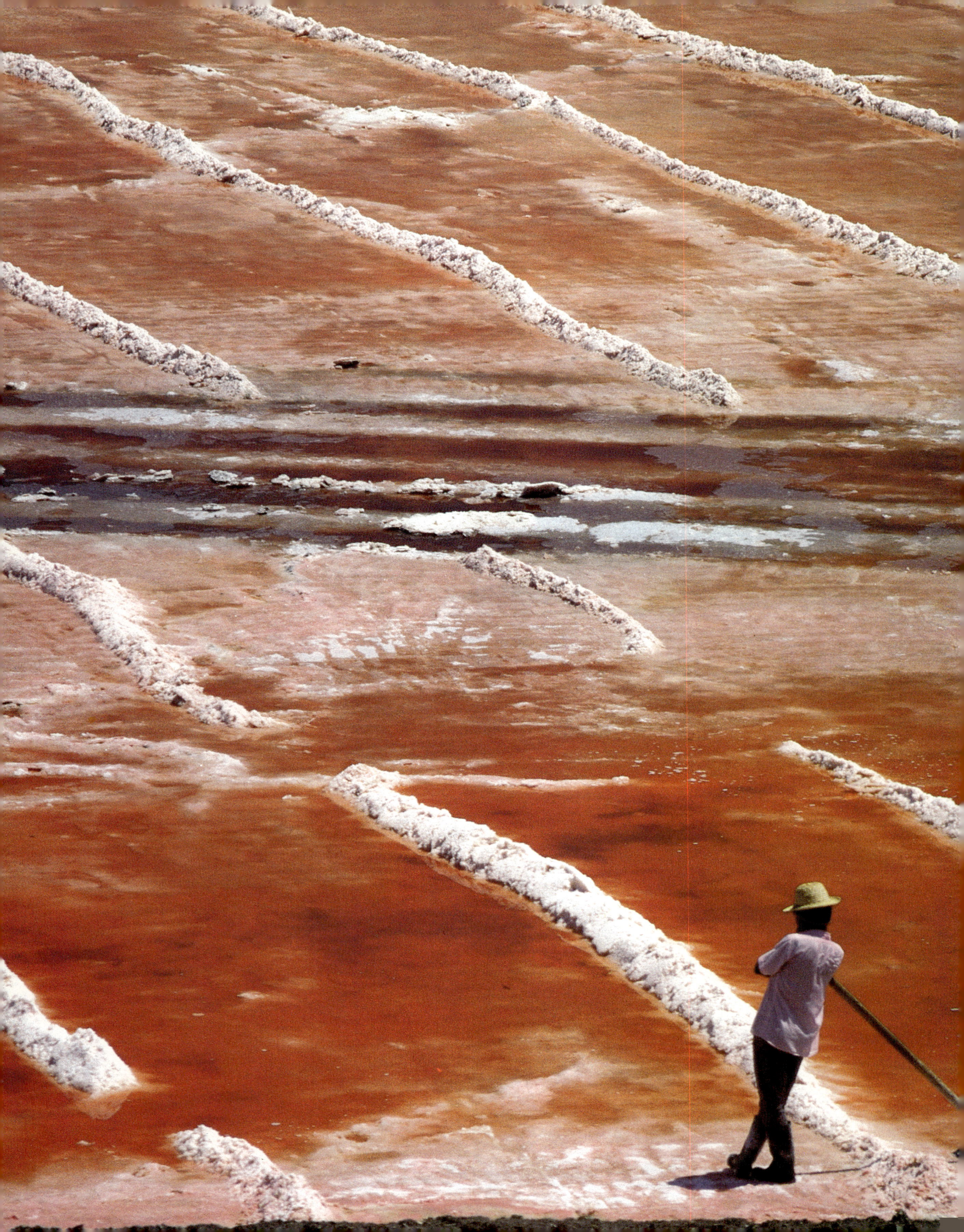

Der Magadisee, zweitgrößte Quelle für Tronasalz nach dem Saltonsee in Kalifornien. Das bei Verdunstung auskristallisierte Salz wurde ordentlich zu Haufenreihen zusammengescharrt, um es später für die Raffinierung einzusammeln.

Mit ihren wunderschönen, lyra-ähnlich geformten Hörnern gehört die Impala zu den anmutigsten Antilopen.

Paviane sind ausgesprochen gesellig. Jeder Trupp wird von einem dominanten Männchen angeführt. Die Fellpflege (›Lausen‹) fördert den Zusammenhalt und hilft die Rangordnung erhalten.

Wälder geschaffen. Oben, hinter den Loita Hills, läuft das Land in das Masai-Mara-Gebiet aus. Dieses endlose Grasland in über 1 500 Metern Höhe gehört praktisch zur Serengeti, die im äußeren Süden von Tansania beginnt und sich bis an den Fuß des Soit Ololol Escarpment erstreckt, am Nordwestrand des Mara.

Die Savannengebiete gibt es auf der Erde erst seit neuerer Zeit. Heute machen die Grassteppen etwa ein Viertel der Erdoberfläche aus – viele liegen in Afrika, vor allem in Kenia. Sie bieten die bestmögliche Umwelt für die Termiten, die überall in tropischen Grasgebieten vorkommen. Sie sind so sonnenempfindlich, daß sie sofort vertrocknen würden, und bewegen sich deshalb fast nur in Röhren, in den Gängen, die sie in den Savannenboden graben und mit einem Bau aus durchgekautem Schlamm krönen. Die Termiten sind die Architekten der Natur. Ihre Lehmschlösser, die fünf, sechs Meter hoch sein können, umfassen ein verwickeltes System aus Kammern, Speisesälen und Lüftungsschächten; durch diese kann die verbrauchte Luft abziehen und frische Luft in die dunklen Gänge eindringen. Dabei wird der Feuchtigkeitsgehalt auf dem Niveau gehalten, das sie zum Leben brauchen; um das zu erreichen, werden tiefe Schächte in den Boden unter dem Bau gegraben – ähnlich den Brunnen in einem Schloßhof –, wo von Arbeitern ein Feuchtigkeitsvorrat angelegt wird.

Wie stark diese Tiere das Wasser als Lebensspende zu schätzen wissen, kann man bei den ersten Regenfällen anschaulich erleben. Sie fliegen dann in so riesigen Zahlen in die Nachtluft hinaus, daß die Lampen am Haus und an der Straße vollkommen verdunkelt werden. Von den Eingeborenen Kenias werden sie teilweise als Leckerbissen geschätzt: Von einigen Gemeinschaften werden sie schaufelweise eingesammelt und als köstliche Beikost gebraten.

Zu den größten Naturwundern im Masai-Mara-Gebiet zählt die jährliche Wanderung von über einer Million Gnus und in ihrem Gefolge der Zebras,

Das Flußpferd zeigt die unteren Schneidezähne, die als ›Elfenbein des Armen Mannes‹ bezeichnet werden. Die Zähne dieser amphibisch lebenden Säuger aus der Schweineverwandtschaft sind durchaus wirkungsvolle Waffen.

Flußpferde mit einem Jungtier gehen in das Wasser des Mara-Flusses. Die Mütter sind streng mit ihren Kleinen und regeln die Erziehung durch Bisse.

Antilopen, Gazellen und Beutegreifer aus dem Süden der Serengeti.

Die Planer der Natur müssen leicht verwirrt gewesen sein, als sie die merkwürdigen Gnus erfanden. Aus dem Vorderteil eines Rindes, dem Gesicht eines Possenreißers, dem Bart eines Mandarins, dem Rücken einer Antilope und dem Schwanz eines Pferdes setzt sich ein Tier zusammen, das wegen seines ungewöhnlichen Aussehens und seltsamen Verhaltens den Spitznamen ›Clown der Ebene‹ verdient hat. Bei der Wanderung bilden die Gnus den Mittelpunkt: Sie marschieren zu Hunderttausenden im ›Gänsemarsch‹, folgen den Regenfällen und dem üppigen Gras immer weiter nach Norden, bis sie zwischen Juli und September im Mara ankommen.

Unter den Tieren Afrikas gibt es kein vergleichbares Schauspiel, und das Schutzgebiet wurde deshalb zum begehrtesten Ziel des ganzen Erdteils für Naturreisende. Seit 1965 die erste Lodge bei Keekorok eröffnet wurde, hat man eine ganze Reihe von weiteren Lodges und Zeltlagern eingerichtet. Sie bedrohen bereits das Gleichgewicht zwischen dem empfindlichen Grasland und den Tieren, vor allem aber dem sanften Geparden.

Die am meisten spezialisierte unter den drei Raubkatzen ist auch die kleinste – schlank und ausgesprochen sanft im Verhalten. Geparden lassen sich leicht zähmen, und in Arabien wurden sie jahrhundertelang für die Jagd verwendet. Die Evolution hat den Gepard mit allen Eigenschaften ausgestattet, die für eine hohe Geschwindigkeit erforderlich sind – tiefe Brust, schlanker Körper und lange, dünne Beine.

Als schnellstes Landtier der Erde erreicht der Gepard nach genauen Messungen bis zu 112 Stundenkilometer. Aber es reicht nur für einen kurzen Spurt, danach ist er außer Atem. Manchmal ist er nach dem Sprint so erschöpft, daß es dem Beutetier gelingt, nach dem Prankenhieb wieder zu entkommen. Es kommt auch vor, daß ein anderer Beutegreifer oder ein Aasfresser – ein Löwe, eine Hyäne – dem Gepard den Riß von der keuchenden Schnauze stiehlt.

90

Strauß mit Jungen auf der Wanderschaft durch eine kenianische Grassavanne. Dieser größte Vogel unter den heute lebenden kann nicht fliegen, aber bis sechzig Stundenkilometer schnell laufen. Oft entziehen sich die Strauße jedoch unversehens dem Blick, indem sie sich plötzlich hinkauern und ihren Hals auf den Boden legen.

Vorige Seite, oben: Rosapelikan mit Nilgänsen.

Unten, links: Schwarzhalsreiher.

Unten, rechts: Koritrappen mit ihren hübschen Schmuckfedern an Kopf und Hals.

Heute ist sein Friede gestört, sein Freiraum begrenzt, so ist der Gepard genauso in Bedrängnis geraten wie das Volk der Massai.

Das Mara-Gebiet bildete einst das Kernstück der Massai-Weidegründe; das Volk und seine Herden lebten mit den Tieren in Symbiose. In neuerer Zeit bedroht der zunehmende Tourismus die alten Sitten der Massai. Das Gebirge bei Namanga, der Doinyo Orok, gilt ihnen als heilig; hier liegt Mbatian begraben, ein einäugiger Seher *laibon*, der im 19. Jahrhundert die zerstrittenen Massai-Clans zu einer einzigen Gemeinschaft vereinte.

Dieser Seher hatte in den 70er Jahren des vorigen Jahrhunderts in einer poetischen, aber düsteren Prophezeiung die Ankunft der Europäer ebenso vorausgesagt wie die Rinderpest- und die Pockenseuche, durch die die Menschen und die Herden der Massai dezimiert werden sollten. Mbatian hatte vor den rosafarbenen Fremden und den Metallnashörnern sowie vor den bösen Krankheiten gewarnt, die zusammen das Ende der Massai-Gesellschaft bedeuten würden.

Als 1898 die Eisenbahn bis zum nördlichen Ende ihres Gebietes bei Emali und Sultan Hamud vorangetrieben worden war, hatte die Rinderpest, die am Anfang des Jahrzehnts aufgetreten war, tatsächlich die Herden der Massai stark vermindert. Eine Pockenepidemie ließ die Zahl der Menschen bis auf rund 25 000 zusammenschrumpfen – und wie bei den Kambas konnte auch das Überleben dieses stolzen Volkes nur noch durch Almosen in den Lagern der Bautrupps und solche britischen Verwalter wie Ainsworth gesichert werden. Die Massai erholten sich nie ganz, bis ihr Land von den Europäern vereinnahmt und sie in das heutige Gebiet umgesiedelt wurden.

Anderen Volksgruppen, wie den Kamba, fiel es leichter, sich auf die Veränderungen des letzten Jahrhunderts einzustellen. Die Kamba sind, völkerkundlich gesehen, mit den Kikuju verwandt und sprechen eine ähnliche Sprache. Ihr Gebiet umfaßt mehrere tausend Quadratkilometer in Ostkenia zwischen dem Massailand und den Trockenwüsten des Nordostens hinter Kitui, insgesamt eine ausgesprochen trockene Landschaft.

Nächste Seite: Durch Anmut und Farbenpracht ein herrlicher Anblick – der Scharlachspint, ein Bienenfresser.

Dieser Raubadler im Amboseli beteiligt sich als Aasfresser gerne am Löwenriß, jagt aber auch selber.

Sie sind geschickte Holzschnitzer und haben viele von den kunsthandwerklichen Gegenständen gefertigt, die in den Läden und Kiosken in Kenias großen Städten verkauft werden. Hunderte dieser Handwerker, die *fundis*, arbeiten in einer Kooperative im Kamakunji-Bezirk Nairobis und fertigen feine Darstellungen von Wildtieren und Menschen innerhalb weniger Minuten an: Ein Mann schnitzt den Rumpf des Elefanten, ein zweiter Rüssel und Ohren, ein dritter die Ohren. Ihre intarsienverzierten Stühle haben sie teilweise zu schönen Kunstwerken gestaltet, mit erstaunlicher Ebenmäßigkeit liebevoll ausgearbeitet und beschnitzt.

In neuerer Zeit haben die Kamba die kriegerische Tradition der Massai übernommen: Sie dienten ehrenvoll in den frühen Kolonialtruppen, während beider Weltkriege und sind heute an den Offizierskadern der unabhängigen kenianischen Armee beteiligt.

Nach Ainsworths Erwartungen hätte Whitehouse die nächste Zwischenstation beim Eisenbahnbau in Machakos, südöstlich der schönen Mua-Berge, einrichten müssen. Voller Verwunderung mußte er erleben, daß der Bautrupp eine andere Richtung einschlug und das nächste Lager in dem berüchtigten, fieberträchtigen Sumpf eingerichtet wurde, den die Massai ›Nyrobi‹ nannten.

Hätte Whitehouse so gehandelt, wie Ainsworth es sich vorgestellt hatte, wäre Kenias Geschichte womöglich anders verlaufen, und einige, die heute in Nairobi leben, würden wahrscheinlich hinzufügen: günstiger.

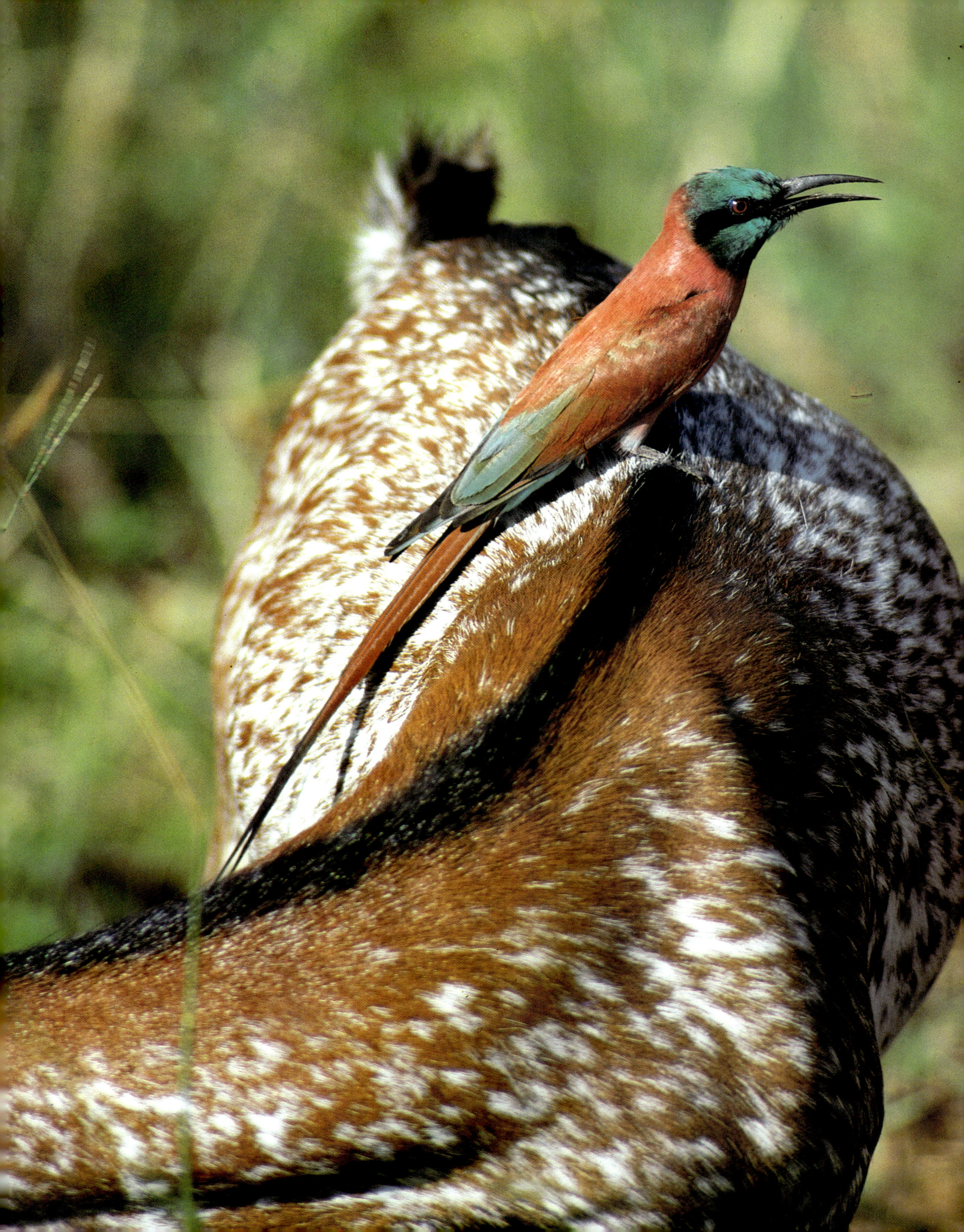

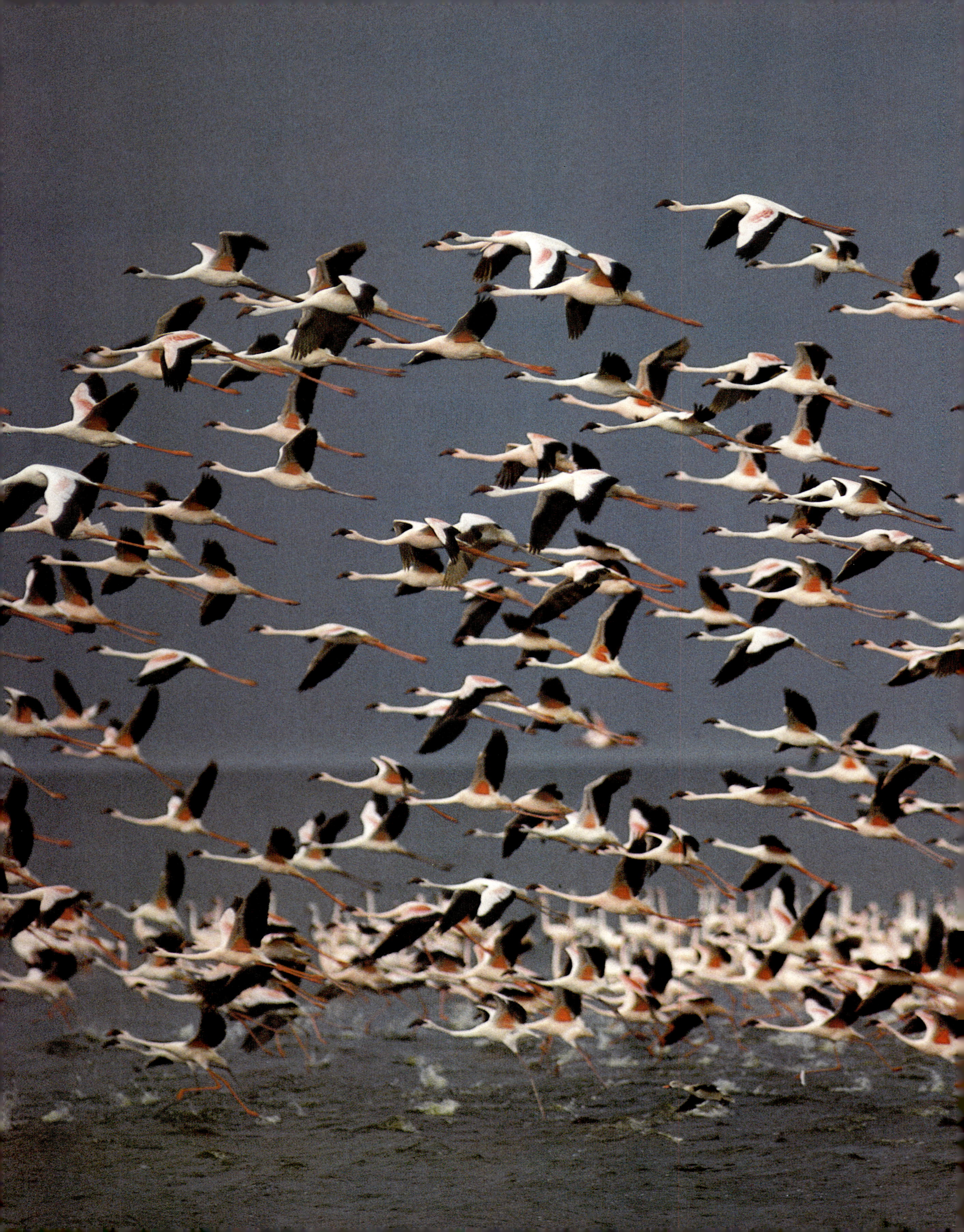

Hauptstadt im Sumpf

Am 30. Mai 1899 kam die ›Lunatic Line‹ (die Irrsinns-Eisenbahnlinie) an dem trostlosen Sumpf auf der Athi-Ebene an, den die Massai als Tränke für ihre Herden benutzten. Sie nannten ihn ›Ort der kalten Wasser‹.

Als weitere Möglichkeiten für die nächste Zwischenstation waren Machakos und Kikuyu im Gespräch, die beide zwischen üppigen, fruchtbaren Hügeln günstiger lagen; aber Whitehouse hielt sich nicht an die Vorschläge. Er wollte diese größte Pionierarbeit in der Geschichte des Eisenbahnbaus zu Ende bringen und fragte nicht nach dem ungeheuren Bedarf an Menschenkraft und Material, den es kosten würde. ›Unbeirrt‹ wählte er den ungesundesten Ort im Umkreis von 150 Kilometern. Der erste Baustein zu Nairobi war eine Bahnstation ohne Bahnsteig.

In dem Schlamm und Schmutz, der durch die Bauarbeiten entstand, wuchs eine ›Lagerstadt‹ aus Zelten und Holz-Blech-Hütten heran. Im ersten Jahrzehnt war hier nichts als ein übler, krankmachender Slum – ein mißratenes Produkt, mitten im Sumpf vom imperialistischen Ehrgeiz gezeugt. Und an derselben Stelle liegt heute die vornehme Hauptstadt mit ihren breiten Prachtstraßen, gesäumt von Palmen und Bougainvilleen, mit ihren geräumigen Parks, stattlichen Gebäuden und eleganten Vororten.

Für die Männer der Uganda-Eisenbahngesellschaft aber zählte nur eines, nachdem sie am 30. Mai 1899 die letzte Schiene auf das Gleisbett gesenkt hatten: Dies war die Bahnstation – Zwischenstation und Ausgangspunkt zugleich. Dies war der Ort, von dem aus all die Menschen und Maschinen dirigiert werden mußten, die für das gewaltige Unternehmen nötig waren, das ihnen jetzt bevorstand: Von hier aus mußte die Linie innerhalb von 45 Kilometern auf eine Höhe von 700 Metern steigen – bis in die Wälder auf den gezackten Klippen hinein, von wo man in das Rift-Tal hinabschaut, auf die Wiege der Menschheit.

Bisher waren die einzigen Menschen in diesem Sumpf die Massai gewesen, die hier regelmäßig ihre Herden tränkten, sowie neuerdings Sergeant George Ellis aus Newington Butts, Surrey, in England; er betrieb den Stall, der als Transport-Depot für die Königlichen Pioniere diente. Weitere Bewohner waren die Löwen, Stechmücken, Schlangen, Kaninchen, Frösche und einige Krankheiten, darunter das üble Schwarzwasserfieber.

Ansonsten war dieser Bauplatz ein leerer Ort: der nordwestliche Rand einer großen Schwemmlandebene. Im Westen war er durch die Ngong-Berge begrenzt. Im Nordosten wurde das andere Ende der Kaputei-Ebene durch den Büffelberg der Kambas, den ›Ol Doinyo Sapuk‹ der Massai bezeichnet, dessen bewaldetes Gewölbe 2134 Meter in den Himmel ragte.

Von den Bergen im Westen kamen Flüsse herab, die durch die Wälder talabwärts strömten, bis sie im grellen Sonnenlicht der offenen Savanne ankamen. In vielen Rinnsalen, Bächen, Flüssen verweilten die Fließgewässer in dem Sumpf, bevor sie ihre lange Reise ostwärts bis zum Indischen Ozean fortsetzten. Im Norden, in einiger Entfernung, steigt das Land steil an; damals war es dort mit dichtem Wald bedeckt, den man jenseits vom Sumpf über eine Reihe von Felsstufen erreichen konnte. Es war eine einsame Gegend, doch fand der Soldat sie passend genug. Ellis war viele Jahre in Afrika gewesen, zuerst in Nyasaland, wo er als Straßenbauer gearbeitet hatte. Wegen der dabei gewonnen Erfahrungen und Fähigkeiten hatte man ihn mit dem Vorhaben in Ostafrika betraut.

Während der drei Jahre in Nyrobi – die Schreibweise wurde im Oktober 1899 von der Verwaltung der Uganda Railways in ›Nairobi‹ geändert – hatte Ellis eine erstaunlich hohe Zahl von Besuchern bewirtet, darunter Reverend Fisher, der 1892 mit Bischof Tucker zusammen die Leiche des ermordeten Bischofs Hannington bei Mumias gefunden hatte. Fisher kam im April 1898 mit einer kleinen Gruppe aus Uganda in Ellis' Lager, darunter ein Missionar, Reverend E. Millar, ein Arzt und ein Hauptmann der Armee.

Im Jahr vorher bewirtete Ellis Dr. Atkinson, der mit Lord Delamere zusammen durch Somalia gereist war, sich dann beim Baringo von ihm getrennt hatte und nun alleine zu Ellis' Posten kam. Während seines Aufenthaltes 1897 schoß der Doktor zwei Löwen im Nairobi-Sumpf, verliebte sich in die Landschaft, vor allem den ersten Bergkamm unmittelbar hinter dem Sumpf, und kam nach einem Jahr zurück, um eine erstklassige

Nächste Seite: Kenias moderne Hauptstadt Nairobi erstreckt sich über die Kapiti-Ebene. Einen besonderen Akzent setzt das 105 Meter hohe Kenyatta-Konferenzzentrum, links im Bild. 1899 wurde hier im Sumpf eine Eisenbahnbaustelle eingerichtet, im April 1901 bekam Nairobi das Stadtrecht durch Sir Arthur Hardinge, damals britischer Vizekonsul in Sansibar.

Nairobis Stadtteil Westlands ist in raschem Wachstum begriffen. Das Zentrum liegt im Bild dahinter.

Vorige Doppelseite: Lebendiges Gewebe aus Licht, Farbe und Bewegung – eine Schar rosafarbener Flamingos fliegt vor dem tiefblauen Himmel über dem Bogoria-See auf.

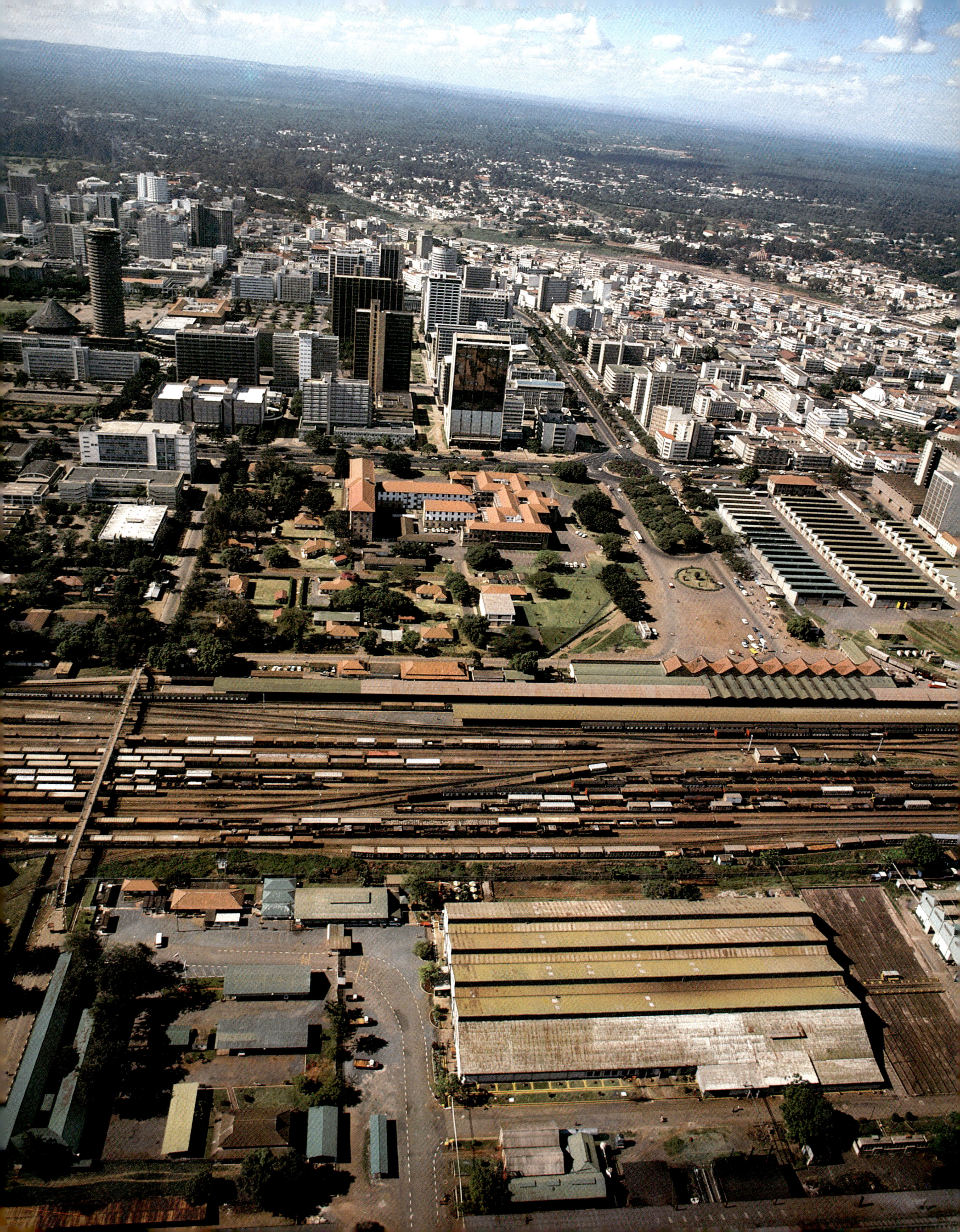

Rinderzuchtfarm in Karura einzurichten, dem großen Wald, wo heute die Vorstadt der Elite, Muthaiga, liegt.

Nur einen Monat vor dem Eisenbahntrupp, im April 1899, reiste Delamere von der Athi-River-Station aus – heute eine Industriestadt mit Schlachthäusern, Brennereien, Kleiderfabriken – bis hierher nach Nairobi, das sich als herrlicher Ort für Vögel erwies. Er schoß ziemlich viele ab, bevor er zum Fort Smith weiterreiste, das sechzehn Kilometer weiter aufwärts im Kikuju-Wald liegt. Das Fort war 1890 als schwer bewachter britischer Außenposten eingerichtet worden.

Die Garnison unter Major Eric Smith ritt oft in Begleitung Dr. H. S. Boedekers zu Ellis' Station, der nicht weit von der Festung Smith eine Farm in den Wald gesetzt hatte. Zu dieser seltsam gemischten Gruppe von Europäern und Afrikanern gehörten noch einige weitere Menschen. Kitchin von der Smith-Mackenzie-Handelsgesellschaft experimentierte eifrig mit der neuen Kaffeepflanzung bei Dagoretti; sein erstes Material stammte aus der Baumschule der Kaffeepflanzung, die die Weißen Väter 1896 auf dem Land angelegt hatten, wo sich heute an der Austin-Straße das Loreto-Kloster befindet. Kitchin war ein junger Mann mit schwarzem Bart und Schnurrbart, der sichtlich die Herausforderung Afrika genoß.

Dann gab es noch Hauptmann F. S. Dugmore, ergraut schon vor seiner Zeit in Afrikas Sonne, der immer wieder von seinem Kommando im palisadengeschützten Ngong Fort herabgeritten kam, sowie einen stämmigen Schotten namens Alex MacQueen und seine Familie, die von ihrer Farm in Mbagathi herüberkam – heute Teil des Nairobi-Nationalparks. MacQueen trug einen hüftlangen Bart zur Schau. Er hatte geschworen, sich nie zu rasieren, nachdem er nach Uganda gegangen war und alles verloren hatte. Er und seine Frau waren vor einigen Jahren größtenteils zu Fuß nach Nairobi gekommen. Natürlich gab es noch etliche weitere Personen, an die vielleicht nur noch ein altes Sepiabild erinnert, deren Aufgabe unbekannt ist und die längst vergessen wurden.

Zu nennen wären auch Lenana, der oberste *laibon* der Massai, und Häuptling Waiyaki, das Oberhaupt der Dagoretti-Kikuyu-Clans, der sein Gebiet bei Konoo auf dem Hügel über dem Fort Smith hatte. Es gibt zeitgenössische Bilder in Alben und Sammlungen und wenig bekannten Veröffentlichungen von vielen solchen Leuten. Auf einer Fotografie ist C. R. W. Lane mit Mrs. James Martin abgebildet, der rassigen, attraktiven, aber eigenwilligen Frau des maltesischen Segelmachers (eines Analphabeten), der sechzehn Jahre vorher diese Landesteile mit James Thomson zusammen durchquert hatte. (Er sollte bald zum harten Stamm der ersten britischen Distriktskommissare gehören.) Weiterhin sind abgebildet Leutnant F. G. Hall, der das Fort Hall begründete – heute: Murang'a –, und der Goaner D'Silva mit seinem Frettchengesicht und seiner Tuchmütze. Dieser wurde Nairobis größter Philanthrop, in der ganzen Welt als Baba Dogo bekannt und auf der ganzen Welt bei seinem Tod Ende der 1970er Jahre betrauert. Auf demselben Bild sitzt auf dem Boden ein arroganter Mann mit vornehmem Schnurrbart und intelligenten, durchdringenden Augen, dessen Namen man nicht kennt.

All diese afrikanischen Krieger, Hirten und Bauern, diese europäischen Einzelgänger, diese umherziehenden Goaner und Asiaten, diese Missionare und Militärs bildeten eine bunte und bizarre Gruppe. Doch hatten sie eines gemeinsam: Sie waren die ersten Bürger Nairobis.

Der ›zornige alte Mann‹ der Frühmenschenforschung: Dr. Louis Leakey. Sein Standbild steht vor dem Nationalmuseum in Nairobi.

Während der Jakarandabaumblüte bestechen einige Straßen in Nairobi durch ihre Farbenpracht – das Vermächtnis eines Stadtverwalters in den 20er Jahren für kurze Zeit, der nur als ›Jacaranda Jim‹ in Erinnerung blieb.

Im übrigen wimmelte es hier damals von Löwen, Leoparden, Geparden, Büffeln, Nashörnern, Zebras und einer Vielzahl weiterer Tierarten. Sieben der Toten auf dem kleinen Friedhof, den die Bahnarbeiter anlegten, waren vom Löwen, ein achter vom Nashorn getötet worden.

In jenen Anfangsjahren jagte einmal ein brüllender Löwe eine der Sicherheitskräfte *askari* vor dem Hauptquartier der Eisenbahn den Laternenpfahl hoch. Robert Foran, einer der ersten Polizisten Nairobis, kehrte gerade um Mitternacht von einem Essen im Nairobi-Club auf ›dem Hügel‹ zurück, klopfte an die Tür des ungläubig staunenden Nachbarn, borgte sich ein Gewehr und brachte es fertig – mit Lackschuhen, Abendanzug und Fliege –, das Tier ins Jenseits zu befördern, sehr zur Freude des unglücklichen Wächters. Ein andermal suchte eine Löwin mit ihren Jungen unter dem Hauptpostamt Zuflucht, einem Holzbau auf Stelzen, und wieder kam Foran zu Hilfe, tötete die Löwin und nahm die Kleinen als Haustiere mit.

Zweifellos leben ihre Nachfahren noch im Nairobi-Nationalpark, der mit seinen 110 Quadratkilometern ursprünglicher Wildnis fast noch in der Stadt liegt. Im Westen wird er von den Vororten Karen und Langata begrenzt, im Norden vom Wilson-Flughafen und der Stadt selbst und im Osten von der Mombasa-Straße und den Fabriken der Industrieriesen wie Firestone und General Motors. Aber noch immer schleichen hier Löwen durch die Savannen- und Buschwaldflächen. Es gehört zu den großen Erlebnissen der Safaris in Kenia, nicht mehr als vier Kilometer von der dichtbevölkerten Stadt mit ihren Hochhäusern entfernt ein Löwenrudel am Riß anzutreffen und ihnen beim Mahl zuzuschauen.

Trotz seiner Ursprünge als Lagerstadt ist Nairobi eine sehenswerte Hauptstadt – im Hinblick auf die Anlage und Gestaltung, die Kontraste und die Erlebnisse, die hier geboten werden. Nairobi liegt fünfhundert Kilometer von der Küste entfernt und etwa 1680 Meter über dem Meeresspiegel. Die Stadt erstreckt sich über eine Gesamtfläche von 689 Quadratkilometern, von der Embakasi-Ebene im Osten und im Westen an den früher bewaldeten östlichen Hängen des Rift-Tals hinauf. Der internationale Jomo-Kenyatta-Flughafen, einer der meistbesuchten Afrikas, liegt im Osten vor den Lukenia-Bergen und dem Ol Doinyo Sapuk, und die Flugschneise führt dicht über den Nationalpark hinweg.

Auch heute ist Nairobi noch eine lebenssprühende, weltbürgerliche Mischung der verschiedensten Kulturen und Sitten, angenehm erwärmt von der Äquatorsonne und mit unglaublicher Geschwindigkeit im Wachstum begriffen. Als Nairobi anläßlich des Goldenen Jubiläums 1950 die Stadtrechte bekam, überreicht durch den Duke of Gloucester, betrug die Einwohnerzahl noch weniger als 500 000. Dreißig Jahre später hat sie sich nach der neuesten Zählung mehr als verdoppelt, und am Ende des Jahrhunderts wird sie zwischen vier und fünf Millionen erreicht haben.

Das hübsche, drei Quadratkilometer große Stadtzentrum wird vom 29 Stockwerke großen, über 100 Meter hohen Gebäude des ›Kenyatta International Conference Centre‹ beherrscht, das nach Anregungen aus dem ländlichen Afrika und aus dem alten Rom geplant wurde: Das Innere ist mit Springbrunnen und Spazierwegen aus roten Ziegeln geschmückt. An einer Seite des sechseckigen Turms findet sich ein prächtig ausgestattetes Amphitheater, das in der Form einer afrikanischen Hütte *rondavel* ähnelt. Die Hauptversammlungshalle, moderne Version des Senats, faßt viertausend Delegierte. Im Drehrestaurant mit Bar am höchsten Punkt des Turms wandert jede Seite der Stadt langsam in einem Panorama von 360° vorbei.

Am Ostrand des Stadtzentrums kann man sich die klassischen neokolonialen Umrisse des 1929 gebauten Hauptsitzes der Kenya Railways und den Bahnhof ansehen, wo alles begann. An der Moi Avenue mischen sich in merkwürdiger Art alte Gebäude, die noch mit Wellblech gedeckt sind, mit den modernen Bürohochhäusern und Hotels. 1987 standen am Westende nahe der Universität noch einige der Blechhütten, von denen aus John Ainsworth, Nairobis erster Verwalter, die Stadtplanung leitete. Sein Vermächtnis sind u. a. die Eukalyptus- und Jakarandabäume in den Alleen und der kleine Park gegenüber den Hütten. Die Jeevanjee-Gärten waren der erste Erholungsraum der Stadt; sie wurden von dem Wohltäter und Philanthropen A. M. Jeevanjee gestiftet, der sein Glück als Eisenbahnunternehmer gemacht hatte.

Im März 1906 enthüllte der Herzog von Connaught hier ein Standbild seiner Mutter, Königin Victoria. Heute wacht sie unbewegt über den Menschenmassen, die hier auf dem Rasen oder den Bänken ihre Arbeitspausen verbringen, oder vielleicht lauscht sie auch den Wanderpredigern, die ihre improvisierten Predigten vorbringen. Der Park liegt in der Nähe des Obst- und Gemüsemarkts der Stadt und ihrer ersten Bazarfläche.

Läden, Kinos, Klubs und Hotels säumen in großer Zahl die Hauptverkehrsader der Stadt. Die ›Kenyatta Avenue‹ hieß ursprünglich ›Sixth Avenue‹, wurde dann nach dem temperamentvollen Siedler und Landbau-Pionier in ›Delamere Avenue‹ umbenannt und bekam schließlich ihren heutigen Namen nach dem Gründungsvater des freien Kenia, Mzee Jomo Kenyatta.

Auf der anderen Seite des Stadtzentrums liegt die Haile Selassie Avenue (die frühere Sergeant Ellis Avenue), die den Uhuru Highway kreuzt, Teil der geplanten Transafrika-Straße von Mombasa nach Lagos, und dann den ›Hügel‹ hinaufführt, vorbei am Eisenbahnklub, dem ersten Parlament Kenias. Hier wurde 1899 das erste Kricketspiel in Nairobi gespielt. Oben auf dem Hügel gibt es ein weiteres Überbleibsel aus der alten Stadt, den Nairobi-Klub. Nicht weit von dem 1913 erbauten Klubhaus befindet sich die älteste Golfbahn der Stadt. Der 1906 begründete ›Royal Nairobi Golf Club‹ bekam seinen königlichen Ehrennamen 1936 durch Edward VIII.

Das ganze – damals trockene und bewaldete – Hügelgebiet wurde von Whitehouse beansprucht, als die Eisenbahn in Nairobi anlangte. Als Ains-

Nächste Seite: Friedenstauben im Mittelpunkt: Das Uhuru-Denkmal in den Uhuru-Gärten in Nairobi wurde zum Gedenken an die ersten zwanzig Jahre der freien Nation errichtet.

Das Standbild von Mzee Jomo Kenyatta, dem Gründungsvater Kenias, dominiert im Vorhof des Internationalen Kenyatta-Konferenzzentrums.

Der Uhuru-Brunnen im Uhuru-Park gegenüber den Parlamentsgebäuden in Nairobi.

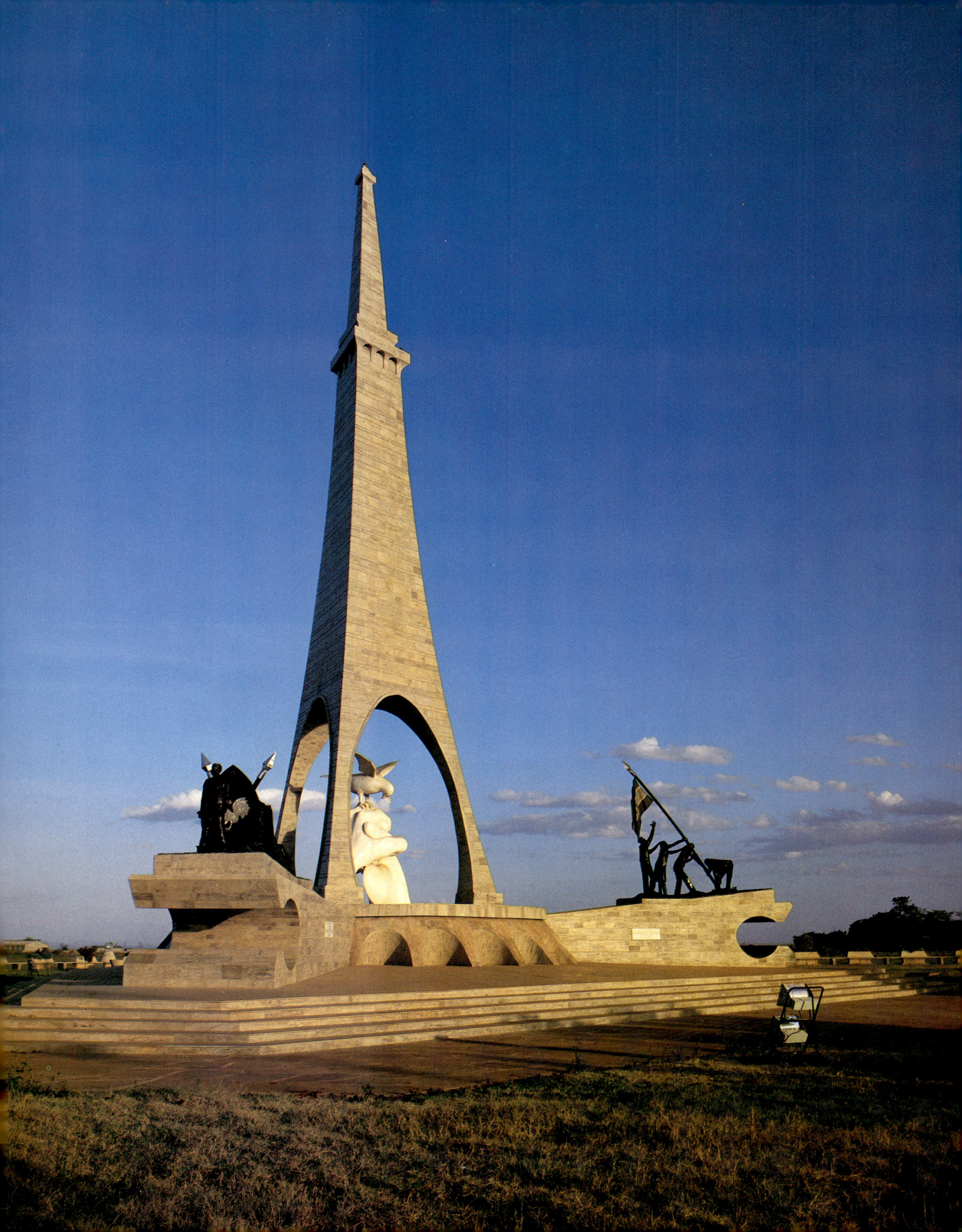

Eröffnung der Panafrikanischen Spiele (›All Africa Games‹) 1987 in den Internationalen Moi-Sportanlagen Kasarani, Nairobi: Ein prunkvolles Bild entsteht, als die Mannschaft Kenias Landkarte bildet.

worth davon erfuhr, kam er von Machakos herauf und entfernte die Grenzpflöcke, die auf Anweisung von Whitehouse eingeschlagen worden waren. Die beiden Männer brüllten sich an. Whitehouse behauptete, das hier sei Land der Eisenbahn, Ainsworth erklärte es zu königlichem Besitz, und beide vergaßen, daß es sich um afrikanisches Land handelte. Angeblich um die Interessen der Krone zu vertreten, schlug Ainsworth gleich darauf sein Verwaltungszentrum in Nairobi auf.

Das heutige Stadtbild geht auf einen Hauptplan von 1948 zurück; durch ihn wurde für ein dauerhaftes grünes Band an der Westseite des Uhuru Highway gesorgt. Dazu gehören der Neun-Loch-Golfplatz des Eisenbahnklubs, der 1920 angelegt wurde, ein internationales Sportstadion, Hauptspielstätte der Panafrikaspiele 1987, zwei Parks, die Spielfelder der Universität und der Rest des einst üppigen Chiromo-Waldes. Wegen der neuen Campus-Gebäude und der Privathäuser, die in Bau sind, blieb nicht viel von dem Wald übrig, die letzten großen Blaugummibäume mußten fallen.

Es lohnt sich aber, durch den Stadtpark zu streifen, ein Waldrest, der bis 1980 noch Leoparden beherbergte und schon 1904 von Ainsworth als öffentliches Land behandelt wurde, um mitten in der Stadt einen Wald als Rückzugsgebiet zu bewahren, in dem Meerkatzen-Affen zwischen den Leuten beim Picknick umherlaufen.

In der Nähe befindet sich das Nationalmuseum, oben auf einem kleinen Hügel über dem ältesten Hotel der Stadt, dem Norfolk, das am Weihnachtstag 1904 eröffnet wurde. Die Ausstellungen des Museums sind eindrucksvoll; u. a. wird der Ursprung der Menschheit seit ihrem Beginn an den Ufern des Turkanasees dargestellt. Neben dem Museum gibt es einen Schlangenpark mit vielen ungiftigen und giftigen Reptilien, darunter die gefährlichen Mambas, Kobras und Puffottern.

Neben dem Bahnhof wurde ein weiteres Museum zur Geschichte der ›Lunatic Line‹ eingerichtet; zu den Ausstellungsstücken gehören Souvenirs aus dem Rennen zum Victoriasee, alte Dampflokomotiven, der Schienenräumer, mit dem Winston Churchill, Teddy Roosevelt und später der Prinz von Wales zünftig gefahren sind, sowie der Wagen, in dem der junge Inspektor Charles Ryan zu Tode kam.

Im Westen, direkt unter dem Konferenzzentrum, liegen die Parlamentsgebäude Kenias, wo die 188 Abgeordneten zusammenkommen, um die wichtigsten Fragen der jungen Nation zu besprechen. An der Nordseite des Konferenzzentrums liegt die Stadthalle, in der der Herzog von Gloucester die Urkunde über die Stadtrechte Nairobis überreichte. Sie wurde 1938 errichtet, aber 1985 durch Feuer stark zerstört.

Der nordöstliche Rand des Stadtzentrums, die Victoria-Straße, umbenannt in Tom-Mboya-Street (nach dem ermordeten politischen Führer), bezeichnet die Grenzlinie zwischen dem hübschen Geschäftsviertel der Hauptstadt und der Keimzelle mit den Basaren und Lagern, die sich bis zum Nairobi-Fluß hinab erstreckte. In diesem Bereich erlebt man afrikanische Atmosphäre. In vorne offenen Läden werden die buntesten Waren ausgestellt, und aus schrankgroßen Radiogeschäften plärren die Suaheli-Musikhits Tag und Nacht. Auch einige Eßlokale mit heimischen Gerichten – *sukuma wiki* (Spinat), Rindfleisch und sogar *matumbo* (Kutteln) – arbeiten rund um die Uhr. In dem einen ist nicht einmal eine Tür – der Wirt ließ sie fort; was soll eine Tür, wenn das Lokal sowieso nicht geschlossen wird.

Die anglikanische All Saints Cathedral in Nairobi: Der Bau der Kirche zog sich über viele Jahre hin, wurde aber ganz aus Spendenmitteln finanziert.

Nicht weit entfernt befindet sich der farbenprächtige Marktplatz Kamakunji, dicht an der Haltestelle für die Überlandbusse. In einer Ecke verwandeln Hunderte von Handwerkern Schrott zu *sufurias* (Kochtöpfen) und alte Reifen zu Sandalen, besonders beliebt bei den Massai, die keine Schuhe tragen. Die Krieger benennen die Sandalen nach den Entfernungen, die sie aushalten, bevor sie abgenutzt sind – die beliebtesten werden ›Loitokitok‹ genannt, nach dem fernen Ort am Kilimandscharo, oder ›Kajiado‹, nach der südlichen Verwaltungsstadt im Massailand.

Hier herrscht eine ohrenbetäubende Lärmkulisse – plärrende Radios, Plattenspieler, Lautsprecher, die heiseren Schreie der Straßenverkäufer und der *manamabas*, der ›Rufjungen‹, die Fahrgäste zu den Überlandbussen oder zu den allgegenwärtigen, freiberuflichen *matatus* locken sollen, mit denen das öffentliche Verkehrsnetz ergänzt wird. Die bunte Kleidung der zahllosen Menschen auf den Gehsteigen und vor den Ständen setzt farbige Tupfer und Akzente.

Die Stelle, an der 1901 das erste Pferderennen stattfand, ist von hier aus leicht zu erreichen. Damals wurden sogar Packpferde eingesetzt, um das Ereignis zu beleben und ein stattliches Feld aufzubieten. Es entwickelte sich ein zweijährliches Gymkhana (Geschicklichkeitsrennen) daraus, doch wurden anfangs etliche Male die Starts durch wilde Tiere auf der Bahn verzögert: Nashörner, Löwen usw. Die Bahn von Kariokor – benannt nach dem Transportkorps, das im Ersten Weltkrieg diente – tat ein halbes Jahrhundert lang ihre Dienste, bis der Jockey-Club Kenias die Ngong-Rennbahn im Westen der Stadt erwerben konnte, die viele für die schönste Rennstrecke im Commonwealth halten. Heute finden an 44 Sonntagen im Jahr Wettkämpfe statt, und der Zuchtstamm wurde im Laufe der Jahre durch Einkreuzung importierter Vollblüter verfeinert.

Regelmäßig segeln Dingis auf den dunklen Wassern des Nairobi-Stausees, der nach dem Zweiten Weltkrieg rasch gebaut wurde, um die städtische Wasserversorgung zu fördern, wird aber dafür nicht mehr benutzt. Vor den hübschen Segeln der Sportfahrzeuge zeichnet sich die frühere Lagerstadt Kibera am Nordufer ab. Die Kolonialbeamten boten dieses Land 1922 den Nubiern unter den Stadtbewohnern – um sich für deren treue Dienste im Krieg 1914/18 erkenntlich zu zeigen. Heute leben hier Hunderttausende der Ärmsten der Armen.

In Ruaraka, am Nordoststrand der Stadt, legten kurz vor dem 1. August 1987 chinesische und kenianische Arbeiter letzte Hand an dem eindrucksvollen Olympiastadion an, wo die ersten panafrikanischen Spiele stattfinden sollten. Diese nationale Sportanlage mit Einrichtungen für Fußball, Leichtathletik und andere Sportarten gehört zu den schönsten Afrikas.

Dreißig Minuten außerhalb der Stadt in Richtung Westen kann der Besucher auf dem Grat der Ngong-Berge wandern und die Westhänge hinabschauen, die Tausende von Fuß bis zum Grund des Rift-Tals abfallen. Nach den Massai-Legenden entstand diese Gebirgskette, die wie eine geschlossene Faust geformt ist, als ein Riese in mehr als 250 km Entfernung über den Kilimandscharo ging und sich beim Stolpern in den Boden krallte.

Die Ngong-Berge waren einmal dicht bewaldet, wurden aber für kleine landwirtschaftliche Flächen fast vollkommen gerodet, nur wenige alte Bäume blieben auf dem Kamm stehen. Man hat aber atemberaubende Ausblicke auf die Steilhänge zum Rift-Tal, die hier plötzlich bis auf rund 300 m über dem Meeresspiegel in die Tiefe führen.

An den Osthängen dieser Berge hatte sich 1913 Karen Blixen mit ihrem Mann Baron Bror Blixen niedergelassen, um eine Kaffeeplantage zu betreiben, die sie 1930 ohne einen Pfennig Geld wieder verlassen mußte. Ihre Erlebnisse und ihre Liebesgeschichte mit Denys Finch Hatton bildeten den Grundstoff für ihr Buch *Jenseits von Afrika*, das sie unter dem Pseudonym Isak Dinesen veröffentlichte. Der Vorort, wo sich damals ihre Kaffeefarm befand, wurde nach ihr ›Karen‹ genannt. Ihr früheres Wohnhaus wurde in dem Stil renoviert, in dem sie es verlassen hat, und als Museum zu ihren Ehren eingerichtet. Auch das Denkmal, das sie zur Erinnerung an Finch Hatton baute – ein einfacher Obelisk – steht heute noch über seinem Grab in den geliebten Ngong-Bergen, allerdings mitten zwischen Maisstengeln, auf dem Feld eines der Kleinbauern, die sich hier inzwischen angesiedelt haben.

Nordöstlich von Karen liegen Kabete und Fort Smith, die palisadenbewehrte Festung, die 1890 von den Briten gebaut wurde. Ein gewundener Teerweg führt dorthin; es ist der frühere unbefestigte Pfad, der nach dem englischen Offizier und seinen Männern (darunter Sergeant Ellis) als ›Sclater's Road‹ bezeichnet wurde. Sie hatten hier durch den dicken, undurchdringlichen Kikuju-Wald hindurch auf den Kamm der Riftwand hinauf einen Handelsweg gebahnt.

Natürlich waren die Kikuju darüber nicht erfreut; einer der drei Briten in den verkommenen Marmorgräbern, die auf der anderen Straßenseite gegenüber dem Fort in einem Maisfeld liegen, wurde während einer der Belagerungen von einem Kikuju erschlagen. Die teils verfallene Festung dient heute als privater Wohnsitz, und der Feigenbaum, den der Kikuju-Häuptling einst mit dem britischen Offizier zusammen als Friedenssymbol pflanzte, wirft einen friedvollen Schatten auf die militärische Anlage – Symbol für die Freundschaft, die Kenias Unabhängigkeit überdauert.

Die Wälder auf diesen Hängen sind längst verschwunden. Aus ihnen wurden die üppigen, wiesen-ähnlichen Anbaugebiete von Kiambu und Tigoni, wo gleich nach der Jahrhundertwende Kenias erste Tee- und Kaffeeplantagen in großem Maßstab angelegt wurden. Als die ersten europäischen Siedler kamen, wurde das kostbare Land etwa für einen Kenia-Schilling je vier Hektar verkauft. Aus dieser fruchtbaren, schönen Landschaft, aus der Gegend von Githunguri und Gatundu im Bezirk Kiambu, stammt auch der Gründungsvater Kenias, Mzee Jomo Kenyatta. Einer der Kämme von Kiambu ist besonders berühmt für die Qualität seines Kaffees. Die Früchte, die hier wachsen, gelten als *crème de la crème* unter den Kaffeesorten der Welt und werden immer die höchsten Preise erzielen, gleich, wie der Kaffee gerade notiert wird. Nicht ohne Grund nennt man den Grat zwischen Banana Hill und Tigoni ›Millionärs-Zeile‹.

Höhe und Niederschläge bestimmen die Qualität von Kaffeepflanzen. Der Kaffee aus Kenia zählt zu den feinsten der Welt und wird verwendet, um Duft und Geschmack der kräftigen Sorten aufzubessern, aus denen die meisten Kaffeemischungen hergestellt werden. Die höheren Gebiete von Limuru oberhalb von Togoni sind bestens für Tee geeignet, wenn auch der größte Teil in den Bergen von Kericho und Nandi angebaut wird. Tee und Kaffee sind Kenias größte Devisenbringer.

Der Vermessungstrupp der Eisenbahn folgte im großen ganzen der Sclater's Road, führte dicht am Fort Smith vorbei – inzwischen wurde die Strecke verlegt, sie durchschneidet jetzt Dagoretti und Kikuyu –, und begann dann den Aufstieg innerhalb von weniger als vierzig Kilometern durch Tigoni und Limuru bis auf den Kamm der Rift-Schwelle in 600 Meter Höhe hinauf.

Mitte des Jahres 1899 war dieser Aufstieg durchaus keine leichte Aufgabe. Sie mußte aber verblassen gegenüber dem, was den Ingenieuren jetzt bevorstand: Von hier aus fiel die Grabenwand stellenweise 300 bis 900 Meter steil bis zum Talgrund ab.

Ingenieur Ronald Preston – der übrigens während der ganzen fünfeinhalb Jahre Bauzeit in der Wildnis von seiner Frau begleitet wurde – löste auch dieses Problem: Mit Hilfe eines klug durchdachten Systems aus Rampen und Flaschenzügen beförderte er die Versorgungszüge und Gleisarbeiter auf direktem Weg nach unten, während für die spätere eigentliche Bahnstrecke ein sanfterer Abstieg vorgesehen wurde. Zu einem kritischen

Blick ins Innere des hinduistischen Jain-Tempels in Nairobis Stadtteil Ngara.

Nächste Seite: Die Jamia-Moschee mitten im Geschäftsviertel von Nairobi.

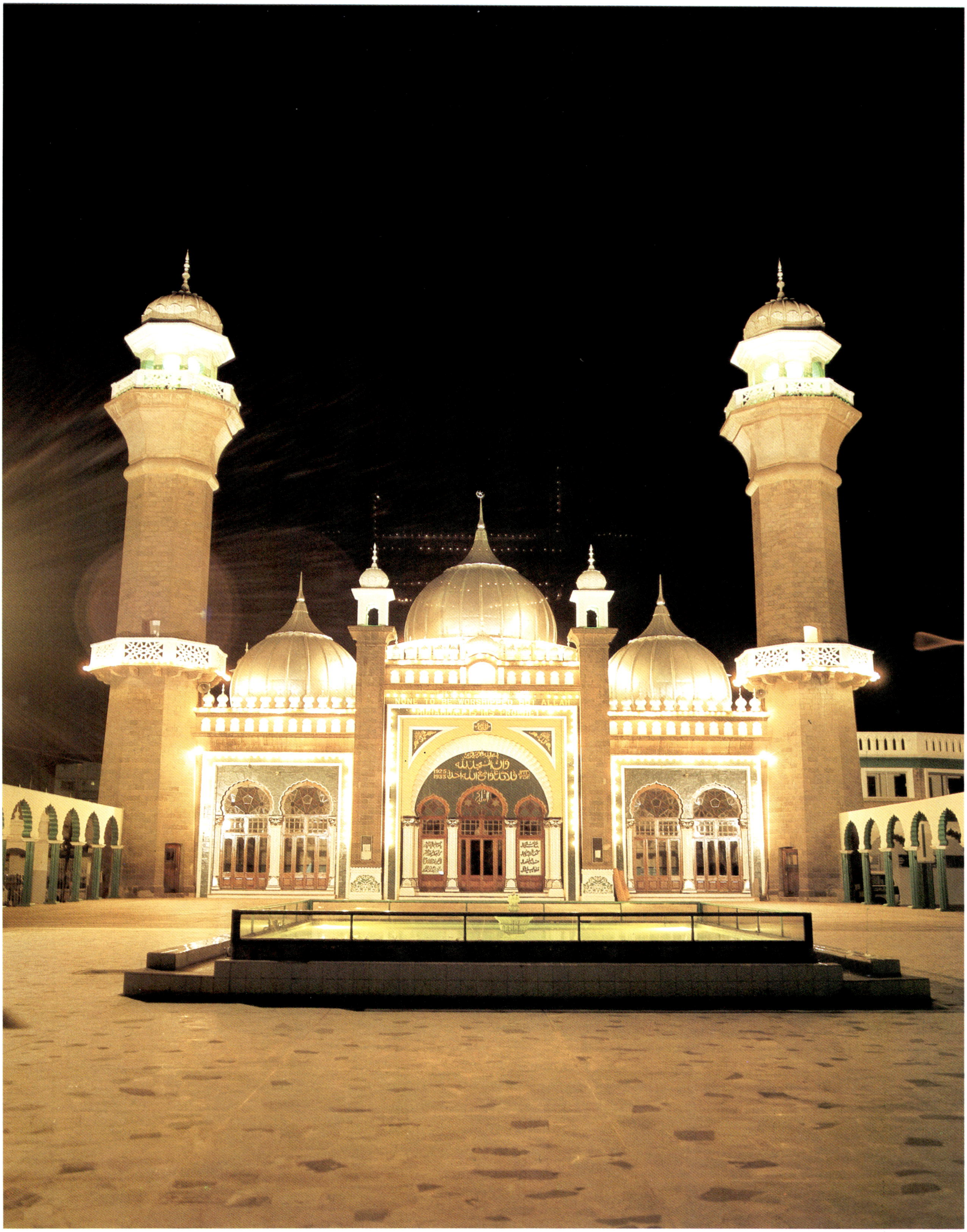

Zeitpunkt, als der Zeitplan des Bahnbaus zusammenzubrechen drohte, sparte er auf diese Art Monate.

Die unvergleichliche Abenteuergeschichte dieses Eisenbahnbaus wurde bereits in mehreren Büchern erzählt: beispielsweise in *The Iron Snake* von Ronald Hardy, in *The Lunatic Express* von Charles Miller und für Eisenbahnfans insbesondere in dem Bildband *Railway Across the Equator* von Alastair Matheson, Mohamed Amin und Duncan Willetts.

Vor allem vom Kamm der Grabenwand aus kann man die rauhe Großartigkeit des Rift-Tals erleben: An der fünfzig Kilometer entfernten Westwand dieser größten Spalte der Erdoberfläche tritt das dunstige Blaugrau des Mau Escarpment aus der Wolkenflotte hervor, die in würdevoller Geschwindigkeit über den Himmel segelt.

Im Vordergrund recken sich von Kenias Satelliten-Bodenstation die Antennen des Weltraumzeitalters empor. Den Hintergrund dagegen bilden die alten, ruhenden Vulkane Susua und Longonot; sie gehören zu einer ganzen Kette von Vulkanen, die sich über die ganze Länge des Rifts in Kenia erstreckt, von Tansania im Süden bis Äthiopien im Norden.

Während Preston den direkten Weg nach unten wählte, folgte die endgültige Bahnstrecke allmählich dem Profil der Wand in die Tiefe; eine Gleisbaustelle wurde zu Dreivierteln des Weges an einem Ort namens Kijabe eingerichtet.

Hier wurde kurz danach von Missionaren einer amerikanischen evangelischen Sekte die erste binnenafrikanische Missionsbasis errichtet, in der

Wachsame Gepardenfamilie im Nairobi-Nationalpark

Nächste Seite: Das auffällige Streifenmuster der Zebras ist eine einzigartige Erfindung der Natur. Unter den Millionen Zebras, die in Afrika leben, gibt es keine zwei, die genau gleich gefärbt sind.

Nächste Doppelseite: Der messerscharfe Rand des 2 776 Meter hohen Longonot, eines schlafenden Vulkans im Great Rift Valley. Beim größten Erdwärme-Kraftwerksbau Afrikas wurde an den zerfurchten Flanken heißer Dampf aufgefangen; heute deckt das Kraftwerk einen großen Teil des nationalen Energiebedarfs.

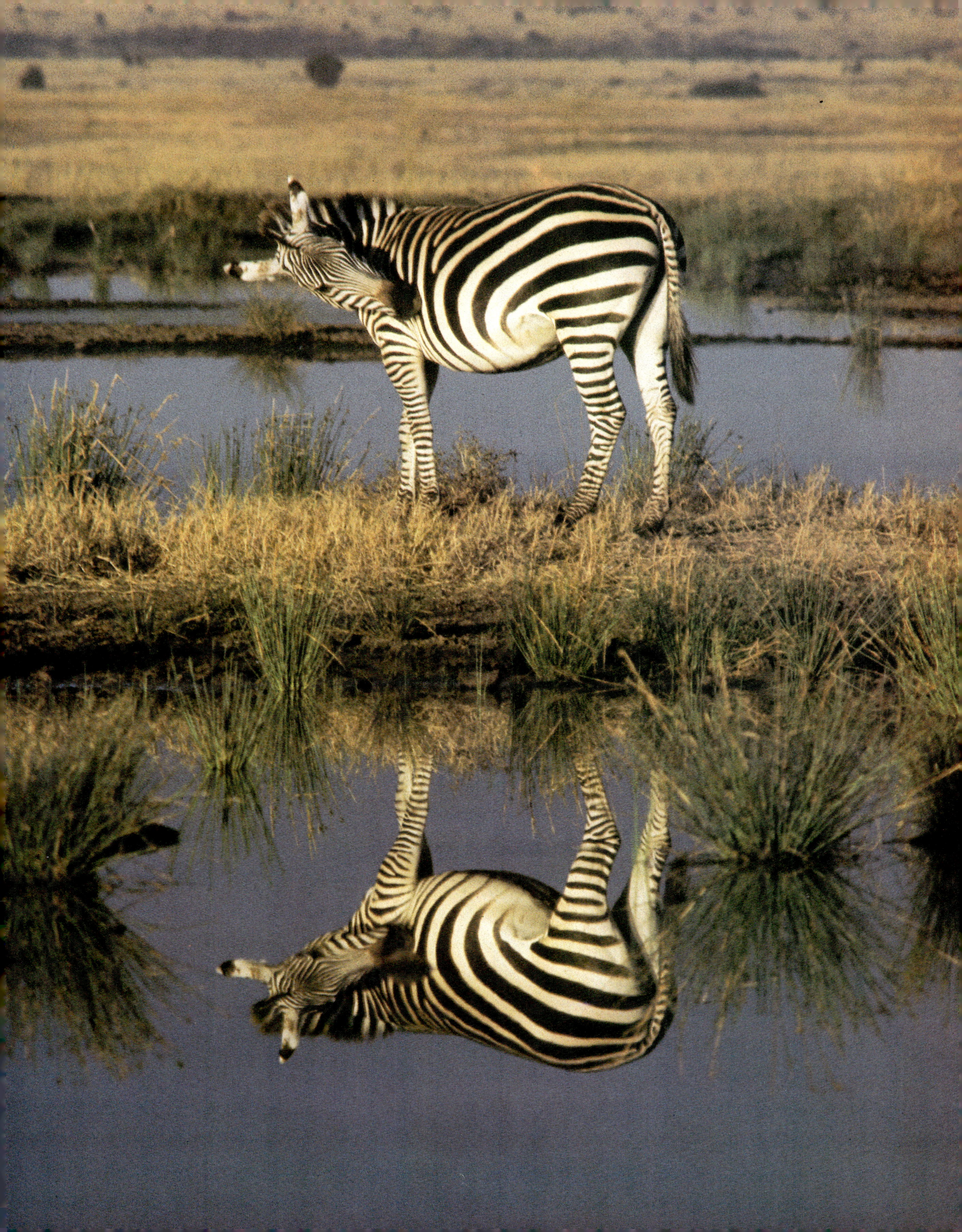

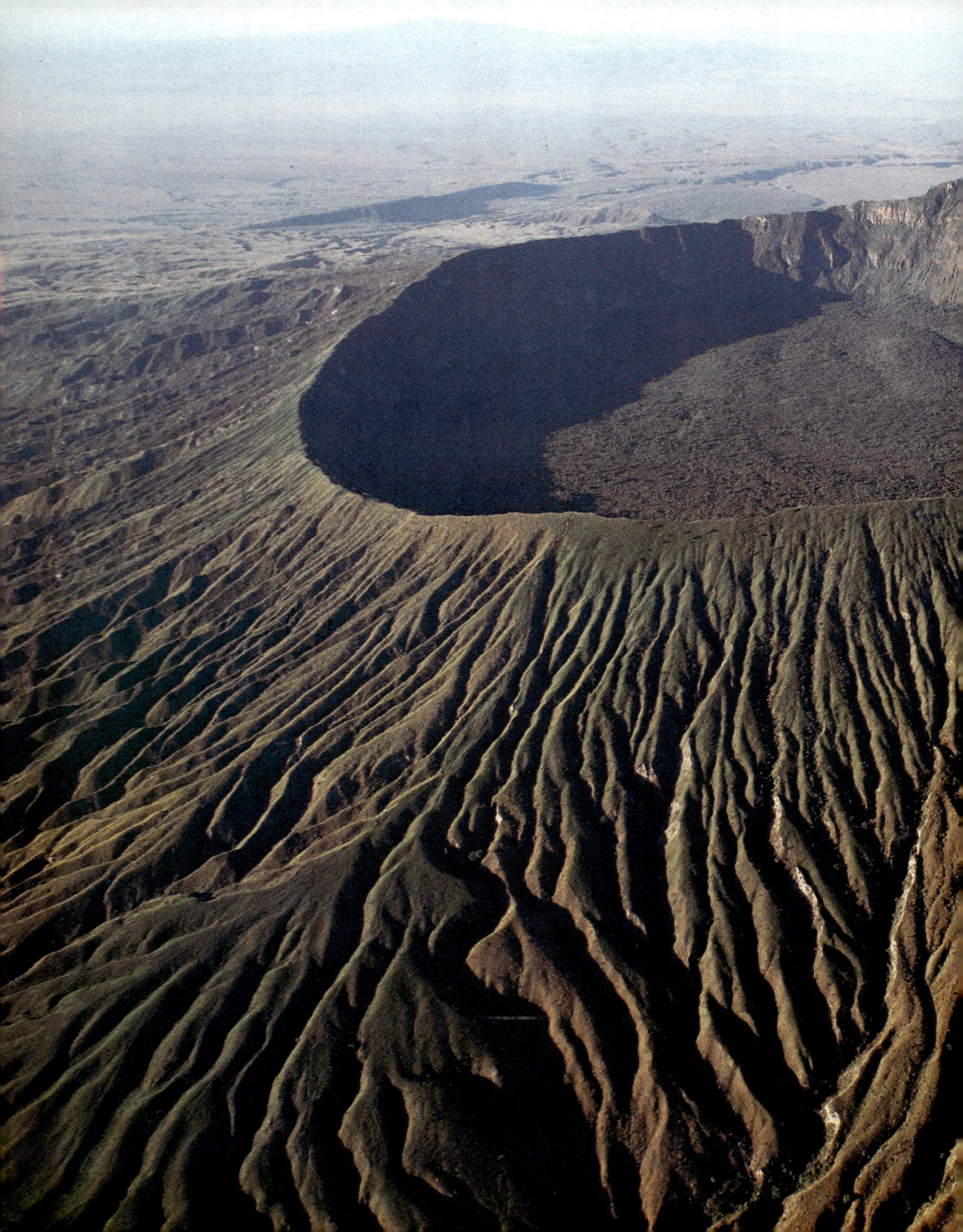

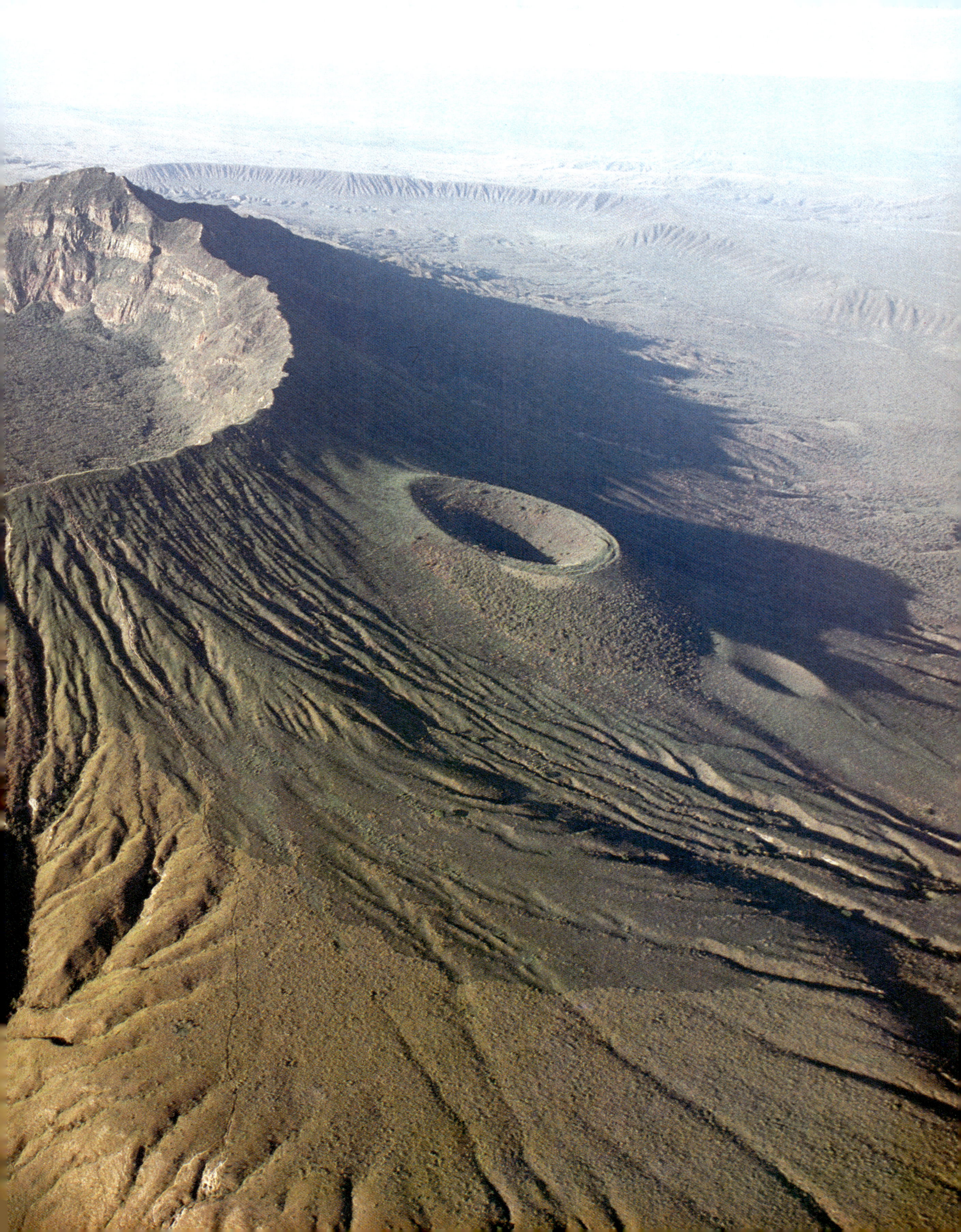

strenge Regeln der Abstinenz, aber nicht das Zölibat galten. Vielweiberei war – und ist vielfach noch heute – die überlieferte Lebensform. Die Missionen waren immer so vorsichtig, die Leute zunächst für sich zu gewinnen, und dann erst ihre althergebrachte Lebensweise zu verändern.

Theodore Roosevelt legte hier 1909 den Grundstein für die Mission (nach einer lustigen Fahrt auf dem Schienenräumer seines Zuges). Noch heute wird die verträumte Mönchsgemeinschaft von einem Ältestenrat nach denselben Regeln geleitet. Es gibt ein Modellkrankenhaus – mit Missionsgeldern und Spenden von Übersee begründet –, aber in keinem Laden wird Tabak oder Alkohol verkauft. Kijabe ist so ›trocken‹ wie die Mormonenstadt Salt Lake City in Amerika, Polygamie ist allerdings in Kijabe nicht mehr erlaubt.

Obwohl die Hauptstadt nicht mehr als sechzig Kilometer entfernt ist, glaubt man sich hier in eine andere Welt versetzt. Als 1984 in Kenia die große Trockenheit ausbrach, mußten die Bewohner in den Häusern bleiben – oder auf eigene Gefahr nach draußen gehen. Große Waldbüffelherden waren auf der Suche nach Gras und Wasser in die Stadt gekommen. Im Krankenhaus häuften sich die Fälle von Büffeln aufgespießter Menschen.

Hinter Kijabe ragt die bewaldete Riftwand beinahe senkrecht auf, doch in der Gegenrichtung hat man einen wundervollen Blick auf die Vulkane.

Die beiden dicht nebeneinander liegenden Vulkane dienten als Vorbild für die ›Sheba's Breast Mountains‹ in dem Roman *King Solomon's Mines*. Der Held Alan Quartermain hielt sich ebenso wie sein Verfasser an eine andere literarische Vorlage: Joseph Thomsons *Walk through Maasailand*, den spannenden Bericht über eine ausgedehnte Expedition von Mombasa zum Baringo, zum Mount Elgon, Westkenia, und zurück nach Mombasa.

Kenias Satelliten-Bodenstation steht südöstlich vom Longonot, den Thomson bei seinem Trek 1883 bestieg. Der Ausblick von seinem messerscharfen Rand aus ist atemberaubend. Thomson wurde von Schwindel erfaßt und verspürte den schwer widerstehlichen Zwang, sich in den Abgrund zu stürzen. Der Name ist von dem Massai-Wort *oloonong'ot* abgeleitet, das ›Berg der vielen Sporne (Ausläufer, Vorsprünge)‹ bedeutet. Die Flanken des Vulkanberges sind mit zahllosen Graten und Nebenkegeln übersät. Hinzu kommt, daß in rund 2 700 Metern die Luft bereits so dünn ist, daß man leicht erschöpft wird.

Das Kraterinnere ist eine Todeswelt für sich. Ein Pilot flog einmal über den Rand hinaus in den Kegel hinein und wollte dort kreisen. Er hatte zu viel gewagt: Er wurde von den heftigen Abwinden erfaßt und kehrte nie zurück. Ähnlich wagemutige Menschen schwangen sich über den Abgrund des Susua, um auf das innere Plateau zu gelangen – vergleichbar mit Conan Doyles pleistozänem Relikt aus dem Zeitalter der Dinosaurier.

Der Boden des Longonot ist ein unbehelligtes Rückzugsgebiet für Tiere. Man kann in etwa zehn Minuten den fast senkrechten Krater hinabklettern, doch wagen wenige den Abstieg durch den Strauchwald und das Dornendickicht am Grund, wo man bereits von Büffeln erwartet wird.

Bis vor kurzem waren die häufigen Dampfsäulen eine Besonderheit des Kraterbodens und seiner Außenhänge. Die Energie, die unter der Krone des gegenwärtig ruhenden Longonot schlummert, nutzt man inzwischen in dem einzigen afrikanischen Erdwärmekraftwerk. Das Grundwasser mehrere tausend Fuß unter der Oberfläche mißt ganze 304 °C – eine der heißesten Temperaturen, die man je gemessen hat. Am Südhang kann man

Satelliten-Bodenstation im Rift-Tal in einer Höhe von mehr als 1 800 Metern. Kenia gehörte zu den Vorreitern der Nachrichtenfernverbindungen über Satellit in Afrika.

Fuchsjagd in den bewaldeten Außenbezirken Nairobis, exzentrisches Erbe der Kolonialvergangenheit: Hier wird kein Fuchs gejagt, sondern ein Helfer mit Anisbeuteln als Köder.

Nächste Doppelseite: Kaffeepflanzungen in Kenia: Wegen Duft und Geschmack erzielt der Kaffee aus Kenia Höchstpreise auf dem Weltmarkt und wird von Experten aus der ganzen Welt als crème de la crème *unter den Kaffeesorten bezeichnet.*

das selber nachprüfen, denn hier tritt aus Bohrlöchern in regelmäßigen Abständen ein feiner Dampfstrahl aus.

Die Landschaft um den Longonot liegt zwar dicht an stark bevölkerten Gebieten, ist aber eine der natürlichsten von ganz Kenia. ›Hell's Gate‹ heißt eine dramatische Schlucht mit bloßen roten Klippen und einem grasbewachsenen Boden, wo noch immer Büffel, Gnus, Gazellen, Zebras und Elenantilopen weiden. Die Landschaft wird von dem vulkanischen Felsturm ›Fischer's Tower‹ beherrscht, benannt nach dem Deutschen, der im 19. Jahrhundert diese Gegend erforscht hat. Den seltsamen Felsen zu besteigen ist riskant. Es gibt einen zweiten, ähnlichen Obelisken: Ol Basta, der durch Erosion der Lava in seiner näheren Umgebung entstand, und von hier ab ist die Schlucht eine verworrene, kaum begehbare Klamm.

Wundern Sie sich nicht, wenn Sie zwischen den echten Steinen auf einmal auf Geröllblöcke und Felsen aus Plexiglas stoßen. Anfang der 80er Jahre wählte eine Filmmannschaft Hell's Gate zu einem der Drehorte für *Sheena – Queen of the Jungle*, und im typischen Hollywood-Denken glaubte man, der Natur hier auf die Sprünge helfen zu müssen.

Die Eisenbahnlinie führt östlich an der Basis des Longonot vorbei. Einige tausend Fuß höher wird durch eine ganz andere Bewegungsbahn die Grabenböschung in rund dreitausend Metern Höhe geziert: In der Regenzeit schwellen oft dunkle Wolken über den Rand des Longonot und greifen mit eiskalten Fingern um sich, bevor sie über den Golf rollen und über die gegenüberliegende Grabenböschung, die fast dieselbe Höhe hat.

Weiter hinten glitzert silbern eine der Perlen des Rift-Tals in Kenia: der Naivasha-See, mehr als 110 Quadratkilometer groß. Der reinste und höchste aller Rift-Seen ist ein beliebtes Erholungsgewässer und ein unvergleichliches Vogelgebiet. Über 400 Vogelarten wurden hier beobachtet, mehr als auf den britischen Inseln insgesamt vorkommen.

Sie können sich hier einen Kabinenkreuzer, ein Dingi mit Außenbordmotor oder ein Segelboot aussuchen und ohne Flugeinrichtung in rund 2 000 m Höhe umherfahren. Werfen Sie an einer der Papyrusinseln Anker, die auf der Wasserfläche schwimmen, und fischen Sie nach Schwarzbarschen oder Afrikabuntbarschen. Wenn Sie sich genau umsehen, werden Sie vielleicht einen merkwürdigen, langbeinigen Vogel sehen, der ›auf dem Wasser gehen‹ kann: Es ist ein Afrikanisches Blatthühnchen, ein herrliches Beispiel für die Anpassungsfähigkeit der Natur. Seine weit gespreizten, langen Zehen ermöglichen ihm, auf Schwimmblättern zu gehen.

Große Pelikane streifen über das Wasser; die großen Vögel müssen sich im schwerfälligen Flug bemühen, die Schwerkraft aufzuheben, und scheinen dabei aufgeregt mit den Flügeln zu schlagen. In gravitätischem Gang pirschen Reiher sich an die kleinen Fische am Uferrand heran. Kormorane und Enten tänzeln auf der gekräuselten Wasserfläche, während ein Schreiseeadler seine Schreie ausstößt und urplötzlich hinabstürzt, um einen Buntbarsch mit seinen Fängen kurz unter der Oberfläche zu schnappen. Dann steigt er in voller Fahrt, ohne Unterbrechung wieder auf, fliegt einen kunstvollen Bogen und landet wieder auf seiner Warte.

An diesen Ufern zog Joy Adamson Elsa und ihre Jungen auf, die Helden des klassischen Sachbuchs *Born Free* (Frei geboren). Ihr Wohnsitz ›Elsamere‹ wurde inzwischen zu einem lebendigen Denkmal – ein Bildungszentrum und Museum zur Erinnerung an die Frau, die 1980 im Shaba-Nationalreservat im Norden Kenias brutal ermordet wurde.

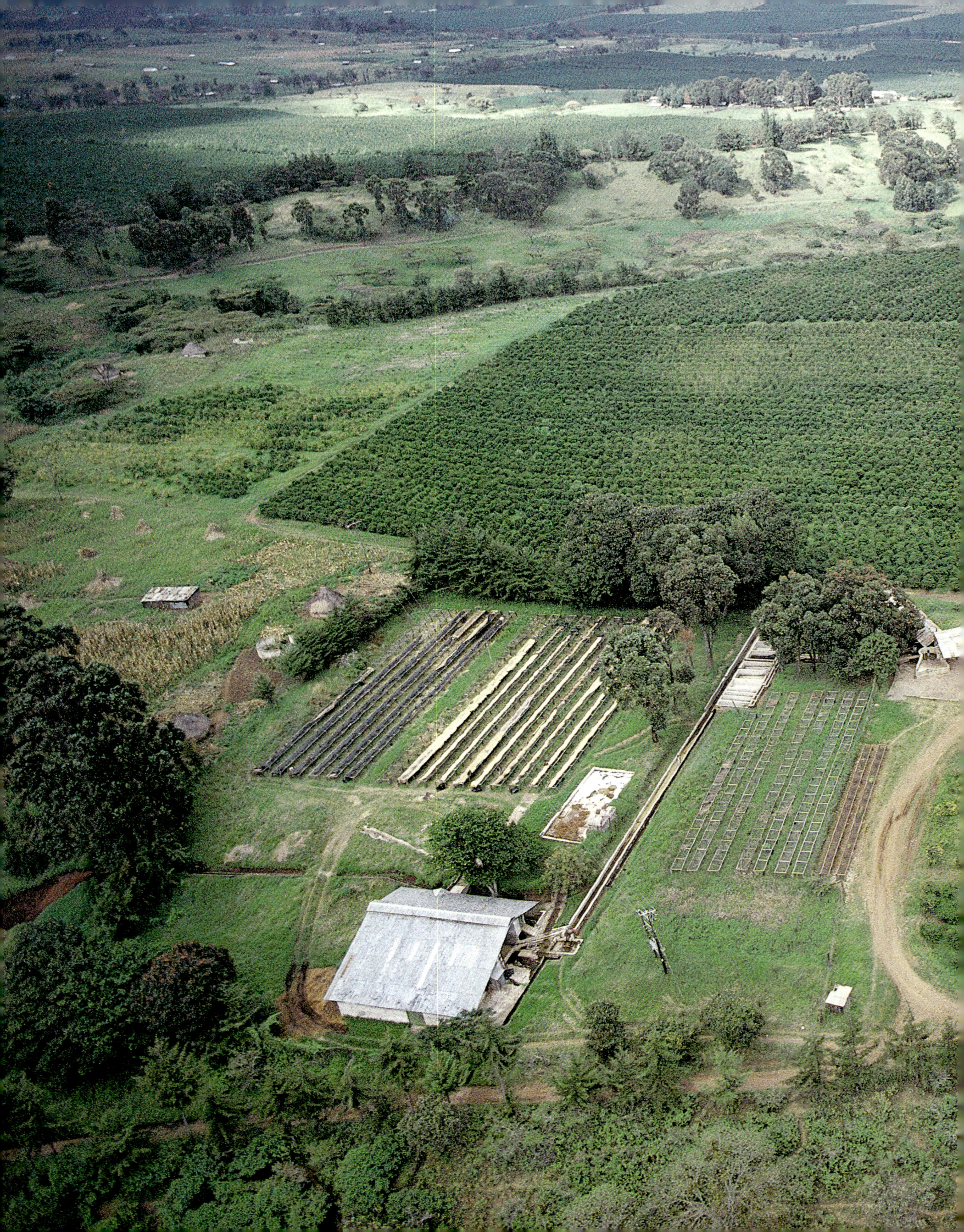

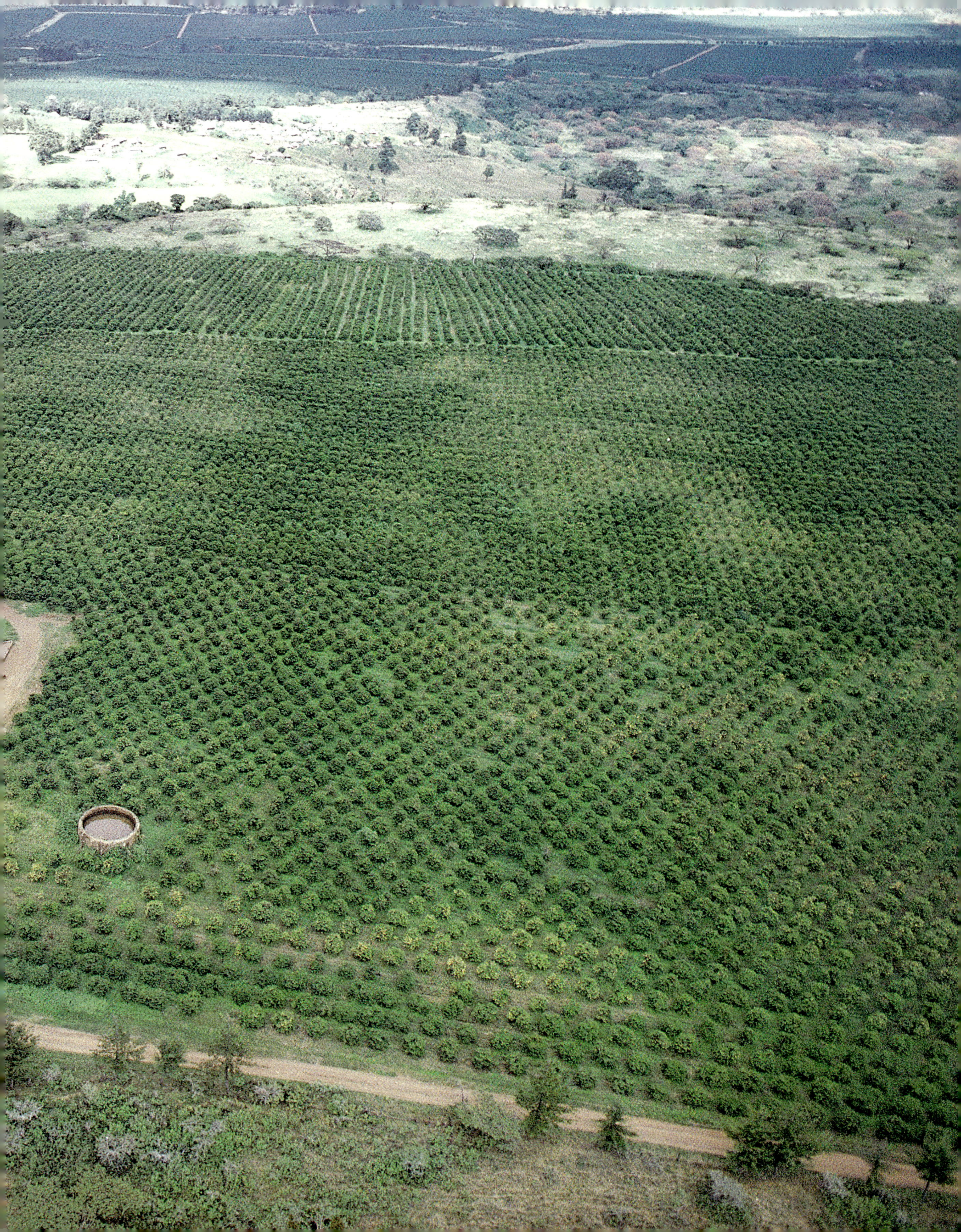

Nicht weit davon befindet sich ein weiträumiger Landsitz, umrahmt von gelben Fieberbäumen auf dreizehn Hektar mit Gärten, Sträuchern, Blumen und üppigem Rasen, die sich bis zum See erstrecken. Gleich nach dem Krieg war hier Kenias internationaler Flughafen, als die großen Kurzstrekken-Flugboote der British Overseas Airways gemütlich dem Nillauf folgten und bis nach Südafrika hinunterflogen. Sie landeten auf dem Naivasha, und die Fahrgäste wurden mit Fähren an Land gebracht, um weitere 84 km auf der Straße nach Nairobi zu fahren. Heute dienen die Gebäude als Hotel.

Abgesehen vom Tourismus hat der Naivasha-See seine Bedeutung als Quelle für eines der wichtigsten Anbaugebiete Kenias. Der relativ neue Weinbau hat hier seinen Ursprung. 1980 hat man zunächst vorsichtig mit der Produktion der Naivasha-Weine begonnen. Mit dem Wasser des Sees werden Tausende Hektar fruchtbarer Vulkanerde bewässert, auf denen Blumen und Gemüse üppig gedeihen. In der Hochsaison werden mehr als eine Million Schnittblumen in das winterliche Europa geflogen, Zeugen der tropischen Sonne, die die Wohnungen dort mit Duft und Farben erwärmen.

Am Westufer kennzeichnet der 2 854 m hohe Opuru das große Massiv des Mau Escarpment. Von den Wäldern, die ursprünglich seine Hänge bedeckten, haben Siedlungsdichte und Fortschritt ihren Tribut gefordert. Der Anstieg ist steil, die Straße abschüssig. Wo einst Steineichen und Zedern ihre Wurzeln im üppigen Waldboden ausbreiteten, die knorrigen Glieder mit Lianen und anderen parasitischen oder epiphytischen Gewächsen besetzt – da erstrecken sich heute Weizen- und Gerstenfelder, soweit das Auge reicht. Oberhalb der Getreidefelder wurde der Wald für den

Kochende Geysire am Westufer, über 600 Meter hohe, steile Klippen am Ostufer, rosa Flamingowolken am und im Wasser: Der Bogoria-See ist noch heute ein nahezu unberührtes Stück Garten Eden.

Kartoffelanbau gerodet. Die feuchten, kühlen Nebel und die fruchtbare Erde sind günstige Voraussetzungen.

Große Waldflächen sind aber geblieben. Schmale Fußpfade winden sich unter dem Gewölbe der großen Zweige; auf dem Boden bilden sich Sonnenstreifen und -flecken, wo das Licht durchdringen kann. Ab und zu kommt man zu Lichtungen mit den Halmdachhäusern von Kleinbauern, die hier mit Landwirtschaft im kleinen Stil ihre Existenz sichern.

Seit Jahrtausenden sind diese Wälder die Heimat der Okiek, einer kleinen Gruppe von Jägern und Sammlern. Bei den Massai hießen sie geringschätzig *il Torrobo*; durch Verballhornung wurde daraus die Bezeichnung ›Dorobo‹. Sie betrachten den größten Teil des Mau-Waldes als ihren angestammten Besitz. Sie jagen mit Bogen und Giftpfeilen und mit Fallen und ernähren sich außerdem von wilden Früchten, Pflanzen und Wildhonig. Um die Elefanten zu fangen, die früher im Mau-Wald lebten, legten sie tiefe Gruben an und spickten den Boden mit vergifteten Speeren. In ihren zeitweiligen Hütten – ein kuppelförmiger Rahmen aus Stöcken, der mit Tierfellen bedeckt wird – töpfern sie auch Gefäße.

Am Rand des Mau Escarpment hört der Wald plötzlich auf, und die Felswände führen senkrecht in die Tiefe. Im Süden führen die Hänge nach Naurok hinab, Tor zum Masai Mara und Bezirkshauptstadt für diesen Teil des Massáilandes. Im Umland befindet sich Kenias Kornkammer – endlose Weizen- und Gerstenfelder, soweit das Auge reicht. Bis vor kurzem haben die Massai den Fortschritt des 20. Jahrhunderts ignoriert, durch Naroks Wachstum im letzten Jahrzehnt aber – Banken, Schulen, Teerstraßen – wird belegt, daß sie sich inzwischen der modernen Welt zugewandt haben.

Die weitere Bahnstrecke führte Preston östlich am Naivasha vorbei, westlich vom Nyandarua, dem größten kenianischen Gebirgsmassiv, das an seinem höchsten Punkt über 3 900 m erreicht. Die Gebirgsmoore, vor allem die 46 km große Hochebene zwischen den beiden höchsten Punkten, erinnerten Joseph Thomson so stark an seine schottische Heimat, daß er sie ›Aberdares‹ nannte – nach dem Präsident der Königlich Geographischen Gesellschaft, die ihn beauftragt hatte, den sagenhaften Schnee am Äquator zu untersuchen, der die viktorianischen Wissenschaftler und Geographen so sehr in Aufregung versetzt hatte.

Siebzehn Jahre vor Preston war Thomson vom Naivasha aus aufgebrochen: Im morgendlichen Zwielicht, wenige Minuten bevor das Licht hinter den Bergen hervorbrach und die Sonne ihren Aufstieg zum Zenith anfing, begann er seinen mühseligen Marsch auf den frostüberzogenen riesigen Heidehügel. Ständig mußte er vor den angriffslustigen Büffeln und Elefanten auf der Hut sein, die noch heute hier umherziehen. Mit großer Freude bewunderte er die glitzernde Landschaft, die ihn oben auf den Aberdares empfing. Das frühe Morgenlicht am Äquator ist von einer unbeschreiblichen Klarheit.

In Kenia scheint alles zum Naturschauspiel geschaffen, das sich mit nichts auf der Welt vergleichen läßt. Das Leben hier am Äquator – mit genau zwölf Tages- und zwölf Nachtstunden – unterliegt einem vollkommen gleichmäßigen Rhythmus zwischen Wachen und Schlafen.

Thomson bekam so seinen ersten Eindruck vom zweithöchsten Berg Afrikas, Mount Kenya. Seine Doppelgipfel Batian und Nelion ragen direkt über dem Äquator in den Himmel, sind aber mit einem schönen, funkelnden Eisgürtel geschmückt, wobei der Lewis-Gletscher wie ein Juwel hervorsticht. Der Batian erreicht eine Höhe von 5 199 Metern, er wird durch einen messerscharfen Grat und wenige hundert Meter vom 5 188 Meter hohen Nelion getrennt.

Drei Jahrzehnte später sollte eine andere Bahnlinie von Nairobi aus nordwärts über den Äquator und über die Hänge des zauberhaften Berges geführt werden. Im Jahre 1900 aber strebte Preston unbeirrbar nach Westen, und er führte die Strecke vom Naivasha aus nach Gilgil, von wo aus Thomson seinen Weg über die Aberdares nordwärts zum Baringosee genommen hatte.

Als Ort ist Gilgil nur durch den ländlichen Klub, den Country Club, und durch den Commonwealth-Kriegsfriedhof erwähnenswert. Auf dem Friedhof sind über 200 Opfer des Zweiten Weltkriegs begraben; es ist einer von vierzig derartigen Friedhöfen in Kenia, die von der ›Commonwealth War Graves Commission‹ in tadellosem Zustand erhalten werden.

Preston aber war, als er nach Gilgil kam, nicht von der schönen Wildnis und der unberührten Landschaft ringsum fasziniert, sein Interesse galt allein der Herausforderung, an den Hängen und auf dem Grund des Rift Valley eine Eisenbahnlinie zu errichten. Hinter Gilgil mußte die Strecke wieder ein Stück am Hang entlanggeführt werden. Ohne es zu wissen, schnitten die Tagelöhner dabei einen Boden an, der für die Vorgeschichte des Menschen von Bedeutung war.

Am Böschungsrand kurz hinter Gilgil, in den Schichten der Felsflächen und auf dem Talgrund liegen viele prähistorische Fundplätze. Zu ihnen zählt Kariandusi mit etlichen Acheulien-Werkzeugen *in situ*, die 1928 von Louis Leakey entdeckt wurden. Es gibt auch eine Diatomit-Mine, wo ein kreideähnlicher Fels abgebaut wird, der aus Milliarden winziger Kieselskelette besteht. Sie stammen von winzigen Meeresorganismen – Diatomeen –, die hier vor mehreren hundert Millionen Jahren lebten. Heute benutzt man die sog. Kieselgur als Filter für Wasser und in Brauereien und als ungiftiges Insektizid in Getreidelagern.

Von den Büros der Mine aus kann man auf den Elmenteita-See schauen, einen seichten Sodasee, der bei langen Trockenzeiten völlig austrocknet. Oft schimmert der ganze See rosa, weil Hunderttausende Flamingos in dem alkalischen Wasser ihre Nahrung finden.

Einer der alten Sklavenkarawanenwege vom Victoriasee zur Küste führte durch diesen Teil des Rifts an den Ufern des Elmenteita entlang. Er spielt eine wichtige Rolle in Ritter Haggards *King Solomon's Mines*. Man kann sich leicht diese Art von Abenteuergeschichten als Realität vorstellen, wenn man die Katakomben erkundet, die durch die Bergwerkstätigkeit seit den 1940er Jahren in die Felsen gemeißelt wurden. Man braucht nur ein Stück einen der Schächte hinabzugehen, die bedrohlich weiß leuchten, und zu erleben, wie Hunderte von Fledermäusen aufflattern, und schon kann man sich vorstellen, daß draußen eine Schar Massai lauert – erbost über den weißen Eindringling.

Der Ausblick von der Minendirektion aus ist eindrucksvoll. Zu Prestons Zeit gehörte das scheinbar endlose Land mit dem Elmenteita-See zum riesigen Soysambu-Gut von Lord Delamere, ein Adliger aus Cheshire, der sein Gut und Leben der Entwicklung der Landwirtschaft in Kenia widmete. Noch heute zehren die heimischen Eigentümer von seinem Wirken. Wenige afrikanische Staaten erwirtschaften so reiche Ernten wie das zentrale Hochland von Kenia.

Elspeth Huxleys Biographie über Delamere trägt den Titel *White Man's Country* (Land des Weißen Mannes). Doch welche Vorstellungen Delamere auch zu Anfang des 20. Jahrhunderts von Kenias Zukunft gehabt haben mag – seine Leidenschaft für das Land war unerschöpflich. Er stürzte sich mit nie versiegender Energie in ein landwirtschaftliches Vorhaben nach dem anderen. Der riesige Mühlenkonzern Unga, der heute den Hauptanteil an der nationalen Versorgung mit Maismehl, Weizen und Brot hat, ist seiner Weitsicht, seinem Unternehmungsgeist zu verdanken. Delamere war nicht allein lebenslang in Kenia vernarrt und verliebt. Ihm war klar, daß alle, die in den damals noch unbekannten Grenzen lebten, wie Fleisch und Blut dazugehörten: die Massai, die Kalenjin, die Kikuju, die Nandi, die Kipsigis, die Gusii, die Meru, die Kamba.

Jäger vom Volke der Okiek in den Wäldern des Mau Escarpment, das die Ostwand des Rift Valley bildet.

Drei Jahre, nachdem Prestons Gleisbauer am Elmenteita vorbeigekommen waren, ritt Delamere hinaus und steckte seine erste unbearbeitete Landfläche von 4047 Hektar ab. Die ›Äquator-Ranch‹ lag ein Stück hinter dem Elmenteita um Njoro. Damit hatte Delamere die Entwicklung eingeleitet, die letztlich zum entschlossensten Freiheitskampf der afrikanischen Geschichte werden sollte.

Die Uganda-Eisenbahn gab es zum damaligen Zeitpunkt bereits über zwei Jahre. Bald hinter dem Elmenteita kamen Preston und seine Tagelöhner zu einer bleichen, offenen Ebene, die von den Massai *Enakuro* genannt wurde: ›Platz des wirbelnden Staubes‹. Heute ist Nakuru Kenias viertgrößte Stadt. Sie liegt an den Hängen des Menengai-Kraters, der zweitgrößten Vulkan-Caldera der Erde; unterhalb kann man auf den saisonabhängigen Nakuru-See blicken, der je nach Niederschlagsmenge in der Größe zwischen fünf und dreißig Quadratkilometern schwankt.

In einem der feuchteren Jahre kam der Vogelforscher und Künstler Peter Scott erstmals zu dem See und beschrieb seinen Anblick als das größte ornithologische Schauspiel der Erde. Was da an den seichten Stellen watete, ein Stück vom Ufer trieb oder über den warmen Aufwinden des Rifts kreiste, waren Millionen von Flamingos – eine unförmige, ständig bewegte rotrosa Wolke.

Dieser Zufluchtsort von vierzig Quadratkilometern, inzwischen zum Nationalpark erklärt, hat noch immer Zukunft, nicht zuletzt dank Scotts Begeisterung und Einfluß – wenn auch die Flamingos bei Beginn der Trockenzeit fortziehen. Nur bei einem bestimmten Gleichgewicht von Wasserstand und Algen versammeln sich Flamingos in diesen Massen.

Für den Kenner sind sie aber immer zu finden. Stimmt der Wasserstand des Nakuru, sind die Vögel da; wenn nicht, fliegen sie über die Berge und bleiben auf dem Bogoria-See im Rift oder auf der seichten Salzpfanne des Logipi-Sees im Suguta-Tal, ein Stück südlich vom Turkanasee. Oder sie halten sich am Magadi-See oder am Natronsee in Tansania auf.

Aber nicht nur das Vogelleben gedeiht am Nakuru. Die bewaldeten Klippen und Ufer ringsum beherbergen Nashörner, Leoparden, Löwen, Giraffen und Flußpferde. Die Wälder bestimmen das Bild am Nakuru, und wenn man Glück hat, kann man hier der Python begegnen, der größten afrikanischen Schlange, die wie die Boa ihre Beute durch Würgen tötet.

An den Hängen des Menengai liegt ein weiteres vorgeschichtliches ›Museum‹, Hyrax Hill, das *in situ* die verschiedensten Zeitalter bietet, darunter Jüngere Steinzeit und Eisenzeit. Oberhalb dieses faszinierenden Einblicks in die Menschheitsgeschichte kommt man zum interessanten Grat des Menengai, der in mehreren hundert Metern zum Buschwerk am Grund hinabführt und sich über mehr als zwölf Kilometer von Wand zu Wand erstreckt. Hier fand im 19. Jahrhundert einer der großen Massai-Kämpfe statt – zwischen Ilpurko und Ilaikipiak –, und wenn der Wind über den Grat pfeift, glaubt man noch heute die Schreie der Getöteten zu hören.

Als Preston am Nakuru-See ankam, gab es jedoch überhaupt keine Siedlungen. Auf Fotografien ist hinter der ersten Plattform eine trostlose, leere Ebene zu sehen. Wie Alastair Matheson in *Railway across the Equator* schrieb, wirkte „das öde und geheimnisvolle Land dahinter wie ein verbotenes Gebiet".

Erst Anfang der 1920er Jahre wurde eine Bahnlinie von Nakuru direkt an die Grenze von Uganda gebaut, um auch hier Güter transportieren zu können. 1926 führte man von dieser Linie aus eine kaum für möglich gehaltene Zweigstrecke ab Rongai an den Nordhängen des Menegai-Kraters entlang zum Grund des Rift Valley hinab. Die einzelnen Haltepunkte – Kampi ya Moto, McCall's Sidings, Ol Punyata, Milton's Sidings – konnten den Eindruck vermitteln, als würde es sich hier um persönliche Fürstentümer der einzelnen Siedler handeln.

In Solai wurde die Linie sozusagen mit einem Gongschlag beendet: 1928 wurde das Rift von einem Erdbeben erschüttert, durch das bei Solai eine unergründliche Spalte entstand, die aber zum Glück nur 30 cm breit war.

Von Rongai führt die Hauptstrecke in einer Reihe von Windungen durch die kühlen, dunklen Rückzugsgebiete des Timboroa-Waldes am Osthang der westlichen Riftwand entlang bis zu einer Höhe von 2 784 Metern. Dies ist der höchste Punkt einer Eisenbahn im ganzen Commonwealth. Der Äquator wird auf der Hochebene von Uasin Gishu und Trans-Nzoia in 2 657 Metern Höhe überquert.

In diesem wundervollen Hochland gibt es etliche erfolgreiche Farmgemeinschaften, deren Namen nur so von der Zunge knallen: Kapkut, Kapsabet, Kaptagat … In ihnen spiegelt sich die Zugehörigkeit zur Volksgruppe der Kalenjin wider. Kapkut liegt an der Eldama-Schlucht, wo Thomsons Leutnant, James Martin, sein Büro als erster britischer Bezirksbeauftragter einrichtete, lange bevor die Bahn hier fuhr.

Nur wenige Kilometer von der Stelle, wo die Strecke sich nach Eldoret wendet, liegt eine der dramatischsten Steilwände der Welt: Das Elgeyo

Einer der beiden Süßwasserseen im Kenia-Teil des Rifts, der Baringo mit seinem schlammigen Wasser: Er wird von den Njemps befischt, einer Volksgruppe, die sich von den Massai abgespalten und das Nomadenleben aufgegeben hat.

Ein Künstler der Verbergetracht, der Tarnung: Chamaeleo dilepis, *Lappenchamäleon.*

Escarpment erstreckt sich über mehr als 120 Kilometer und fällt an einigen Stellen über 2 400 m in die Tiefe bis zum Grund des Rift-Tals ab.

Nördlich von Kapkut, nur wenig von der Bahnlinie entfernt, erheben sich große Vorgebirge auf beiden Seiten einer steilen Klippe, die als ›Ende der Welt‹ bezeichnet wird. Der Name besteht zu Recht. Die Hitze tanzt in der flimmernden Luft, der Wind zerrt heftig an den Hemdsärmeln. Greifvögel kreisen über den wärmebedingten Aufwinden, die an der Felswand und über die Hochebene blasen.

Sie stehen hier vor einer schrecklichen Spalte, die Sinne und Magen in Alarm versetzt. Viele hundert Meter weiter unten, in schwindelerregender Tiefe, können Sie vom Rand aus das wilde Rift-Tal erkennen. Gegenüber ragt blaugrau in der Ferne die Ostwand empor. Das Tal erstreckt sich, soweit das Auge reicht, bis zum Bogoria-See und weiter über staubige Wüstenflächen mit sengender Hitze bis Marigat und zum Baringo-See und schließlich bis zu den Vulkankegeln am Südufer des Turkana-Sees.

Der Bogoria-See liegt sechzig Kilometer von Nakuru entfernt am Fuße des Laikipia Escarpment. Vom Ostufer aus erheben sich die steilen Felsen mehr als 600 Meter. Der See selbst ist ein langgestrecktes alkalisches Gewässer, das von den Flamingoscharen rosa schimmert. Das Westufer ist eine Hölle aus spritzenden Kesseln, zahllose heiße Quellen brechen hier aus dem Felsgrund hervor.

Ein großartiger Anblick ist der Sonnenaufgang über dem Rand der Siracho-Klippen. Die Geysire wirken wie geschmolzenes Gold vor dem Hintergrund der rosa Flamingoscharen, deren Federn mit glühenden Orange- und Purpurtönen übergossen scheinen. Die dampfenden Quellen mit ihren Geräuschen bezeugen die verborgenen Kräfte unter der Erde, die auch das Rift geschaffen haben.

In den 1890er Jahren lagerte Bischof Hannington am See auf seinem Weg nach Uganda, wo er ermordet wurde, und lange nannte man das Gewässer Hannington-See; erst nach der Unabhängigkeit bekam er den Namen, mit dem die Einheimischen ihn schon immer bezeichnet hatten. Das rauhe, trockene, aber faszinierende Land wurde inzwischen zum Bogoria-Nationalreservat erklärt.

1987 wurde an der hauptsächlichen Einfallstraße eine neue Lodge errichtet. Der Bogoria aber blieb bisher unberührt und unwirtlich; verborgen liegt er in seinem Becken zwischen den Felsen. Das Südufer wird von einem Hain aus riesigen Feigenbäumen beherrscht, in denen sich reichlich die Paviane tummeln, sobald die Früchte reifen.

Durch das trockene, staubige Tal, das immer trockener und öder wird, je weiter man absteigt, kam in den 1890er Jahren John Walter Gregory zum Baringosee, dessen kühle, grüne Ufer in der erschöpfenden Hitze des Rifts wie eine paradiesische Oase anmuten.

Das seichte, von Schlamminseln durchsetzte Wasser bildet ebenso wie das des Naivasha einen seltsamen Gegensatz zu den übrigen Rift-Seen. Es sind die einzigen Süßwasserseen in den Grenzen Kenias. Mit seinen vielen Inseln beherbergt der Baringo einen gesunden Bestand an Fischen – Afrikabuntbarschen – sowie Krokodilen und Flußpferden.

Die größte Insel, Ol Kokwe, ist stark besiedelt, das östliche Vorgebirge aber zählt zu den herrlichsten Erholungsorten für Touristen. Weit von allem entfernt, abgesehen von der geräuschvollen Stille der afrikanischen Nacht, hat eine hier verbrachte Nacht therapeutische Wirkung. Kein

Mensch, keine Maschine zerstört den Zauber, und oben funkeln die Sterne wie Diamanten. Am Nordufer der Insel finden sich einige weitere heiße Quellen, die aber bei weitem nicht so dramatisch sind wie die vom Bogoria. Hier spucken sie klares, frisches Wasser aus, das man gut zum Teekochen verwenden kann.

Vor zwei Jahrzehnten war auch dies noch ein unberührter Ort, jetzt aber bringt eine bequeme Straße den Pauschaltouristen zum Schwimmen, Wasserskilaufen, Windsurfen und Sonnenbaden entweder in das Inselcamp oder in die üppigen Gärten des luxuriösen Klubs am Westufer. Die Krokodile gelten zwar als harmlos, beim Schwimmen soll keine Gefahr bestehen, aber in der 80er Jahren hat man eines der Reptilien erschießen müssen, nachdem es einen Menschen angegriffen und aufgefressen hatte.

Ausgesprochen berühmt aber ist der Baringosee für seinen Vogelreichtum. Terry Stevenson, Rekordhalter im Aufspüren von Vogelarten, begann hier seine Karriere als Vogelbeobachter. Er hat die Ornithologie zu einem großen Touristenabenteuer gemacht: Inzwischen führt er Vogelliebhaber auf vogelkundlichen Safaris durch ganz Kenia.

Jonathan Leakey, einer der drei Söhne des großen Urmenschenforschers Louis Leakey, lebt ebenfalls am Baringosee. Seit Jahren züchtet er hier Giftschlangen, die regelmäßig für die Herstellung von Schlangenserum gemolken werden. Ein britisches Fort aus der Frühzeit wurde in eine Missionsstation umgewandelt.

Das ganze Gebiet wurde früher von den Massai bei ihrer langsamen Wanderung von Norden nach Süden durchstreift. Von ihnen blieb hier nur eine kleine Gruppe zurück, die das Nomaden- und das Hirtentum aufgab und sich als Fischer niederließ. Die ›Njemps‹ fahren in solch einfachen und zerbrechlichen Booten zum Fischfang aus, daß man fürchten muß, ein Krokodil könnte sie mit einem Schnapp vernichten. Sie bauen die Boote aus dem Holz des balsa-ähnlichen Ambatschbaumes, der reichlich um den See wächst, die Sparren werden mit Sansevierie-Fasern verbunden.

Marigat, eine düstere Ansammlung von Blechhütten und Verwaltungsgebäuden, liegt einige Kilometer vom See entfernt nahe der Kreuzung einer herrlichen Landstraße, die an der Westwand der Grabenböschung bis Kabarnet hinaufsteigt – mehr als 1 370 Meter in 57 Kilometern. Die Straße ist auf den letzten zwanzig Kilometern besonders kurvenreich, aber an der letzten Kurve wird man durch einen atemberaubenden Blick auf den Baringosee und das Rift-Tal belohnt. Der Übergang von der ausgedörrten Erde unten zum kühlen, üppig grünen Hochland ist eine der häufigen Überraschungen Kenias.

Kabarnet, die Verwaltungshauptstadt des Baringobezirks ist eine hübsche Stadt, die wie ein Sattel dem schmalen, aber schönen bewaldeten Grat aufsitzt, der in das wildromantische Kerio-Tal führt. Es ist Kenias ›Grand Canyon‹, der Grat stürzt in wenigen Kilometern mehr als 1 060 Meter in die Tiefe. Die gegenüberliegende Wand ragt genauso dramatisch in die Höhe; fast glaubt man sie vom Grat aus mit der Hand berühren zu können. Teile des Ortes erstrecken sich auf beiden Seiten den Bergkamm hinunter, aber der größte Teil hat sich auf der Höhe entwickelt, so daß die Stadt eine sehr schmale Form bekommen hat. Einen der besten Ausblicke hat man vom Kabarnet-Hotel aus.

Eine gute neue Straße führt über den westlichen Kamm der Kamasaia-Berge innerhalb von zwanzig Kilometern südwärts zum Geburtsort Präsi-

Die teils farbenprächtigen, feinen Korbwaren auf dem Innenstadt-Markt in Nairobi verlocken Reisende aus der ganzen Welt zum Kauf.

Die Stille eines afrikanischen Tages am Naivasha-See wurde hier eingefangen: In den Astgabeln abgestorbener Bäume nisten Kormorane.

dent Daniel arap Mois – hoch über dem Rift-Tal, mit einem prächtigen Panorama, das den Baringosee, den Bogoriasee und das Keriotal umfaßt. Im Norden liegt der Sattel der rauhen, aber großartigen Tugen-Berge.

Eine andere Straße führt westwärts ins Kerio-Tal hinunter und nach Tambach hinauf. Die von Touristen wenig entdeckten Kamasia Hills, das Kerio Valley und das Elgeyo Escarpment zählen zu den schönsten und unberührtesten Orten Kenias.

Im Kerio hat eine Mineralienfirma einmal eine Flußspat-Industrie aufgebaut, die aber inzwischen wieder aufgegeben werden mußte. Zu ihren Hinterlassenschaften gehört der Ort Kimwarer, der sich rasch zu einem städtischen Zentrum entwickelt hatte: Die sauberen Häuser des Firmenbesitzes bilden einen erstaunlichen Gegensatz zu der wirren Wildnis der Umgebung. Die ›Kerio Valley Development Authority‹ hat hier außerdem Obstgärten und Gemüseäcker angelegt und mit dem Kerio bewässert.

Die Elgeyo-Felsen, das Hochland über dem Kerio und der ausgedörrte Talgrund werden von der Tuken-Gruppe der Kalenjin bewohnt, zu der auch Präsident Moi gehört. Außerdem lebt hier eine weitere Gruppe desselben Volkes: die Keiyo, die vor längerer Zeit durch räuberische Stämme an die steilen Hänge verdrängt wurden. Die berühmten Schmiede der Keiyo stellten Waffen für den Zweikampf her, mit denen die Häuser verteidigt wurden; diese wurden auf schmale Felssimse gesetzt und waren wirklich uneinnehmbar. Die geschickten und mutigen Männer jagten den Elefanten, indem sie ihn auf einen Hinterhalt zutrieben, wo er von einer kleinen Gruppe von Männern mit Speeren erwartet wurde.

Ein Viehraub bei den genauso tapferen und geschickten Tuken leitete eine der dramatischsten Geschichten der kenianischen Sagenwelt ein. Ein paar Viehdiebe der Keiyo waren in einen Hinterhalt geraten, bevor sie auf dem Rückweg durch den Kerio-Fluß waten konnten; als einziger Fluchtweg blieb ihnen der Sprung über eine fünf Meter breite Spalte über einer 15 Meter tiefen Schlucht. Dreißig überlebten – die übrigen starben entweder beim Sprung oder durch die Speere der Verfolger.

Die Tuken waren einmal berühmt für ihre Regenmacher, deren Dienste bei einer anderen Kalenjin-Gruppe, den Nandi, sehr begehrt waren.

Die Zivilisation kann man sich in dieser zauberhaften, unverdorbenen Wildnis kaum vorstellen, und doch liegt kaum fünfzig Kilometer entfernt eine der modernsten Städte Kenias, umgeben von Kiefern und hohen Blaugummibäumen, von weiten Getreidefeldern und Weiden: das in raschem Wachstum begriffene Eldoret mit seinen Textil- und Wollwarenfabriken und anderen Industrien. Hier liegt die neueste Studienstätte Kenias, die Moi-Universität; ihre Grundstücke wurden von der Lonrho-Gruppe zur Verfügung gestellt, die eines der größten Werke auf der Basis landwirtschaftlicher Produkte im Tranz-Nzoia-Hochland betreibt.

Jahrelang hat die ›East Africa Tanning Extract Company‹ hier auf vielen tausend Hektar bestimmte Akazien angebaut (›wattle trees‹), um aus ihnen Tannin als Gerbstoff für die Lederindustrie zu gewinnen und aus dem Holz Telegrafenpfähle herzustellen. Inzwischen hat die Firma die Produktpalette erweitert: Jetzt werden Pilze gezüchtet und Zeichenkohle hergestellt. Der Betrieb ist auf größtmögliche Selbstversorgung und Recycling eingestellt.

Das alles entstand erst in den letzten sechzig Jahren. Im ersten Viertel des Jahrhunderts war hier noch ein reines Stückchen Garten Eden – und vieles blieb davon erhalten.

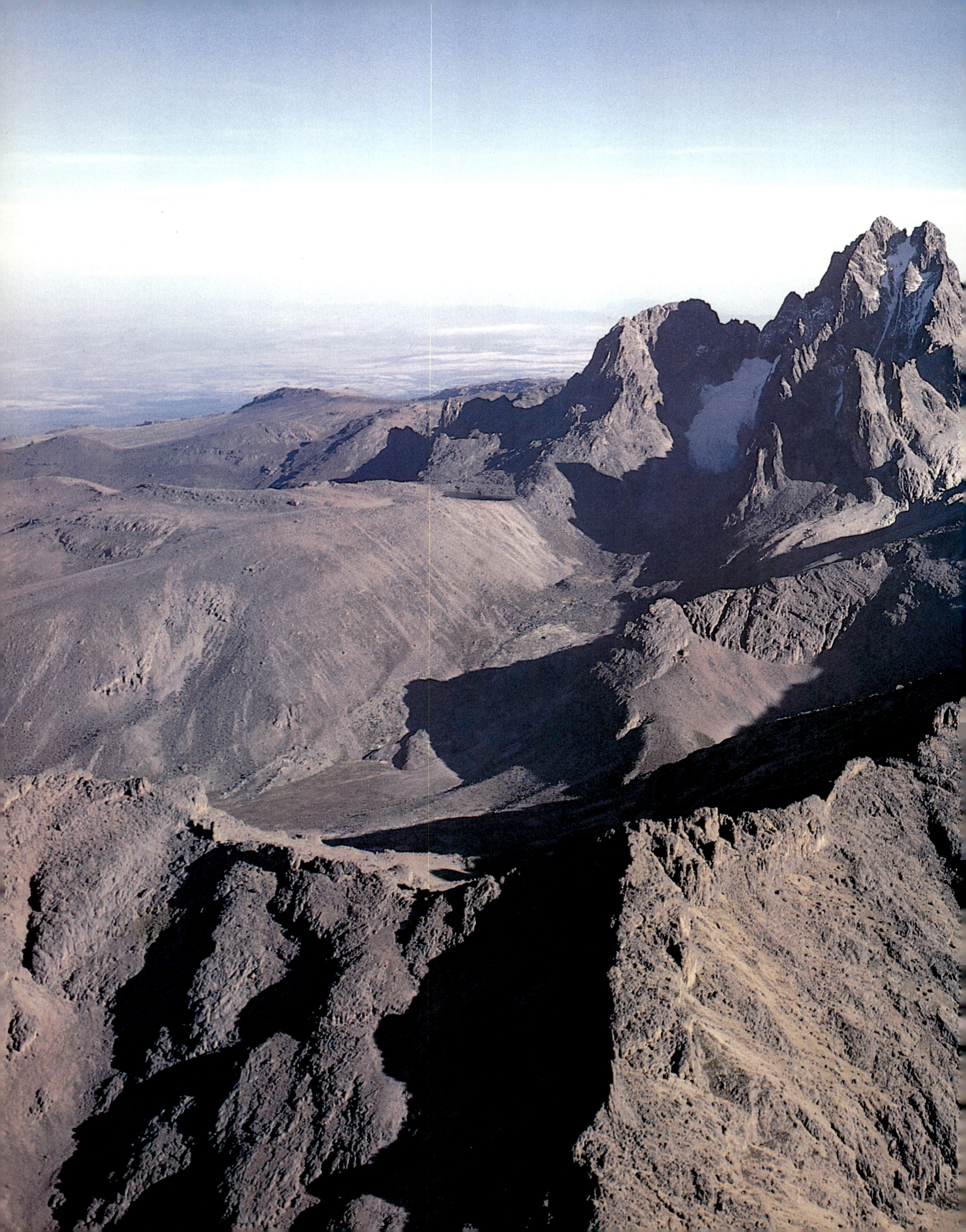

Kenias Kernland

Im Jahre 1928, dreißig Jahre nachdem Preston in Gilgil eine Station eingerichtet hatte, wurde von derselben Stadt aus eine weitere, sechzig Kilometer lange Eisenbahnlinie gebaut: Sie führt durch das fruchtbare Hochland, wo sich heute Weizen- und Gerstenfelder und Rinderweiden erstrecken, bis zu den 2359 Meter hohen Thomson-Fällen. Sie befinden sich an der Grenze des Marmanet-Waldes – mit dem höchsten Punkt bei 2608 Metern –, der den Rand des Laikipia Escarpment überzieht. Von dort blickt man auf Kenias ausgedörrte Wüstengebiete im Norden.

Die Strecke führt auf wenigen Kilometern bis zu den Weizenfeldern am Grabenrand steil nach oben, die Lokomotiven haben schwer zu arbeiten. Wenige Eisenbahnstrecken der Welt können eine solche Aussicht bieten, wie sie die Bediensteten der regelmäßigen Güterzüge bekommen, wenn der Zug bei Oleolondo, rund dreihundert Meter höher, in die Ebene ausläuft.

Im Osten brauen sich über der 3353 Meter hohen Kuppe von Kipipiri Wolken zusammen, einem der hochgelegenen Punkte der Aberdares. Er wird vom Hauptmassiv durch ein früher üppig bewaldetes Tal getrennt, das kurz vor und nach dem Ersten Weltkrieg für aristokratische Weiße einen Zufluchtsort bildete. Oft handelte es sich um ›Schwarze Schafe‹, die von ihren Familien hierher entlassen wurden, um ein fröhliches Leben in der Sonne zu führen, ohne das Elternhaus weiter zu beschämen.

Sie bauten hier große Herrensitze und hölzerne Schlösser, feudale Häuser im mittelalterlichen Stil, pflegten hübsche Gartenanlagen und betrieben etwas Landwirtschaft. Und zwischendurch – in Kontakt mit den vornehmen Herrschaften, die sich an den fruchtbaren Ufern des Naivasha niedergelassen hatten – widmeten sie sich dem Spiel.

›Happy Valley‹, das Fröhliche Tal, wurde die Schlucht zwischen dem Kipipiri und dem Aberdare-Massiv wegen der Marotten ihrer Bewohner genannt: Champagnerparties endeten hier damit, daß Schlüssel auf den Tisch geworfen wurden oder der eine mit dem Ehemann, der Ehefrau des anderen davonging. Sie gehörten zu dem Kreis, dem auch in Nairobis Vorort Karen große Besitztümer gehörten und die in den 40er Jahren durch einen Bestseller berühmt-berüchtigt wurden: *White Mischief*, 1987 mit Außenaufnahmen in Kenia verfilmt.

Heute wird das Land von Kleinbauern der Kikuju bebaut – die Herrensitze und Schlösser sind verfallen und werden als Kuhställe oder Hühnerhäuser verwendet. Bis zu den 70er Jahren war die Straße neben der Eisenbahn ein steiniger Weg, der mehr einem Flußbett glich; zur Regenzeit verwandelte er sich in einen Schlammsumpf.

Ein Stück Teerstraße markierte den Zugang zum ländlichen Ort Ol Kalou, auf halbem Wege zwischen Gilgil und Nyahururu. Obgleich das Land heute ganz den Kikuju gehört, spiegeln viele Namen der Berge, Orte und Seen die frühere Anwesenheit der Massai wider.

Die ganze Gegend: das prärieähnliche Land um Ol Kalou und der Aberdare-Wald, war der hauptsächliche Kampfplatz beim Freiheitskampf Kenias gegen die britische Herrschaft unter Führung der Mau Mau in den 50er Jahren. Die Moore erstrecken sich von der Stadt bis zur Basis des höchsten Punktes der Aberdares – in etwa 27 Kilometern Entfernung –, des 3999 m hohen Ol Doyino Lesatima, ein schroffes Gebilde aus Felsen und Grasbüscheln, um das die Wolken wirbeln.

Direkt unter der Ostwand des Lesatima liegt eines der vielen Zaubertäler Kenias. In den 60er Jahren war Pesi reiner Wald, inzwischen wird es von

Vorige Doppelseite: Die aufgehende Sonne am frühen Morgen wirft lange Schatten über den Lewis-Gletscher auf dem Mount Kenya. Die beiden Gipfel – links Mbatian (5199 m), rechts Nelion (5188 m) – sind durch einen Grat getrennt, der als ›Nebeltor‹ (Gate of Mists) bezeichnet wird. Der genau am Äquator gelegene Berg ist der erodierte Rest eines riesigen Vulkans, von dem man glaubt, daß er einmal mindestens 3000 Meter höher war.

Riesenkreuzkraut-Exemplare in einer Höhe von 3 350 Metern in den Mooren der Aberdares, die am höchsten Punkt, Ol Doinyo Lesatima, 4 000 Meter hoch werden. Diese riesenwüchsigen Pflanzen blühen nur alle zwanzig Jahre.

kleinen bis mittelgroßen Landstücken der Kleinbauern durchsetzt. Der Boden ist fruchtbar, außer in den Trockenzeiten, von denen Kenia jedes Jahr unweigerlich ausgedörrt wird.

Wenn man nach dem steilen Aufstieg durch Wald und Bambus plötzlich auf weite, üppig grüne Weiden und Milchviehherden stößt, fühlt man sich an europäische Wiesenlandschaften erinnert; Licht und Farbkraft steigern allerdings den Eindruck. In diesem Garten Eden kann man sich kaum vorstellen, daß die friedlichen Dorfbewohner, die sich hier ihre Heimat geschaffen haben, jemals in irgendwelche Schwierigkeiten kommen.

1985 kamen jedoch Löwen und Elefanten aus ihrem rund 3 000 Meter hohen Waldschutzgebiet heruntergezogen. Die Elefanten verzehrten Mais und Gemüse, und die Löwen schlugen das Vieh. Waldhüter und Dorfbewohner gruben rasch einen tiefen Graben, aber die Katzen kamen immer noch nachts, um Rinder zu schlagen. Im kleinen wurde hier der grundsätzliche Konflikt Kenias deutlich: zwischen der freien Natur und den Menschen im Kampf um den Lebensraum.

Ein anderer Konflikt, wenn auch mit geringeren Folgen, fand am Ilpolosat-See statt, der im Moorgebiet zwischen Lesatima und Ol Joro Orok liegt. Das Wasservogelparadies wird überhaupt nicht von Entenjägern gestört, doch müssen die Bauern auf die Flußpferde achtgeben, die nachts aus dem Wasser kommen und ihre *shambas* plündern.

Fahren Sie einmal die spannende Straße von Ol Joro Orok, über die nordwestlichen Wälle der Aberdares, vorbei an einer Reihe von atemberaubenden Verwerfungen in der Böschung und in Haarnadelkurven abwärts, die zu einem anderen Zauberland führt: Subukia. Die kühle Hochlandluft hat sich längst in die wabernde Hitze des Rift-Tals verwandelt: Zucker, Kaffee, Bananen gedeihen üppig in dieser Treibhauslandschaft, die so entlegen ist, daß man sich in die Welt des Mittelalters versetzt fühlen kann. Auch die kleine anglikanische Kirche, die 1951 gebaut wurde, macht eher einen altmodischen Eindruck. Mit ihrer normannischen Architektur könnte sie schon tausend Jahre in dem farbenprächtigen Garten stehen – mit Blick auf die große Wasserscheide des Rifts und die fernen Seen, die in der Mittagshitze flimmern.

Für die Massai war dies das heimliche Rückzugsgebiet von den trockenen Landstrichen, während sie Laikipia bewohnten; von dort wurden sie 1911 durch die Briten vertrieben, die ihre fetten Weiden besitzen wollten. Sie nannten jenes Gebiet Ol Momoi Sidai, den ›schönen Ort‹.

Der Ort Thomson's Falls, der 2 438 Meter über dem Meere liegt und längst in ›Nyahururu‹ umgetauft wurde, ist eine der jüngsten Städte Kenias. In den 20er Jahren war hier nicht mehr als eine Holzhütte für den Angelklub der Siedler. Aber mit der Ankunft der Eisenbahn 1929 entstand der Ort Thomson's Fall. Er schmiegt sich in einen Bogen des großen Marmanet-Waldes, von dessen Basis aus sich die Laikipia-Ebene bis hin zur schwarzen Pyramide des Mount Kenya erstreckt. Schläfrig und unberührt, wie viele ihn noch kennen, spiegelt der Ort den Rhythmus der ländlichen Gemeinschaft wider, der er dient. Der wichtigste Laden etwa ist der der ›Kenya Grain Grower's Co-operative‹. Bekannt wurde die Stadt auch durch das Höhentrainingslager, in dem Kenias Olympiamannschaft sich auf die Teilnahme in Mexiko vorbereitete.

Die Atmosphäre der Stadt aber wird vor allem durch die 72 Meter tiefen Wasserfälle bestimmt, auf die Thomson auf seinem Weg nach Norden stieß

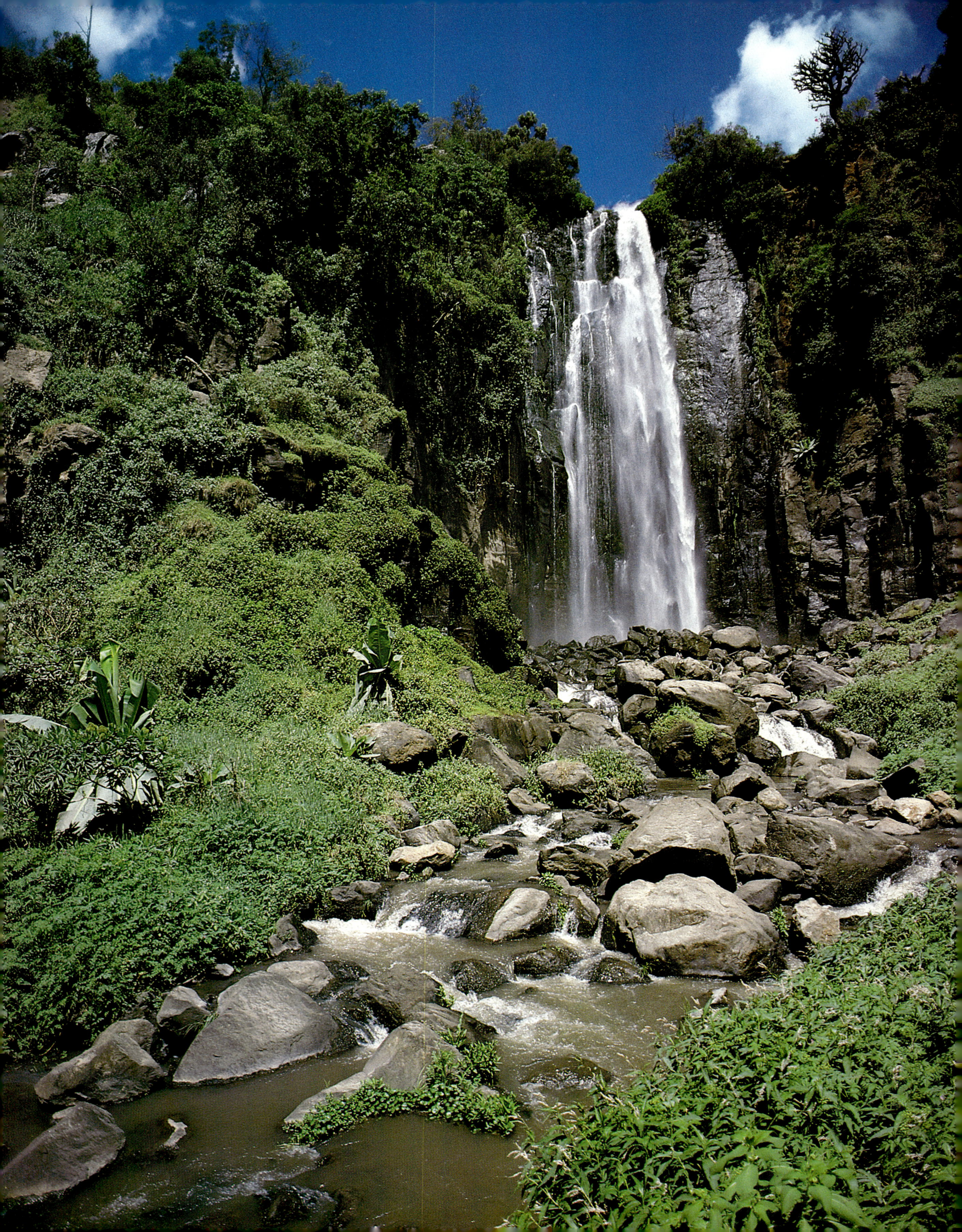

Der Schrei des kleinen Klippschliefers, verstärkt durch die Felsspalten, in denen er lebt, gehört zu den seltsamsten und schrecklichsten Lauten der Natur. Klippschliefer sind die Säugetiere Kenias, die in den größten Höhen leben: Man hat sie bereits am Rande der Existenz in 4 300 Meter Höhe in den Mooren des Mount Kenya gefunden.

Vorige Seite: Die Wasser des Ewaso Ngiro stürzen bei Hochwasser an den Thomson-Fällen mit einer Geschwindigkeit von einer Million Liter je Minute herab; Hunderte von Kilometern weiter abwärts verlieren sie sich im Lorien-Sumpf.

und die er in einem ungewöhnlichen Anfall von Eitelkeit nach seinem Vater benannte. Die Wasser des Ewaso Narok, die von den Lesatima-Hängen kommen, sammeln sich in den flußpferdreichen Sümpfen oberhalb und donnern über den schmalen Rand herab – 1 Million Liter je Minute.

Im trockenen Kenia konnten die Planer von Nyahururu nicht umhin, einen Teil der Wassermengen für die Versorgung der wachsenden Bevölkerung abzuzweigen, und bauten an der Seite ein Wasserwerk. Die rustikale Lodge neben dem Wasserfall – mit Holzwänden und Schindeldach, mit Kamin und gutem Essen, paßt hervorragend zum bewaldeten Hochland.

Zwei gute, neue Straßen gehen von Nyahururu aus: Die eine führt nordwärts steil den Marmanet-Wald hinauf bis zur Viehzüchter-Stadt Rumuruti, ein wichtiges Tor zu den Wüsten im Norden; die andere führt südöstlich nach Nyeri, wobei etliche unbefestigte Nebenstraßen abzweigen, die die Laikipia-Ebene kreuzen.

An der Straße nach Südosten liegt die Solio-Ranch: Ihre großzügigen Besitzer haben große Flächen für die Nachzucht der bedrohten Nashörner zur Verfügung gestellt. Die Zuchterfolge waren so groß, daß Kenias ›Conservation and Wildlife Department‹ 1987 eine Ausbürgerung vornehmen konnte; in verschiedenen Nationalparks und Schutzgebieten wurden etliche Exemplare ausgesetzt. Vielleicht wird das stark verfolgte Tier doch noch in dem Land weiter existieren können, in dem es mehr als sechzig Millionen Jahre gelebt hat. In den 80er Jahren stand es kurz vor der Ausrottung. Der Marktpreis des Horns lag 1987 bei 65 000 US-$. Im Jemen werden aus dem Horn Dolchgriffe hergestellt, im Fernen Osten ist es wegen seiner angeblichen Heilwirkung begehrt. Es besteht aber aus nichts anderem als Keratin – aus dem auch unsere Fingernägel gemacht sind.

Das ›Schwarze Nashorn‹ (Spitzmaulnashorn) ist weder schwarz noch weiß; es ist das kleinere der beiden Arten und wiegt 900 bis 1 400 Kilogramm. Das vordere Horn ist im Regelfall zwischen 50 und 90 cm lang; das hintere im Durchschnitt rund 53 cm. Das Spitzmaulnashorn hat relativ kleine Füße aus jeweils drei Zehen und eine spitze, zum Greifen geeignete Oberlippe. Es ist reiner Pflanzenfresser und kam früher überall vor, von Meereshöhe bis auf mehr als 3 300 Meter Höhe z. B. auf dem Mount Kenya, von der Savanne bis zum Bergwald.

In einigen kleineren Schutzgebieten, wo die Wildwarte alles überwachen können, hat die Art noch eine minimale Überlebenschance. Bei einer Lebensdauer von dreißig bis vierzig Jahren beträgt die Gesamtzahl der Nashörner in der Welt heute schätzungsweise 30 000.

Das ›Weiße Nashorn‹ (Breitmaulnashorn), dessen Name sich vom Afrikaans *weit* (breitmäulig) ableitet, ist ein Weidegänger, ein Grasfresser, und viel geselliger und seßhafter als der nahe Verwandte und zieht in geselligen Gruppen umher. Es ist viel größer und wiegt zwischen 2 000 und 4 100 kg – das größte Landtier nach dem Elefanten. 1987 gab es eine kleine blühende Gruppe auf der Solio Ranch, in Nationalparks aber existiert in nennenswerter Zahl nur noch eine Gruppe im Meru-Nationalpark.

Einige Nashörner durchstreifen jedoch immer noch das Laikipia-Gebiet, wo durch Siedlungsprogramme und Bildung von Genossenschaften die einstige Landwirtschaft im großen Stil meist aufgeteilt wurde. Außer Solio

Die ›Fourteen Falls‹ bei Thika im Schatten des 2 146 Meter hohen Ol Doinyo Sapuk: Hier donnern die Wasser des Athi-Flusses herab.

Nächste Seite: Ein Forellenbach in den Aberdares verwandelt sich in die faszinierenden Gura-Fälle: In mehreren Stufen stürzt das Wasser über 300 Meter weit durch eine schmale Schlucht hinab.

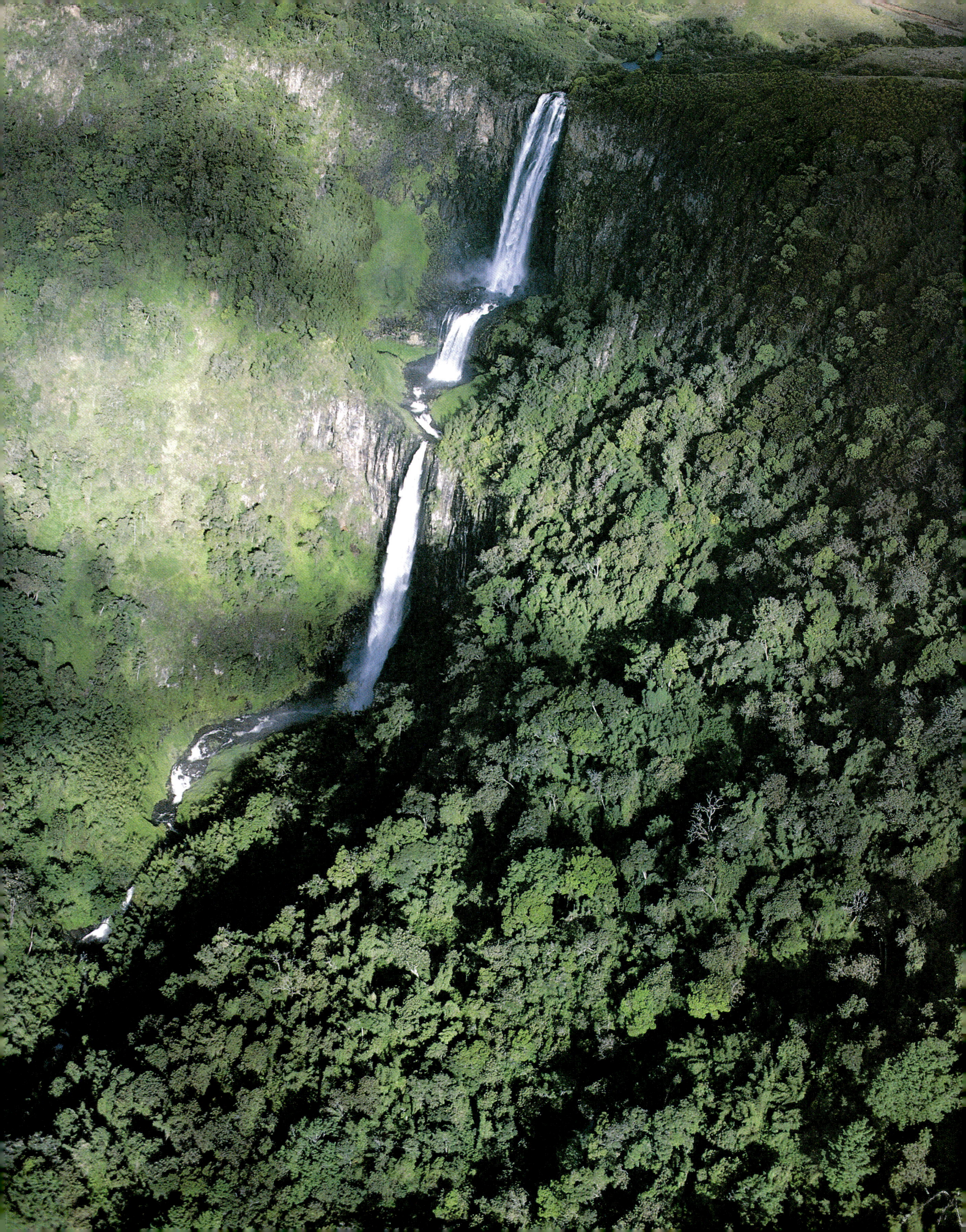

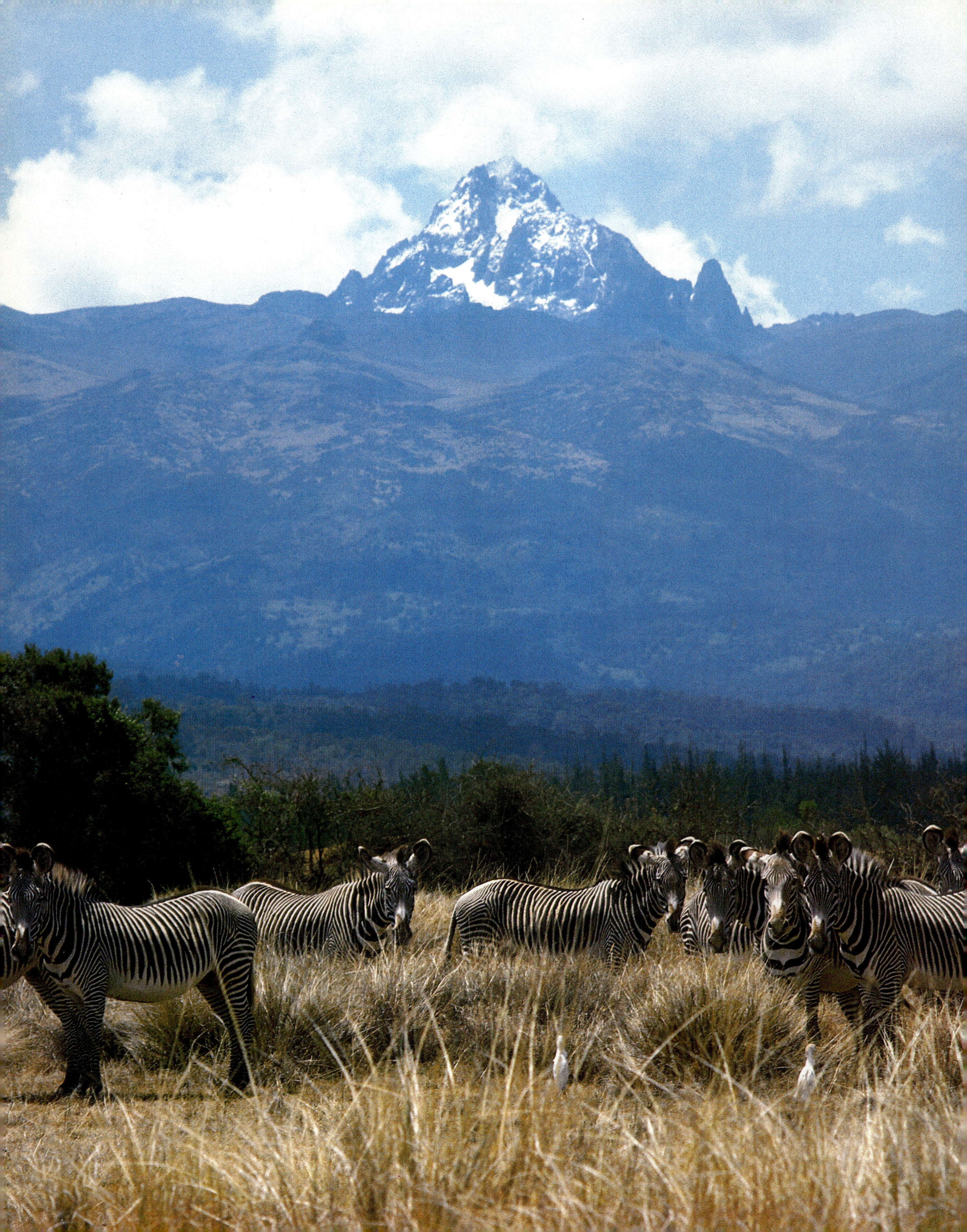

Grevy-Zebras in den Grasgebieten nördlich vom Mount Kenya.

gibt es noch eine weitere große Ranch, die zum privaten Wildschutzgebiet gemacht wurde: die 6 500 ha große Busch- und Dornbuschsavanne Ol Pejeta. Jahrelang war hier die Spielfläche für den Rüstungsmillionär Adnan Kashoggi, aber im Zusammenhang mit dem Waffenhandel mit dem Iran wurde das Gelände vom kenianischen Zweig des Riesenkonzerns Lonrho als Ausgleich für alte Schulden übernommen. Kashoggi hatte bereits den Mount-Kenya-Safari-Klub an die Gruppe abgegeben.

Im Jahre 1984 verbrachte der Filmstar Brooke Shields einen zauberhaften Tag zwischen den Elefanten und Löwen der Ranch: Das denkwürdigste Erlebnis war ein Löwenrudel, das hinter ihrem Geländewagen Rinderfleisch verzehrte. Unter Kashoggi wurden die Gäste in dem Luxushaus der Ranch – im italienischen Stil und mit goldverkleideten Badezimmern – verwöhnt. Um sie auch im entsprechenden Stil verpflegen zu können, führte er ständig einen Haushalt mit vier vollberuflichen Cordon-bleu-Köchen. Nach einem heißen Tag auf der Ranch mußte sich niemand mit Corned-Beef-Haschee und Bohnen begnügen.

Wie überall in Kenia – bei den Ärmsten und den Reichsten – wurden die Veranstaltungen auf Ol Pejeta zu einer großen Feier der Lebensfreude.

Acht Jahre, nachdem die Eisenbahn den Victoriasee erreicht hatte, bekam Kenia einen neuen Gouverneur: einen kleinen, gewandten Franko-Kanadier namens Sir Percy Girouard. Bevor er Diplomat wurde, hatte er als Zivilingenieur gearbeitet und die Kano-Eisenbahn in Nordnigeria gebaut. Er war auch ein begeisterter Fitneßanhänger – wahrscheinlich Nairobis erster Jogger – und machte jeden Tag einen Lauf von mehreren Kilometern um das Regierungsgebäude auf ›dem Hügel‹.

Sir Percy war ein leidenschaftlicher Eisenbahnfreund. Er bombardierte Whitehall mit Vorschlägen für etliche Zweiglinien von der Hauptstrecke aus, aber die grauhaarigen, alten Bürokraten dort standen solchen Ideen mißtrauisch gegenüber, nachdem sie 5,5 Millionen £ als Gesamtkosten für die Uganda-Eisenbahn ermittelt hatten. Sie lehnten alle Vorschläge ab.

Doch Sir Percy ließ sich nicht so leicht entmutigen. Bei einem seiner Morgenläufe kam er auf eine Strategie, die die knauserigen Beamten täuschen könnte. Sein nächster Vorschlag, eine Straßenbahnlinie nach Thika zu bauen – für 2 500 £ je Meile – wurde genehmigt. Obwohl eine Hauptader des Eisenbahnnetzes in Kenia daraus wurde, war die Strecke noch Jahre später in offiziellen Karten als ›Thika Tramline‹ eingetragen.

Heute führt die Eisenbahn durch Kahawa (das Suaheli-Wort für ›Kaffee‹), wo sich einst eine britische Militärgarnison befand, heute aber der Campus der Kenyatta-Universität. Sie wurde kurz vor der Unabhängigkeit fertiggestellt und der neuen Regierung von den scheidenden Kolonialherren übergeben. Königin Elisabeth II. fuhr auf einer Reise zur Erinnerung an den Ort, wo sie 1952 zur Königin gekrönt wurde, im Jahre 1983 mit dem königlichen Zug auf dieser Strecke, und während die Bahn auf dem gewundenen Weg durch Kahawa und weiter nach Ruiru fuhr, stellten sich Hunderte von Mitgliedern des Klubs auf der Golfbahn in Ruiru auf, um sie zu grüßen. Kenias Kaffee-Forschungszentrum hat seinen Hauptsitz in Ruiru; der Ruiru-Fluß, der von den Aberdares kommt, wurde hier 1913 gebändigt, um die Vorzüge der Elektrizität und damit auch die erste Straßenbeleuchtung nach Nairobi zu bringen.

Heute verbindet Kenias einzige Autobahn die Hauptstadt und Thika, und die Zwei-Stunden-Reise mit dem Zug dauert mit dem Auto nur dreißig Minuten. Es geht an dem alten Kraftwerk vorbei und weiter nach Mangu, wo vor langer Zeit durch eine Katholische Mission der Weißen Väter eine der ältesten Schulen Kenias eingerichtet wurde.

Doch war es die 1913 gebaute Eisenbahnlinie, die zu Thikas Bedeutung als wichtige Stadt führte. In dem oft als ›Birmingham von Kenia‹ bezeichneten Ort gibt es Gerbereien, Fahrzeugmontagefabriken, Obstverarbeitungswerke, Textilwerke, Getreidemühlen, Chemische Fabriken und Verpackungsindustrie: alles in Sicht- und Hörweite eines der fruchtbarsten Landstriche der Erde – mit reicher vulkanischer Erde, wo sich Kaffee und Obst leicht und ertragreich anbauen lassen.

Der Vater von Elspeth Huxley – Autorin von *Flame Trees of Thika* –, machte einen vergeblichen Versuch, hier Kaffee anzubauen und verlor

Nächste Doppelseite: Eine Herde der nachtlebenden Waldantilope Kenias, der Bongo-Antilope. Sie springen ungern, sind scheu und störungsanfällig und haben eine besondere Art zu laufen: mit weit zurückgelegtem Kopf, so daß die Hörner flach dem Rücken aufliegen.

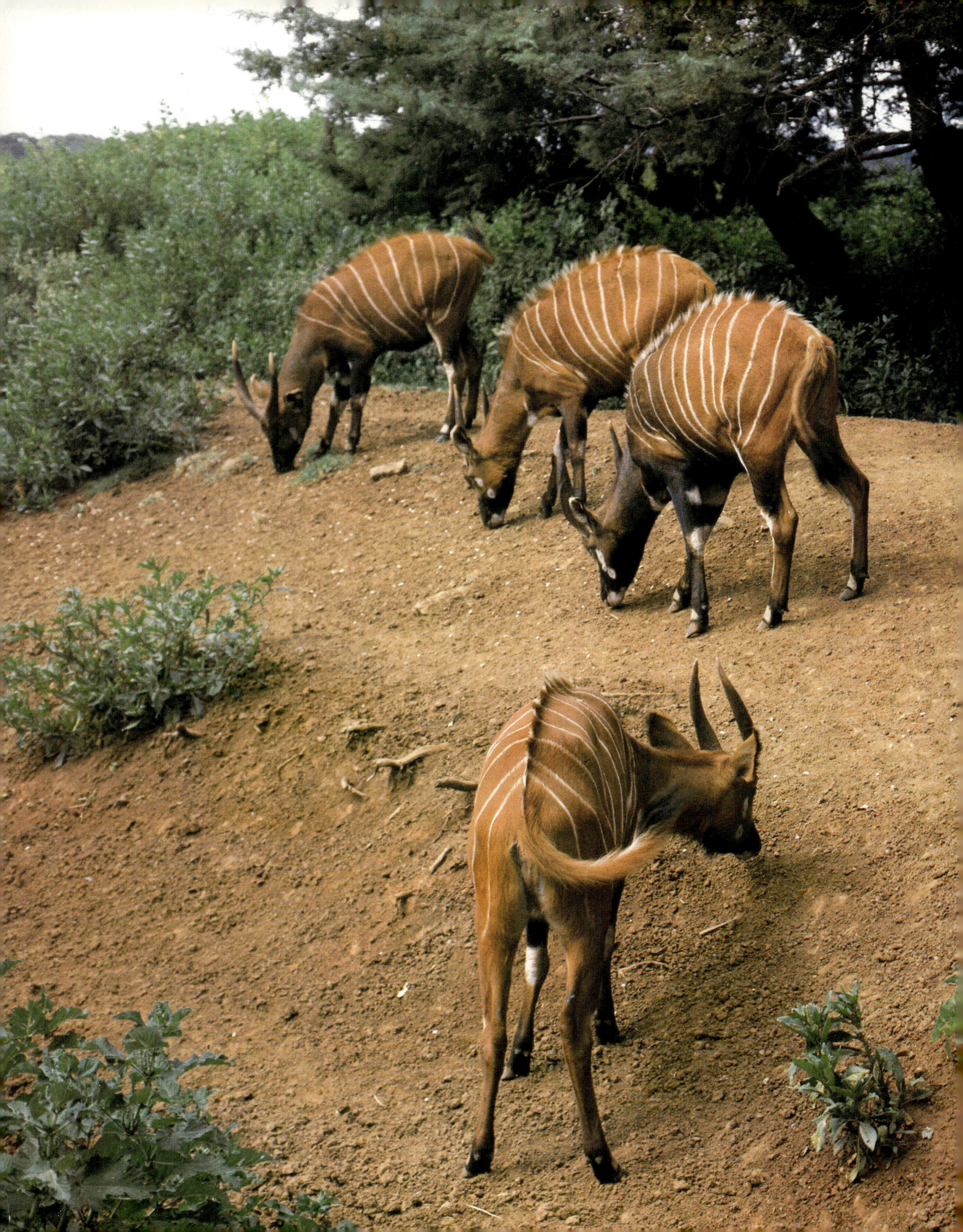

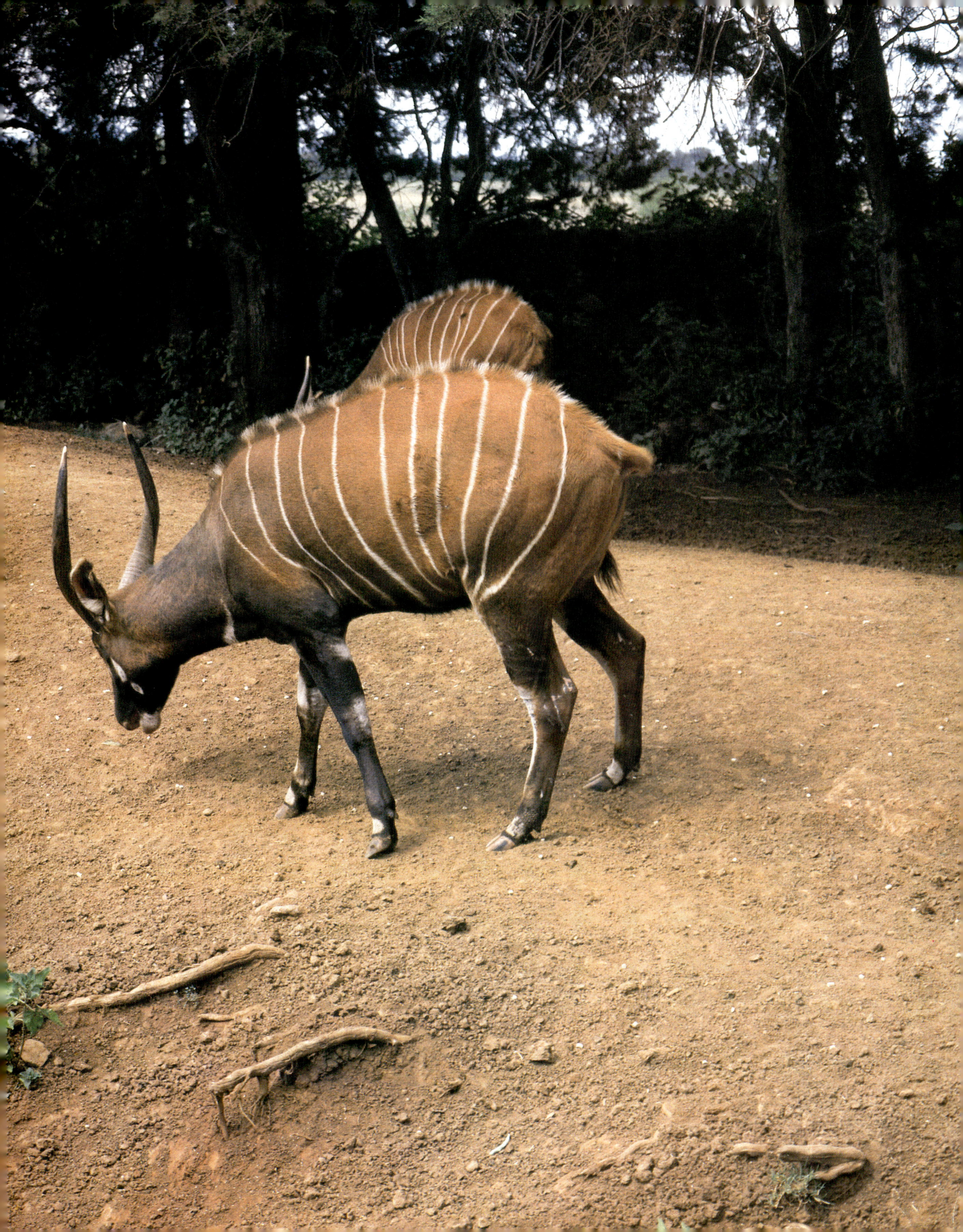

dabei sein ganzes Kapital. Anderen gelang es aber, darunter Northrup MacMillan, der von den Briten für seine Dienste im Ersten Weltkrieg geadelt wurde. Er baute die Juja-Farm in Thika auf und lud dort regelmäßig Gäste zur Wildschweinjagd ein. Ihm gehörte auch der Chiromo-Wald in Nairobi, der heute zum Universitätsgelände zählt. Er war ein beeindruckender Mann, der den Büffelberg, den Ol Doinyo Sapuk, zu seinem persönlichen Reich machte.

Als er 1921 starb, wurde er hoch oben auf den bewaldeten Hängen dieses Berges, oberhalb der rauschenden Fourteen-Fälle begraben, wo noch heute in dem jetzigen Nationalpark zahllose Büffel umherstreifen. Später bekamen auch seine Frau und ihre treue Dienerin Louise Decker dort ihr Grab. 1928 hatte Lady MacMillan den Namen ihres Mannes durch die Gründung der MacMillan-Bücherei in Nairobi geehrt. Auch Louise Deckers Name lebt in einem Altersheim in Nairobi noch fort.

MacMillan war ein Mann grenzenlosen Geistes und mit einem unglaublichen Leibesumfang von 1,60 Metern. Bei einem Konflikt über sein Land mit dem Stadtrat von Nairobi kurz vor seinem Tod ließ er seinen Anwalt seinen Fall mit bewundernswerter Klarheit vortragen. Als es aber zur Abstimmung kam, stimmte sein Anwalt als einziger dagegen.

Thika ist heute zwar ein reizloser Ort, doch befindet sich dort die drittgrößte Ananasplantage der Welt, die vom Del-Monte-Konzern betrieben wird. Außerdem gibt es einen Country Club mit ausgedehnten Wasserflächen und üppigen Rasen als Golfplatz. 1983 hat Königin Elisabeth II. hier eine Mahlzeit eingenommen, bevor sie nach Nyeri weiterfuhr. Der Klub ist nicht weit vom ›Blue-Posts‹-Hotel, das im ersten Jahrzehnt des Jahrhunderts dicht an den Chania-Wasserfällen gebaut wurde; dort hatte Churchill 1907 während seiner Afrikareise gezeltet – in der vergeblichen Hoffnung, einen Löwen zu schießen. Angesichts der Schwerindustrie in Thika fällt einem heute schwer zu glauben, daß der Wildreichtum vor neunzig Jahren hier nicht geringer war als im Masai Mara.

Fern von den Annehmlichkeiten des Stadtlebens mußten die Siedler sich ihre eigenen Erholungsmöglichkeiten schaffen: Der Makuyu Country Club ist der dritte der drei Golfklubs dieser Gegend; er liegt inmitten olivgrüner Kaffeepflanzungen, nicht weit von einer verlassenen Sisalplantage.

An der Grenze zwischen den alten Gebieten der Kikuyu und der Kamba führt eine rauhe Straße ostwärts in das Kandara-Tal am Nordhang des Kilimambogo. Die früher bewaldeten Hügel werden intensiv landwirtschaftlich genutzt, aber durch häufige Trockenheit in den letzten Jahren ist das potentiell fruchtbare Gebiet zum unrentablen Grenzland geworden. Die unbefestigte Straße wurde zu einem tiefen Sandweg – ein Finger der nördlichen Wüsten, nur eine Fahrstunde von Kenias Hauptstadt entfernt.

Im Westen aber, an den Hängen der Aberdares, ist das Land noch üppig bewachsen. Das Gebirgsmassiv fällt steil ab; in den zahlreichen anmutigen Tälern, von deren Flanken forellenreiche Bäche herabsprudeln, wird das Land von Kleinbauern bebaut. Die Europäer haben sich rasch in diesen Bergen angesiedelt; sie wurden von der frischen, belebenden Luft, dem offenen Moorland, den rauschenden Bächen und den schroffen Felsbukkeln angezogen. Die Landschaft ist heute so idyllisch wie damals – mit ihren hübschen, weiten Wiesen und gutgenährten Schaf- und Rinderherden.

Von Thika aus folgt eine rauhe, unbefestigte Straße dem Lauf des Chania-Flusses durch alte Wälder. Im dicken Laubdach springen die hüb-

Afrikanischer Sattelstorch – Vogel der Flüsse, Sümpfe und Marschen.

schen, behenden Guerezas von Ast zu Ast; fallschirmartig breitet sich dabei das lange Fell aus. Büffel stampfen durch das Unterholz. Das ganze Land wird durch Wildhüter von der Kimakia Forest Station aus gewartet. Es gibt auch eine Angler-Blockhütte, die der Fischerei-Abteilung der kenianischen Regierung unterstellt ist. Die Europäische Forelle, die in diesen Gewässern von Oberst Grogan im ersten Jahrzehnt des Jahrhunderts eingeführt wurde, macht es den Anglern nicht leicht.

Über die Kinangop-Zunge, unweit vom Kimakia-Wald, fließen die Gewässer in den Sasamua-Stausee, Nairobis erste Anlage zur Energiegewinnung aus den 50er Jahren. Nord-Kinangop besteht fast nur aus einigen Holzhäusern mit Blechdach; während der Regenzeit ist der Ort oft isoliert. Süd-Kinangop kann sich einer Teerstraße und einer rot gekachelten Tankstelle rühmen.

Weiter oben bietet sich eine herrliche Aussicht über das Rift-Tal. Aus den Wolken sieht man den 3 906 Meter hohen Felsturm des Kinangop hervorragen, zweithöchster Gipfel der Aberdares. Ein Steinhaufen erinnert an die Erstbesteigung durch einen Europäer am Anfang unseres Jahrhunderts. Obwohl keine besonderen bergsteigerischen Fähigkeiten nötig sind, ist es wegen der dünnen Luft doch sehr anstrengend, die Spitze zu erreichen.

Vom Kinangop führen steile Hänge zu der breiten Moorebene, die sich im Norden bis zum 46 km entfernten Lesatima erstreckt und den Hauptteil des Aberdares-Nationalparks ausmacht. Dieses Schutzgebiet wurde 1948 eröffnet und liegt größtenteils auf über 10 000 Fuß (3 048 m) Höhe. Der Zugang erfolgt durch ein Tor auf der Naivasha-Seite – man erreicht es auf einer rauhen, steinigen Straße, die kurz vor dem Gipfel erstaunlicherweise zu einer Teerstraße wird (man hat sie 1959 für den Besuch der britischen Königinmutter eingerichtet) – sowie über mehrere Tore am Osthang von Nyeri, Mweiga und Pesi aus. Der Aberdares-Nationalpark zählt für viele Besucher aus gutem Grund zu den schönsten Schutzgebieten Kenias.

Die Nähe zu Nairobi und etlichen Großstädten – Thika, Nakuru, Nyeri – macht den Aberdares-Nationalpark besonders reizvoll: Der Wechsel von den Stadtstraßen zu dem wildreichen Moorhochland läßt für jeden Reisenden – gleich, ob er aus einer afrikanischen Stadt kommt oder aus anderen Ländern – den Besuch zu einem tiefen Erlebnis werden.

Leider – zum Glück für Pflanzen- und Tierwelt – ist der Park während der Regenzeit oft unzugänglich. Auch in der Trockenzeit kann man die rauhen Pfade wirklich nur mit Geländewagen mit Vierradantrieb befahren. Aber die Erlebnisse lohnen jede Mühe. Die Waldbestände gehören zu den ältesten Kenias: Die knorrigen Stämme und Äste wirken wie einer Tolkien-Geschichte entsprungen; oft ziehen Nebelstreifen durch den Wald, und von den Zweigen hängen geheimnisvolle Bartflechten.

Zu den Besonderheiten der Berglandschaft zählen Baumheiden, ein, zwei Meter tief reichende Grasbulten, Johanniskräuter, Lobelien und Kreuzkraut-Exemplare, die in dem ultravioletten Licht in dieser Höhe am Äquator erstaunliche Höhen erreichen. Die Kreuzkräuter kommen nur etwa alle zwanzig Jahre zur Blüte. Der Waldelefant – kleiner als sein Verwandter der Steppe – zieht hier noch durch Unterholz und Wälder; an seinen Wechseln kann man die erstaunliche Wendigkeit und Leichtfüßigkeit des Großsäugers ablesen. Die Moorgebiete dienten den Mau-Mau-Freiheitskämpfern als wichtigster Schlupfwinkel. Als die Briten mit Bom-

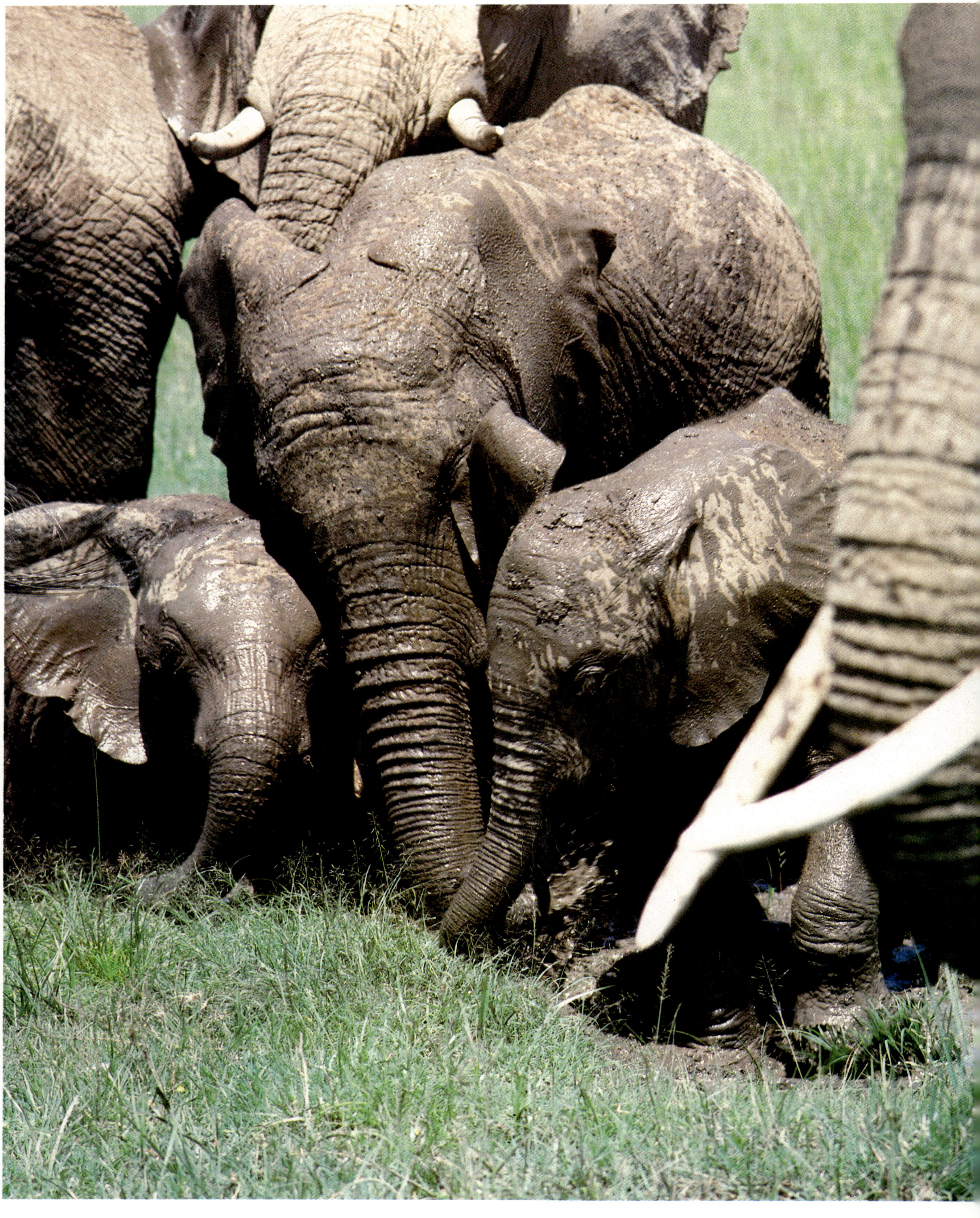

Links: Afrikanische Elefanten mit Jungtier beim Schlammbad. Sie haben ein hochentwickeltes Sozialsystem.

Kaffernbüffel, ostafrikanische Form: das gefährlichste Tier Afrikas, wenn es gereizt wird. Durch Büffel wurden mehr Jäger getötet als durch jede andere Art.

ben vorzugehen versuchten, waren die Höhlen und undurchdringlichen Waldstücke ein guter Schutz. Blindgänger finden sich heute noch.

Der Nationalpark ist ein wunderschönes Mosaik aus Hängen, Lichtungen, kleinen Tälern, kühlen Weihern, sprudelnden Bächen und Wasserfällen. Mit dem Mount Kenya zusammen, der jenseits von Laikipia etwa achtzig Kilometer entfernt liegt, bilden die Aberdares die hauptsächliche Wasserscheide Kenias. Die Flüsse beider Massive vereinigen sich bei Kiambere auf der Mwea-Ebene und bilden den Tana.

Die Tiere sind wenig an den Menschen gewöhnt. Scheue Antilopen nähern sich bis auf wenige Schritte, doch die Löwen sind ausgesprochen wild und dafür berüchtigt. Nachdem mehrfach Zeltbewohner von ihnen in Schach gehalten wurden, hat man das Zelten in dem 767 qkm großen Schutzgebiet verboten. Ein Tier griff sogar einen Geländewagen an und zerfetzte die Reifen, während die Fahrgäste verängstigt im Wagen saßen.

In der Nähe eines der Tore für die Anfahrt von Nyeri gibt es ein Angler-Camp mit einer Holzhütte in rund 3 000 m Höhe. In den eiskalten Bächen gedeihen sowohl Europäische Forellen als auch Regenbogenforellen – Exemplare mit sieben Kilogramm Gewicht wurden schon gefangen.

Die Moore wimmeln nur so von Büffeln, die wohl die gefährlichsten aller afrikanischen Tiere sind, falls sie gereizt werden; häufig sind auch die großen Antilopen sowie melanistische Formen von Tieflandarten. Wegen der Höhe und der Nähe zum Äquator haben sie ein schwarzes Fell bekommen. Ein paar mythische Tiere sollen auch existiert haben, beispielsweise ein gefleckter Löwe, den nie jemand zu Gesicht bekam.

Auch hier gibt es einen eindrucksvollen Wasserfall, Kenias größter: der Gura-Wasserfall. Er stürzt mehr als 300 Meter in eine unzugängliche Schlucht hinab; sie liegt den Karura-Fällen gegenüber, die fast 270 Meter in die Tiefe rauschen und sich später mit dem Chania-Fluß vereinigen. Die Gewässer wurden auch für eine Szene von *Jenseits von Afrika* gefilmt. All diese Naturwunder kann man im Waldgürtel der Aberdares erleben, der etwa bei 10 000 Fuß beginnt (3 048 m) und bei 8 000 bis 7 000 Fuß (2 438 m bis 2 134 m) in den Bambusgürtel übergeht. Danach beginnen die üppigen, gut gepflegten Felder von Kleinbauern mit Gemüse, Tee und Kaffee, die oberhalb der Städte wie z. B. Makuyu, Murang'a und Nyeri liegen.

Von Makuyu aus windet sich die Eisenbahn über die langgestreckten Vorberge im Osten der Aberdares und des Tana bis nach Murang'a herab, während eine neue, bequeme Teerstraße quer über die Ebene nach Sagana führt, wo sie wieder der Bahnstrecke folgt. Es dürfte wohl kaum ein anderer Fluß der Welt so stark zur Energiegewinnung genutzt werden wie der Tana-Fluß. Im Jahre 1987 wurden die Arbeiten im Oberlauf nach dem siebten hydroelektrischen Programm fortgeführt. Durch das vorhergehende Energiegewinnungsprogramm, an der Sagana-Straße, entstand ein vierzig Kilometer langer See, der bereits zur Fischzucht und als Wasservogelreservat dient und einen Sportboothafen bekommen soll.

Die erste Staustufe wurde am Unterlauf bei Kindaruma gebaut und sollte für immer ein Naturwunder zerstören: Früher donnerten hier die ›Seven Forks‹ (benannt nach der Zahl der Flüsse, die in den Tana fließen) 137 Meter ungebändigt in die Tiefe.

Die einzigen Breitmaulnashörner Kenias trifft man im Meru-Nationalpark und auf der Solio-Ranch in der Laikipia-Ebene an. Sie sind die zweitgrößten Landtiere der Erde und übertreffen sogar ihre nächsten Verwandten, die Spitzmaulnashörner. Der vor allem im Englischen gebräuchliche Name „Weißes Nashorn" beruht auf einem Mißverständnis – er leitet sich vom Afrikaans-Wort ›weit‹ ab, was nichts anderes bedeutet als: breitmäulig.

Guereza – trotz seiner ›schlicht‹ schwarz-weißen Farbe der schönste Affe Kenias.

Kurz vor Murang'a gab es an einem Platz namens Mugeka ein Museum und einen alten Feigenbaum, aber sie existieren nicht mehr. Nach den Kikuju-Legenden hat Gott *Ngai* seinen Sitz auf dem Doppelgipfel des Berges, den sie Kirinyaga nennen – Ort der Klarheit. Er selber soll Gikuyu und Mumbi, dem Vater und der Mutter aller Kikuju, befohlen haben, sich in Mukuruene wa Nya-Gathanga niederzulassen – dem ›Baum des Bauplatzes‹, einem Hain aus wilden Feigenbäumen, die den Kikuju ebenso wie der Mount Kenya heilig sind. Nach dem Schöpfungsmythos des Stammes soll Mumbi neun Töchter aufgezogen haben, die zu den Stammüttern der neun Kikuju-Clans wurden. Dem oberflächlichen Beobachter scheinen die Kikuju eine Gemeinschaft tief verwurzelter Chauvinisten zu sein, ähnlich wie die Massai – in Wirklichkeit aber beruht die ganze Kultur des Stammes auf matriarchalischen Überlieferungen.

Die Kikuju sind mit rund vier Millionen (1987) die größte Volksgruppe Kenias. Ihre Gesellschaftsstruktur gründet sich auf die Familie und den Clan. Die Mütter führen ihren Mann und die Söhne mit praktischem Rat und Wortstrafen. Sie führen die Mädchen in die weibliche Lebensführung ein. Polygamie gilt als natürlich und wird oft bevorzugt. Ist eine Frau erst verheiratet, entzündet sie ein Feuer im althergebrachten Drei-Steine-Herd und darf nie wieder ins Freie gehen; es würde Unglück bringen.

Durch Ziegenopfer sollen die Stammesgeister besänftigt, Verwünschungen aufgehoben und Hinweise auf die Zukunft gewonnen werden. Bei den häufigen Festen in diesem Zusammenhang wird aus Honig, Zuckerwasser und der luffa-ähnlichen Frucht des *muratina*-Baums ein Bier gebraut. Die Frucht wird in einem großen Gefäß zum Gären gebracht, dann auf einem kleinen Stapel Rinderdung über glühender Asche erhitzt, der Überlieferung gemäß in eine Kürbisflasche abgegossen und in einem Kuhhorn serviert, das im Kreis der Männer mit der Rechten von Hand zu Hand weitergereicht wird. Die Frauen sitzen während dem formalen Ritual, das sie genau verfolgen. Aber aus Respekt vor ihrer obersten Stellung bekommt die Matriarchin den letzten Schluck.

Eine Schlüsselstellung in der Auffassung der Kikuju nimmt das Land ein: Was die Rinder für die Massai bedeuten, das bedeutet das Land für die Kikuju – einziger Maßstab für Reichtum, Standhaftigkeit und Glück. Die europäischen Siedler nahmen den Kikuju das ererbte Land fort – besonders das um den Mount Kenya – und gaben damit den Anlaß zum Mau-Mau-Aufstand, der schließlich zur Unabhängigkeit führte. Diese wurde von einem der zugleich traditionsgebundensten und fortschrittlichsten Kikuju-Ältesten eingeleitet: Mzee Jomo Kenyatta. Sein Buch von 1938 *Facing Mount Kenya* war eine Rechtfertigung der weiblichen Beschneidung und der Polygamie, beides wichtige Merkmale der Kikuyu-Gesellschaft.

Soll ein Jugendlicher in die Gemeinschaft der Erwachsenen aufgenommen werden, ist die männliche Beschneidung notwendige Voraussetzung. Mit der Zeit müssen die Männer verschiedene Altersklassen bis hin zur Gruppe der Ältesten durchlaufen, die bis zu dreißig Jahre lang Führungsaufgaben übernehmen. Trotz des starken Aberglaubens haben die Kikuju Neuerungen des Westens in den Bereichen Handel, Industrie und Technologie stets gerne übernommen und oft sogar weiterentwickelt.

In ihrem Charakter erinnern sie an die Schotten – sie sind sparsam, fleißig und geschickt mit den Händen. Sie leben in runden, halmgedeckten Hütten zusammen mit dem Vieh – wie es auch bei den Schotten vor Jahrhunderten üblich war. Sie brauen einen feinen, farblosen Whisky, feiern wichtige Feste mit einer Art ›Haggis‹, gekochten Innereien von der Ziege oder vom Schaf in Darmhaut, und tanzen ihren eigenen Hochland-›Reel‹. Kein Wunder, daß die ›Kirk‹ – die presbyterianische Kirche Schottlands – hier die stärkste Glaubensgemeinschaft wurde.

Die anglikanische Kirche in Murang'a, St. James, wurde durch den Erzbischof von Canterbury dem Gedächtnis der Kikuju geweiht, die zu Tausenden bei Vergeltungsmaßnahmen durch die Mau Mau sterben mußten. In der Kirche befinden sich Wandbilder des berühmten kenianischen Malers Elimu Njau, auf denen die Geburt und das Abendmahl – aber auch die Kreuzigung eines schwarzen Christus in einer typischen Landschaft der Umgebung von Murang'a zu sehen sind.

Im ersten Jahrzehnt unseres Jahrhunderts war Richard Meinhertzhagen, ein englischer Offizier, in Murang'a stationiert. Er leitete etliche Strafexpeditionen gegen die unbotmäßigen Kikuju, für die er aber trotzdem viel Sympathie empfand. Er vertrieb einmal einen weißen Missionar, weil er allzu merkwürdige Methoden hatte, weibliche Kikuju für den christlichen Glauben zu gewinnen: Er schlief mit ihnen.

Die Stadt liegt am Rand eines Felsens, der steil zum Tana-Tal abfällt. Heute führt eine Straße am unteren Teil des Felsens oberhalb vom Fluß nach Nyeri durch eine ländliche Gegend mit zahlreichen Höfen. Die alte Straße und die Eisenbahn verlaufen auf der anderen Seite des Ortes nach Sagana und wenden sich nordwestlich nach Karatina – bzw. nordöstlich nach Embu.

Kurz vor Sagana führt außerdem eine glatte, neue Straße nordostwärts durch das Mwea-Nationalreservat bis hin zur Bergstadt Embu: Leuchtend grüne Reisfelder ziehen vorüber, die mit Tana-Wasser bewässert werden; mit Genehmigung ist hier die Federwildjagd erlaubt. Östlich von Mwea schneidet der Tana ein grünes Landstück von dem trockenen Buschland am Rande des Kamba-Gebietes ab; hier fristet die Gemeinschaft der Mbeere ein kümmerliches Dasein.

Das Volk, das heute noch rund 75 000 Menschen umfaßt und kulturell wie historisch Bezüge zu den Embu aufweist, hat sich bis vor kurzem von der Zivilisation weitgehend abgeschlossen. Sie leben als Jäger in enger Verbindung zu einer reichen Tierwelt (selbst einige Elefanten und das seltene Nashorn durchstreifen noch diese trockene Ebene). Ihre Pfeile, die an der Spitze mit einem starken Gift versehen werden, sind ausgesprochen schön gearbeitet. Sie kultivieren kleine Stücke des Buschlandes mit ›Grabstöcken‹ und bauen Hirse und Chinesische Bohnen an, um den Hungertod abzuwenden – der hier keineswegs unbekannt ist. Durch die Erschließung des Tana-Flusses gerieten sie plötzlich in eine Hauptader des kenianischen Lebens, und die neue Generation der Mbeere ist dabei, den dramatischen Schritt vom neunzehnten ins zwanzigste Jahrhundert zu vollziehen.

Die Straßen und Häuser von Embu ziehen sich an den niedrigen Hängen der Vorhügel zum Mount Kenya entlang. Oberhalb der Stadt eilen einige Flüsse durch dichten Wald zum Tana hinab, die für Angler mit der Fliege zu den besten Kenias gehören. Nicht ohne Grund heißt Embus Hotel im Landhausstil aus Holz ›Isaak Walton Inn‹; es ist nach dem großen Förderer der englischen Angler im 17. Jahrhundert benannt, der das Werk *The Compleat Angler* (Das umfassende Anglerhandbuch) geschrieben hat. Er würde seine Freude haben an den fischreichen Flüssen in der Waldlandschaft oberhalb von Embu.

Doch als man Girouards ›Straßenbahn‹ von 1913 in den Jahren 1927 bis 1930 verlängern wollte, führte man die Strecke an Embu vorbei. Von Sagana aus läuft die Linie an den nordwestlichen Vorgebirgen des Mount Kenya entlang und klettert nach Karatina zwischen einer Unzahl fruchtbarer Bergfarmen entlang nach oben. Das Land ist üppig bewachsen, Haine mit saftigen Bananenpalmen, Gemüse, Obst, Tee, Kaffee wechseln einander ab. Sie erstrecken sich in sauberen Terrassen an den Berghängen und werden von den Wassern des Sagana-Flusses und seiner Nebenflüsse ganzjährig bewässert.

Über den ungegliederten, ungepflegten Ort Karatina läßt sich nichts Besonderes sagen – nur, daß er im Freiheitskampf eine der Hochburgen der

Für die Bienenhaltung benutzen die Tharaka ausgehöhlte Baumstämme. Das Volk, dem heute noch etwa 12 000 Menschen angehören, ist auch wegen seiner Trommelkünste bekannt. Die Trommeln werden auf ähnliche Weise hergestellt und mit dem Zeichen des jeweiligen Clans versehen.

Mau Mau darstellte. Außerdem ist Karatina das Tor zu den schönsten Teilen Kenias: Aberdares und Mount Kenya. In der Trockenzeit ist die Stadt eine einzige Staubwolke, in der Regenzeit ein Schlammsee. Ihr Markt aber zählt zu den farbenprächtigsten des Landes – eine verwirrende Vielfalt aus bunten Kleidern, Getreide, Gebrauchsgegenständen und lebhaften Händlern und Käufern.

Die rundlichen Vorgebirge der Aberdares und des Mount Kenya vereinigen sich hier zu einer Reihe bewaldeter Kuppen, von denen viele inzwischen gerodet und in ordentliches Ackerland verwandelt wurden. Die Straße von Karatina nach Nyeri führt wie eine Berg-und-Tal-Bahn auf und ab; neben ihr fließen zahlreiche rauschende Bergbäche.

Die Eisenbahnstrecke aber erreichte Nyeri nie, sie schwenkt nordwärts und läuft durch die Wälder zwischen Karatina und den großen Weizenflächen an den westlichen Hängen des Mount Kenya. Diese Landschaft erfreut das Auge mit einer unglaublichen Schönheit in frischer Bergluft, die die Lungen belebt. Forellenreiche Bäche sprudeln von den Bergmooren und durch die Wälder herab. An einer Stelle kann man nach seiner eigenen Forelle angeln und sie bei Erfolg vom Küchenchef grillen lassen.

Sagan State Lodge, ein Geschenk der Kolonialregierung an Prinzessin Elisabeth und ihren Gemahl Prinz Philip, ist ein geschichtlich bedeutsamer Ort: Elisabeth hatte als junge Frau im Treetops-Hotel eine Nacht mit Wildbeobachtung verbracht. Am folgenden Morgen, am 6. Februar 1952, bekam sie die Nachricht, sie sei Königin von England geworden; ihr Vater, König Georg VI. war in derselben Nacht verstorben.

Gramgebeugt wurde sie zu einem wartenden Auto geführt und nach Mweiga gefahren, wo auf dem Graslandestreifen eine DC-3 der East African Airways bereitstand, um die neue Königin nach Entebbe in Uganda zu fliegen; von dort wurde sie mit einem anderen Flugzeug nach Britannien geflogen.

Nicht lange nach ihrem Besuch entwickelte sich der Freiheitskampf zu einem der blutigsten Guerillakriege Afrikas.

Die Mau-Mau-Kämpfer, die sich in Busch und Wald besonders gut auskannten, hatten den Schwerpunkt ihrer Aktivitäten auf den Waldpfaden um Sagana und auf dem Mount Kenya. Die Briten faßten Hunderte unschuldiger Kikuyu – auch Mütter und Kinder – in großen Konzentrationslagern zusammen. Bei einem dieser Lager – in Gatu'ng'ang'a – führte die Eisenbahnstrecke mitten hindurch. Inzwischen gehört das Land in den Bergen der Umgebung diesen Familien. Fahren Sie auf der unbefestigten Straße von Gatu'ng'ang'a um den Berghang herum und dann steil nach oben bis zum Kamm – und Sie werden mit einem Landschaftsbild von unglaublicher Schönheit belohnt.

Im Nordosten erhebt sich der Doppelgipfel des Mount Kenya – so nahe, daß man ihn glaubt greifen zu können –, besonders schön, wenn die untergehende Sonne ihn in weiche, sprühende Flammen taucht. Im Nordwesten sind die Aberdares in der raschen Dämmerung am Äquator bald nur noch als Schattenriß erkennbar. Im Norden erstrecken sich junge Schößlinge die Bergflanke herab; saubere Reihen von Kaffeepflanzen ziehen sich gegenüber bis zum Gipfel hinauf. Und in dunstiger Ferne erstreckt sich endlos die Laikipia-Ebene.

Im Osten sind weitere Vorberge zu sehen. Verborgen liegt hier in einem Waldschutzgebiet mehr als 2 100 Meter hoch, wo Elefanten noch in großen

Herden umherstreifen, die Mountain Lodge. In ihrer Nähe steht am Straßenrand ein alter Baum mit einer Spalte im Stamm, der von den Mau-Mau-Leuten als Briefkasten benutzt wurde. Dringende Meldungen über britische Truppenbewegungen wurden hier hinterlassen und von anderen Waldeinheiten abgeholt.

Westlich der Lodge liegt Koganjo. Es ist die Stelle, an der die Bahnstrecke am dichtesten an Nyeri herankommt, und deshalb hieß der Haltepunkt jahrzehntelang auch ›Bahnhof Nyeri‹. Kiganjo ist der Sitz des Trainingskollegs der Polizei, das viele Athleten des Landes zu internationalem Ruhm verholfen hat. Hauptsächlich werden hier aber Jahr für Jahr die Polizeianwärter auf die nationale Verbrechensbekämpfung vorbereitet.

Als Meinertzhagen 1903 zum Nyeri-Hügel kam, war die Gegend praktisch unbewohnt; heute befindet sich hier eine der Großstädte Kenias, Verwaltungshauptstadt der Zentralprovinz. Die erst kürzlich fertiggestellten Gebäude der Provinzverwaltung haben einen großen Teil des schönen Kricketplatzes vereinnahmt, die Golfbahn aber blieb erhalten. Die Kricketstars der Welt werden zwar hier nicht mehr unter den Feuerbäumen spielen, aber die Spitzen-Golfspieler können nach wie vor ihren Abschlag vor der faszinierenden Kulisse des Mount Kenya ausführen. Eines der baumgesäumten Fairways verläuft parallel zum Grundstück des Outspan-Hotels, das Eric Sherbrooke Walker und seine Frau Betty gebaut haben.

Als sie 1925 nach Nyeri kamen, wurden sie auf einem Pfad am Chania-Fluß zu einem Flecken mit kahlen Sträuchern vor dem Hintergrund des Mount Kenya geführt. Oberhalb lagen die Aberdares, und im Norden fiel das Land zu der reichlich mit Farn bewachsenen Schlucht ab, in der der Chania über Felsen brodelte. Sie konnten ihr Glück kaum fassen. „Je länger wir uns das ansahen, um so stärker hatten wir das Gefühl, genau dies sei der Platz für unser Hotel." Ein Klubhaus mit einem Dach aus Zedernrinde und die Golfbahn existierten bereits, und das Land der Umgebung war gerade im Umbruch begriffen: Überall entstanden Kaffeepflanzungen, Ackerland und Sägemühlen.

Sherbrooke Walker kaufte rund dreißig Hektar von der Kolonialregierung und begann mit dem Bau des Hotels: vier Schlafzimmer mit fließend Wasser, das vom Chania heraufgepumpt wurde. Sie setzten eine Flasche Champagner als Preis für denjenigen aus, der den besten Namen finden würde, und ihr Nachbar Grace Barry, ein Sägemühlenbesitzer, schlug ›Outspan‹ vor: „der Ort, wo der Reisende am Ende der Tagesreise den müden Ochsen ausspannt".

Ein Hotel gab es bereits in Nyeri, das ›White Rhino‹, das von einem Aristokratentrio begründet wurde: Berkeley Cole, Lord Cranworth und Sandy Herd. Beide Hotels existieren noch heute, das ›Outspan‹ wurde im Laufe der Jahre zu einem hübschen Komplex ausgebaut. Sherbrooke Walker hatte dem Begründer der Pfadfinder-Weltbewegung, Lord Baden-Powell, als Pfadfinder-Bevollmächtigter und Privatsekretär gedient. Als dieser 1935 seinen alten Adjutanten besuchte, verliebte er sich in „die wundervolle Aussicht über die Ebene bis hin zu den klar erkennbaren Schneegipfeln des Mount Kenya".

Zwei Jahre später zog sich Baden-Powell – als ihm sein Arzt in England völlige Entspannung verordnet hatte – in ein Häuschen auf dem Hotelboden zurück, das für ihn und seine Frau Olave gebaut wurde. Sein Haus in Britannien hatte er ›Pax‹ (Frieden) genannt, entsprechend bekam sein

Meru-Tänzer. Das millionenstarke Volk der Meru, das den Kikuju nahe verwandt ist, betreibt an den Nordosthängen des Mount Kenya Landbau.

Matriarchin der Kikuju. Die größte der Gemeinschaften Kenias, das vier Millionen Menschen zählende Volk der Kikuju, besteht aus neun Clans. Nach der Volksüberlieferung sollen sie von den neun Töchtern Mumbis abstammen, der Stammmutter aller Kikuju.

neuer Wohnsitz den Namen ›Paxtu‹, ein Wortspiel in einer Mischung aus Latein und Suaheli.

Als Baden-Powell am 8. Januar 1941 starb, wurde er auf dem Friedhof von Nyeri beerdigt. Seitdem sind sein Grab und sein damaliges Wohnhaus eine Pilgerstätte für Pfadfinder aus aller Welt. 1973 hielt die Pfadfinderbewegung in Kenia ihre 24. Weltkonferenz ab, und 1987 fand die 26. Konferenz wiederum in Kenia statt. Bei beiden Gelegenheiten ehrten die Teilnehmer ihren Gründungsvater an der Grabstätte.

Das berühmte ›Treetops‹ geht auf Sherbrooke Walkers zurück. Betty wollte ein Baumhaus nach dem Vorbild in *Peter Pan* von J. M. Barrie. Die ersten Besucher übernachteten hier im November 1932 – in einem Zwei-Zimmer-Haus, das in bedenklicher Art in einem Feigenbaum thronte. Als Prinzessin Elisabeth zwanzig Jahre später die Leiter zum Baumhotel bestieg, gab es vor ihr bereits eine lange Liste fürstlicher und prominenter Gäste – Zar Ferdinand von Bulgarien, der Herzog und die Herzogin von Gloucester, das Ehepaar Chamberlain und Graf Mountbatten waren darunter. Damals umfaßte das Hotel bereits vier Räume, doch wurde es 1954 von den Mau-Mau in Brand gesteckt. Im Jahre 1957 wurde gegenüber dem ursprünglichen Feigenbaum der Neubau fertiggestellt: „mit sieben Waschbecken und WCs". Inzwischen wurde das Hotel, das sich in einem Ausläufer des Aberdares-Nationalparks befindet, erheblich erweitert, achtzig Gäste können hier jetzt unterkommen. Es ist ein unvergeßliches Erlebnis, wenn bei zunehmender Dunkelheit die Salzlecke und das Wasserloch unten in Flutlicht getaucht werden und die Elefanten allmählich heranziehen, um ihren Durst zu stillen. Für viele ist es das Kenia-Erlebnis!

Das ›Treetops‹ bleibt einmalig. Es bekam die königliche Auszeichnung, als Königin Elisabeth im November 1983 noch einmal an den Ort kam, an dem sie Königin wurde. Obwohl Nyeri und Kiganjo nicht weit entfernt liegen, ist hier noch das authentische, wilde Afrika. Ein tiefer Graben bildet an diesem Ausläufer des Schutzgebietes die Grenze zu den Kaffeefarmen und kleinen Ländereien der Umgebung – als Schutz für die Elefanten und vor den Menschen. Vergleichbar sind nur das ›Ark‹, eine neuere Einrichtung weiter oben in den Aberdares, wo man manchmal den Bongo beobachten kann – die große, nachtlebende Waldantilope –, sowie die Mountain Lodge an den Hängen des Mount Kenya oberhalb von Kiganjo. Beide bieten erheblich mehr Platz und Komfort, können sich aber nicht des Vorzugs rühmen, daß eine Prinzessin dort Königin wurde.

An der Eisenbahnstrecke hinter Kiganjo über Naro Moru bis Nanyuki ist das Land auf beiden Seiten hoch, weit und schön: im Westen die Laikipia-Ebene, im Osten das weite Moorvorland des zweithöchsten kenianischen Berges. Die beiden Gipfel Mbatian und Nelion krönen einen der höchstgelegensten Nationalparks der Erde, der 704 qkm umfaßt und aus Wald, Moor, Fels und Eis besteht. Der Mount Kenya mit seinen vielen Graten, die sich wie Speichen eines Rades ausbreiten, liegt genau am Äquator. Der höchste Punkt liegt zwar siebzehn Kilometer südlich, doch durchschneidet der Äquator den Berg immerhin in einer Höhe von 3 353 Metern.

Der Kenia-Berg wird als vollkommenes Modell eines Gebirges am Äquator angesehen. Die Geographen des 19. Jahrhunderts wiesen die ersten Hinweise, es gebe Schnee am Äquator, als lächerlich zurück. Doch vierzig Jahre nach Krapfs erstem Bericht gab Thomson der Freude über seine Entdeckung geradezu poetischen Ausdruck. „Hinter einer schroffen, malerischen Senke in der Gebirgskette [den Aberdares] erhob sich ein blendend schneeweißer Gipfel mit funkelnden Facetten, die wie bei einem riesigen Diamanten von erhabener Schönheit glitzerten. Es wirkte wirklich wie das Bild eines großen Kristalls oder Zuckerhuts." Batian und Nelion sind die Reste eines gigantischen erodierten Kegels, der sich einst über dreitausend Meter in den Himmel erhob. Der Name aus der Kikuju-Sprache leitet sich von Kere Nyaga ab und bedeutet ›Weißer Berg‹.

Die ersten Europäer, die sich auf den Berg selbst wagten, waren Graf Samuel Teleki von Szek und Ludwig von Hohnel. Sie folgten bei ihren Reisen 1887 im wesentlichen Thomsons Pionierroute und entdeckten später den Turkanasee, den sie Rudolfsee nannten. Die beiden Österreicher erforschten die Moorgebiete etwa neunhundert Meter unterhalb der Gipfel. Zwölf Jahre später eroberte der große viktorianische Bergsteiger Sir Halford Mackinder den Gipfel, doch lag Kenia damals so fern, daß die Bedeutung dieses Erfolgs unterbewertet wurde. 1929 machte Eric Shipton, einer der ersten britischen Himalajaspezialisten, die zweite Gipfelbesteigung, von der man weiß.

Die merkwürdigste Besteigung aber wurde wohl von drei italienischen Kriegsgefangenen durchgeführt, die in den vierziger Jahren in Nanyuki interniert waren. Sie brachen aus dem Lager aus und stiegen ohne Ausrüstung auf den Berg; das einzige, was sie bei sich hatten, war das Etikett einer Fleischkonservendose, das sie als Karte benutzten.

Der Hunger und das Bergwetter bezwangen die Flüchtlinge. Aber ihr Versagen machte ihren späteren Bericht in dem Buch *No Picnic on Mount Kenya* viel spannender, als er bei Erfolg geworden wäre.

Nach ihrer Erkundigung kehrten sie ruhig in das Lager zurück, um ihre Gefangenschaft fortzusetzen. 1987 begann ein wichtiger Filmmacher aus Hollywood, in Kenia einen Dokumentarfilm nach dem Buch zu drehen.

Das Haupttor des Parks erreicht man, indem man Bahnlinie und Hauptstraße überquert und einem Weg von Naro Moru aus folgt, einer verschlafenen Bauernsiedlung mit einer Angel- und Bergsteigerlodge am Ufer des Forellenbachs, nach dem das Dorf benannt ist. Die unbefestigte Straße zum Naro-Moru-Tor steigt zunächst langsam an, führt durch Weideland und kleine Felder, durchschneidet dann ein Waldreservat und klettert schließlich auf dem letzten Stück vor dem Tor steil nach oben. Das Tor wurde in rund 2450 Meter Höhe auf einem Kamm errichtet, von dem aus auf beiden Seiten tiefe Täler zu dem feuchten Bambusgürtel hinabführen: Die Wildtiere ziehen dort auf morastigen Pfaden durch den üppigen Pflanzenwuchs.

Am Sattel des Kamms bilden alte Baumriesen ein schattiges Laubdach, die Luft ist merkbar kühler. Schöne, schwarzweiße Guereza-Affen springen von Ast zu Ast, während unter ihnen mürrisch dreinblickende, angriffslustige Büffel durch das Dickicht schieben. Die Bewegungen eines Guerezas wirken ausgesprochen anmutig. Wenn sie in der obersten Waldebene springen, Fell und Schwanz wie einen wehenden Mantel ausgebreitet, scheinen sie zu gleiten. Von der Seite aber sehen sie so dickbäuchig aus, daß man sich an eine Dickens-Karikatur erinnert fühlt.

Die Guerezas unterscheiden sich von den meisten Affen in zweierlei Hinsicht: Sie besitzen vier Finger, aber keinen Daumen, und sie verbringen wirklich ihr ganzes Leben in den Bäumen. Ganz selten kommen sie auf den Boden. Nur wenige Tiere können sich beim Klettern oder Springen mit ihnen messen – ihre Sprungweite beträgt bis zu dreißig Meter. Auch sind sie, verglichen mit anderen Affen, ausgesprochen schweigsam, manchmal geben sie stundenlang keinen Laut von sich. Ihr Fell war eine Zeitlang sehr begehrt – auch heute noch wird es von den Seniorältesten der Kikuju als Zeichen der Würde getragen – und brachte sie an den Rand der Ausrottung.

Jenseits des Waldes in rund 3000 Meter Höhe endet die Straße an der Met-Station, dem Ausgangspunkt für Moorwanderungen und Klettertouren. Ein derart rascher Aufstieg in erhebliche Höhen hat für Flachlandbesucher seine Risiken. Der größte Teil des Nationalparks liegt über der 11500-Fuß-Linie (3505 m), und Bergwanderer bewegen sich in der Regel zwischen 12000 und 14000 Fuß (3658 bis 4267 m). Bergsteiger klettern sogar noch höher hinauf – oft innerhalb von Stunden. Bei ungenügender

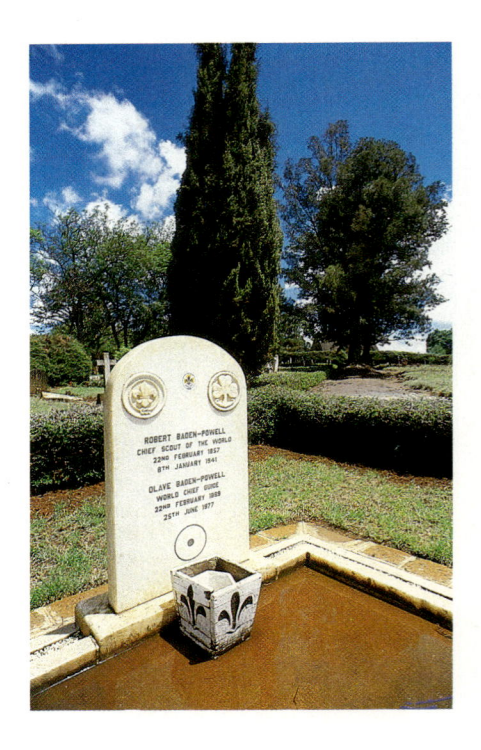

Eine Gedenkstätte für Pfadfinder aus der ganzen Welt: das Grab Baden-Powells auf Nyeris Friedhof von St. Peter.

Britanniens Königin Elisabeth II. besucht noch einmal die historisch bedeutsame Stelle: Nach einer Nacht im ›Treetops‹ 1952 wurde ihr am Morgen die Nachricht vom Tod ihres Vaters König George VI. überbracht – damit war sie über Nacht Königin geworden.

Gewöhnung besteht die Gefahr der Lungen- und Hirnödeme. In der verdünnten Luft bekommen die roten Blutkörperchen nicht genügend Sauerstoff (bei Gewöhnung erhöht sich zum Ausgleich ihre Zahl), so daß Symptome auftreten wie Atemnot, Schwindel, Orientierungslosigkeit, verlangsamtes Sprechen, die rasche Gegenmaßnahmen erfordern..

Es mutet seltsam an, daß gerade dieser Teil der Erde, der der Sonne so nahe ist, auch zu den kältesten gehört. Doch die Sonnenstrahlen wärmen da am meisten, wo die Luft am dicksten ist: Sie bringen die unsichtbaren Teilchen (Atome, Moleküle) der Atmosphäre in Bewegung, so daß sie öfter zusammenstoßen und mehr Wärme erzeugen. Wo die Luft dünner ist, gibt es weniger Teilchen – die Zusammenstöße, durch die Wärme entsteht, sind weniger häufig. In der Nacht ist es auf dem Mount Kenya bitter kalt – und selbst am Tage können durch Wolken, die die Sonne verdecken, in den Mooren und auf den eisigen Gipfeln starke Temperatursprünge entstehen.

In den extremen Höhen gibt es wenig Pflanzenwuchs – nur einige Flechten überziehen die Felsflächen. In den Hochtälern aber gedeihen einige der herrlichsten Bergpflanzen der Welt: Der ›Wasserspeicher-Kohl‹ oder die ›Straußenfederpflanze‹ sind in Wirklichkeit Riesen-Kreuzkräuter – die Mutation einer kleinen Bergpflanze, die hier, in den Aberdares, auf dem Mount Elgon und dem Cherangis bis in erstaunliche Höhen wächst. Wenn die Blätter absterben, bleiben sie an der Pflanze und schützen sie wie ein Mantel vor der Kälte.

Die Lobelien werden sogar noch höher als die 6 m hohen Kreuzkräuter – sie erreichen acht Meter; ihre behaarten, grauen Blätter sind zeitweise mit winzigen blauen Blüten gesprenkelt. Sie sehen aus wie seltsame Pelzriesen, aber durch die starke ›Verpackung‹ werden Frostschäden während der Nacht verhindert. Andere Pflanzen wachsen dicht am Boden in einer großen Rosette, die sich mit Wasser füllt. In der Nacht friert das Eis, die Kälte dringt aber nicht weiter vor, die zentrale Knospe wird geschützt.

Die Pflanzen kennzeichnen die Grenze für tierisches Leben. Die einzigen ständigen Bewohner dieser Höhen sind die Klippschliefer, entfernte Verwandte des Elefanten, die nicht größer als ein Kaninchen sind und auf den ersten Blick wie ein Meerschweinchen aussehen. Sie ernähren sich von den Lobelienblättern. Die Klippschliefer sind an den steinigen Grund angepaßt (ihre Entsprechung in den Steppen sind die Busch- oder Steppenschliefer); es ist erstaunlich, wie behend sie sich auf den steilen Felsbrocken bewegen. Ihre Fußsohlen besitzen halbelastische, gummiartige Polster, die den Halt auf stark geneigten Flächen erleichtern.

Die Moorgebiete bei rund 3 000 Meter Höhe beginnen mit einer Heidezone aus *Erica arborea*, einem seltsam geformten Busch, der oft groß wie ein Baum wird und mit Moos und Flechten bedeckt ist. Danach folgen Grasbulten und in großer Menge die nie verwelkenden Strohblumen, Gladiolen, Rittersporn und Fackellilien – also ein recht ungewöhnliches Pflanzenspektrum. Büffel und Elefanten durchstreifen manchmal die Moorgebiete, der Löwe kommt ständig vor, und Elenantilopen und Zebras wurden gelegentlich in rund 14 000 Fuß (4 267 m) Höhe am Grund der Gipfel gesehen. 1929, im Jahr der Besteigung durch Shipton, wurde die Carr-Straße vom Meru-Tor aus zur höchsten Autostraße Afrikas, als ein Ford T auf über 14 000 Fuß kletterte.

Die Felsspitzen des Mount Kenya sind von mehr als dreißig wie Edelsteine funkelnden Seen umgeben; Curling Pond unter dem Lewis-Gletscher und der Michaelson-See gehören dazu. An einem dieser Seen wurde die wohl höchste Unterwasserforschung durchgeführt, die jemals auf unserer Erde stattfand; einige Tauchfans brachten ihre Atemgeräte bis nach oben und tauchten bis zum Grund des Gewässers.

Berühmt aber ist Kirinyaga vor allem für die Klettermöglichkeiten auf den Klippen und Felswänden. Viele halten die Herausforderung für genauso groß wie im Himalaja – Schluchten, Eiswände, Nebengipfel, Simse, Schneewächten und nackte, steile Felswände erfordern höchste Fertigkeiten. Die Sonne kann den Schnee leicht zum Schmelzen bringen. Innerhalb von Stunden kann aus festem Eis oder Schnee eine tückische Schneematschfläche geworden sein.

Aus diesen Gründen klettert man hier als Bergsteiger am besten in den beiden Trockenzeiten – Januar bis März und Juli bis Anfang Oktober. Der Grat zwischen Batian und Nelion, mehr als 5 100 Meter hoch, wird als ›Gates of Mist‹ (Nebeltore) bezeichnet. Am frühen Morgen sieht man hier die große Savannenebene Kenias sich bis in die Ferne erstrecken. Während die Sonne die umgebende Atmosphäre zu erwärmen beginnt, bildet sich langsam in der kühlen Luft ein Nebelfinger; er wird zunehmend länger, verstärkt von der Brise, die über den Grat streicht. Innerhalb von Minuten ist die Aussicht ausgelöscht und die Kälte schneidend geworden. Jetzt verstärkt sich der Wind und spielt auf der Orgel der Felswände Klänge, die von einem Mythos zu singen scheinen, der älter ist als die Menschheit.

Die Eisenbahnstrecke endete 1930 unterhalb der Nordwestwand des Mount Kenya bei Nanyuki. Der Bauernort wurde bekannt, als sich hier William Holden seine afrikanische Heimat mit dem vornehmen Mount Kenya Safari Club schuf – fast 40 ha mit makellos gestalteten Gärten und üppigen tropischen Blumen vor dem Hintergrund des Mount Kenya. Der Klub, der mit einer Golfbahn und einem beheizten Schwimmbad ausgestattet war, galt in Holdens Tagen als exklusivster Klub der Welt; Winston Churchill gehörte zu den Gründungsmitgliedern. Von Holdens Hollywood-Freunden wurde er als Schlupfwinkel nach dem Motto ›weg von allem‹ benutzt. Nach seinem Tod wurde der Klub von Adnan Kashoggi gekauft, der ihn später an den Riesenkonzern Lohnro verkaufte.

Das Andenken an Holden aber wird vor allem durch das ›William Holden Wildlife Education Centre‹ direkt neben dem Klubgelände geehrt, das von Amerikanern begründet wurde, z. B. Präsident Ronald Reagan.

Es wird von dem früheren Partner Don Hunt verwaltet, der auch die Mount Kenya Game Ranch betreibt, die er und Bill aufgebaut haben, zusammen mit dem Filmstar Stefanie Powers, die Holdens Liebe zu Kenia und seinen Tieren teilte.

Obwohl Vermessungen stattfanden, wurden Pläne, die Eisenbahn bis Meru am Osthang des Mount Kenya zu verlängern, niemals verwirklicht. Trotzdem gehört diese quirlige Stadt zu denjenigen mit dem raschesten Wachstum in Kenia; man erreicht sie auf der kreisförmigen Straße von Nanyuki über Timau.

Früher war Meru wegen der schlechten Straße stark isoliert, 1983 aber bauten britische Ingenieure von Embu aus eine neue, glatte Überlandstraße; schwindelerregende Schluchten mußten mit Viadukten überbrückt werden. Damit wurde die Kreisstrecke um den Berg vervollständigt.

Hoch über der Stadt an den Berghängen befinden sich Wälder und Seen, die dem Meru-Stamm heilig sind, der mit den Embu und Kikuju nahe verwandt ist. Unterhalb des Ortes erstrecken sich üppige Ländereien mit hoher Produktivität. Eine Abzweigung des Highway führt zum Meru-Nationalpark, der zu den schönsten in Kenia zählt, mit einer bemerkenswerten Vielfalt an Lebensräumen und reichen Elefanten- und Löwenbeständen. An der vornehmen Meru-Mulika-Lodge im Rundhüttenstil scheint der Garten Eden seine ganze Fülle bieten zu wollen: Löwen auf der Pirsch nach Beute, Giraffen im Paßgang; in den Bäumen, am Himmel Myriaden von Vögeln in den herrlichsten Blau-, Rot-, Gelb- und Pastelltönen auf der Suche nach Bienen, anderen Insekten und Nektar.

Dies ist die Gegend, wo George und Joy Adamson versucht haben, den Löwen Boy, den Sohn von Elsa, in die Wildnis zu entlassen. Hier trainierte Joy auch den Geparden Pippah für die Rückkehr in die Wildnis. Pippahs Tod ist durch einen einfachen Steinhaufen im Wald der Schlucht markiert. Hier sprudelt und donnert der Tana über die Adamson-Fälle, der letzte große Wasserfall, die letzten Kaskaden, bevor der Fluß auf seiner Reise zum Indischen Ozean breit und ruhig dahinströmt.

Einige Kilometer flußabwärts lebt, inzwischen verwitwet, der achtzigjährige George im unberührten Kora-Nationalreservat, einem Ort mit faszinierender Wildnis für alle, die ihn besuchen. Anfang der achtziger Jahre hatte eine britische Forschungsexpedition ihr Lager in der Nähe von dem des Schriftstellers aufgeschlagen und wissenschaftlich zu erfassen versucht, was diesen Ort so faszinierend macht.

Der in Aussehen und Charakter selber löwenähnliche George genießt seinen isolierten Schlupfwinkel weit fort von dem hektischen Getriebe des 20. Jahrhunderts – ein gütiger und lebhafter alter Mann, der zwanzig Jahre jünger wirkt. Er lebte bis zu dessen Tod 1986 mit seinem Bruder Terence zusammen sowie mit einem jüngeren Schüler, Tony Fitzjohn.

Wie es bei unseren Vorvätern üblich war, hat George Adamson mit seiner großen Silbermähne und dem zottigen Bart den größten Teil seines Lebens in enger Verbindung mit der Wildnis und ihren Geschöpfen verbracht, und er schätzt die Erfahrungen, die er dabei gewonnen hat, höher ein als jedes materielle Gut. Da draußen an seinem Rückzugsort im immer noch wilden Afrika, weit entfernt von den Stadtstraßen und Menschenmassen der westlichen Zivilisation, hat George etwas gefunden, was nur schwer in Worte zu fassen ist, was von Millionen insgeheim gesucht wird, ihnen aber verwehrt bleibt – ein Gefühl des gelassenen Friedens und der Verbundenheit mit der lebenden Natur. Vielleicht hat er in diesem zauberhaften Land, in diesem Garten Eden, wo unsere Vorfahren sich vor langer Zeit von ihren Wurzeln losrissen, den wirklichen Sinn des Lebens gefunden.

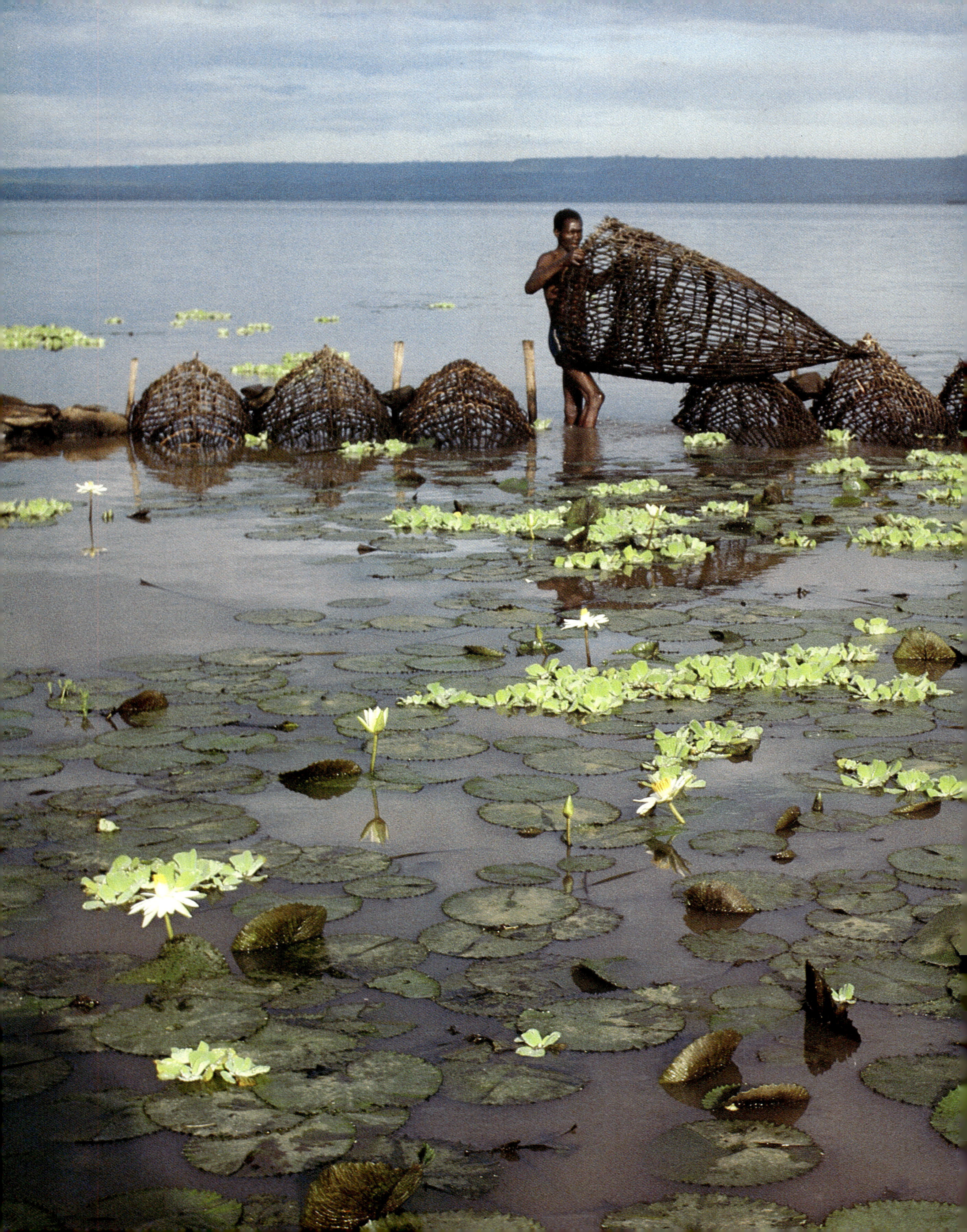

Wo Milch und Honig fließen...

Am Nakurusee begann Preston sich nach Westen zu orientieren. Die Strecke der ersten Vermessung sollte durch die gewaltige Eldama-Schlucht, zur Uasin-Gishu-Ebene und von dort über den Äquator führen, doch entschied man sich später für den neuen, 160 Kilometer kürzeren Weg über das Mau Escarpment, das teilweise mehr als 3 000 Meter erreicht.

Um aber auf eine derartige Höhe zu kommen, mußten die Bautrupps erst einmal innerhalb von sechzig Kilometern etwa 900 Meter überwinden. Dabei kamen sie über fruchtbare Bergflanken, die für Landwirtschaft und Schafhaltung ideal waren; zunächst gelangten sie zu den hübschen Weiden um Njoro, wo Delamere sein erstes Gut errichtete – auch heute noch ein ansprechender Bauernort, der für den ausgezeichneten Käse bekannt ist.

Dann ging es weiter zu den Faltungen bei Elburgon, wo die Täler und Senken stark an eine ideale englische Landschaft erinnern; und nach Molo, wo ständig grünes Gras wächst und ein hölzernes Rundtheater an die kurze Anwesenheit europäischer Siedler erinnert. Sie haben hier am Highlands-Hotel die höchste Golfbahn des ganzen Commonwealth angelegt: in 2 591 Meter Höhe. Nichts belegt den Hang der Briten zur Nostalgie deutlicher als der halb in Holz gebaute, rustikale Hotelbau mit Kegelbahn (wie es sich gehört), die aus einem elisabethanischen Dorf des 15. Jahrhunderts versetzt worden sein könnte. Nur das knackende Kaminfeuer und die frische Nachtluft zeigen die Höhenlage an.

Schließlich kam die Bahnlinie wenige Kilometer hinter Molo an ihren höchsten Punkt (2 652 m), die Strecke durchschnitt dort große, alte Waldbestände und begann dann ihren langen Abstieg zur feuchten Nyanza-Ebene und an die Ufer des Victoriasees. Bis zum Gipfel aber mußten ganze siebenundzwanzig Viadukte gebaut werden.

Preston baute sie aus Holz, bis endlich Stahl aus den USA von der American Bridge Company eintraf. Mit erstaunlich schön gestaltetem Gitterwerk überspannen die Brückenbauwerke glitzernde Bäche oder Flüsse, tiefe Schluchten und sanfte Täler; die Schönheit des Landschaftsbildes wird durch sie nicht etwa gestört, sondern eher gesteigert. Die Luft ist hier im Mau-Hochland so sauber, daß die erste Farbschicht erst 1967 verwittert war und erneuert werden mußte!

Vom Gipfel aus fällt das Land sanft über 1 800 Meter bis zu den üppigen, feuchten Ufern des Victoriasees ab. Am ganzen Grat entlang waren die Landschaften und Klimaverhältnisse sanft und gemäßigt – ein idyllischer Gegenpol zu den Savannen und Wüsten vorher.

In ähnlich nostalgischem Denken wie in Molo wurde 1899 Londiani, die erste Station nach dem Mau-Land, zur künftigen Hauptstadt Britisch Ostafrikas erklärt (das damals Uganda umfaßte); Sir Harry Johnston, ein Sonderbeauftragter für Uganda, sprach sich dafür aus, nachdem er die friedlichen Wiesen und Wälder besucht hatte. Später stellte man aber fest, daß der Ort anfällig für Überschwemmungen war, und man wählte einen anderen in der Nähe von Molo. Aber auch bei diesem kam es nie dazu. Heute ist Londiani mit seinen langgestreckten Straßen und Holz-Stein-Häusern, den weiten Feldern und dem Gestrüpp eine schläfrige Landgemeinde mit nicht mehr als 4 000 Seelen, weit fort von der lärmenden Hektik Nairobis; die Luft ist so kühl und erfrischend wie Champagner.

Als der Eisenbahnbau bis Londiani vorgedrungen war, fiel das zeitlich mit der ersten Welle der Voertrekkers nach Kenia zusammen, der südafrikanischen Europäer holländischer Abstammung. Ihr Ziel war die fruchtbare Gegend oben auf der Uasin-Gishu-Ebene jenseits des schroffen, unbezeichneten Landes. Um auf diesen oberen Teil des Grabenrandes zu kommen, mußten durch den dichten Wald Pfade gehauen werden, und es bestand dauernd die Gefahr, daß die Ochsenwagen – die ›outspans‹ – bei einem Sturzregen im Morast versanken. Die Stadt, die sie bauten: Eldoret, hieß jahrelang nur ›Sixty-Four‹ (46) nach der Entfernung von Londiani.

In den äquatorialen Hochlandwäldern Kenias blasen den ganzen Tag starke Winde. Die Gebirgsketten wirken durch die Schwingbewegungen der Baumriesen in einer Choreographie der rastlosen Stille wie lebendig. Die Zedern, Blaugummibäume, Koniferen, Oliven und Eichen, die den Mau-Kamm säumen, sind ein wogend bewegtes Meer. Sie stehen in 2 700 Meter Höhe mit Ausblick auf die üppige, fruchtbare Ebene von Kenias

Vorige Doppelseite: Ein Luo-Fischer legt im Victoriasee an einer Flußmündung seine Reusenkörbe aus. Dieser zweitgrößte Süßwassersee der Erde umfaßt 68 800 Quadratkilometer und hält einen großen Fischreichtum für die Luo und andere Gemeinschaften bereit.

Eine der vielen Höhlen in der moorigen Gebirgslandschaft des 4 321 Meter hohen Elgon-Berges. Die Elefanten kommen hierher, um nach Salz zu graben.

›Zuckerschale‹ um die Ufer des Victoriasees, eines der größten Süßwasserseen der Erde. Das ganze Land wird von einem Halbmond aus Bergen und Hügeln umrahmt und bildet ein riesiges Amphitheater, das in etlichen Stufen zum Victoriasee hin absteigt.

Kericho und Kisii liegen am Westhang des Mau; dahinter befinden sich, durch das Soit Olol Escarpment am Westrand des Masai Mara abgeriegelt, die tropischen Ebenen Südwestkenias. Die grünen Nandi-Hügel bilden eine Zentralsäule der Landschaft, und im Nordwesten erhebt sich das große Massiv des 4 321 m hohen Mount Elgon. Für den Flug des Schreiseeadlers sind es bloße 95 km vom Mau-Massiv bis zum See – eine kurze Reise der Zeit nach, aber wegen der gegensätzlichen Landschaften eine Reise durch viele verschiedene Welten. Es ist die am wenigsten besuchte, doch am stärksten besiedelte und produktivste Gegend Kenias, und sie könnte eine herausragende Touristenattraktion sein, wenn nicht die Korallenküsten und die wildreichen Savannen im Süden und Norden locken würden.

Wenige Binnenseen erreichen die Ausmaße des Victoriasees. Mit seinen 68 800 Quadratkilometern Fläche – woran Kenia nur einen Anteil von 3 785 Quadratkilometern hat – stellt er den zweitgrößten Süßwassersee der Welt und den drittgrößten aller Seen dar; nur vom Kaspischen Meer in Rußland und vom Oberen See in Nordamerika wird er übertroffen. Durch den Einfluß des Sees herrscht im Westteil Kenias ein einmaliges Klima mit oft triefend nasser Luftfeuchtigkeit. Das Wasser, das die Sonne verdunstet, steigt mit der kühlen Luft vom Norden an den Bergfestungen auf. Die Folge sind schwere und beständige Regenfälle.

Über dem westlichen Teil der Mau-Kette brauen sich fast das ganze Jahr über am Spätnachmittag Blitz und Donner zusammen, nachdem der Tag fast immer mit einem strahlend hellen, sonnigen Morgen begonnen hat. Eine dermaßen gleichmäßige Verteilung von Regen und Sonnenschein, verbunden mit den fetten Lehmböden, machen Kericho, Kisii und die Nandi-Hügel zu einem der vollkommensten Tee-Anbaugebiete der Welt. Der alte Pfad von Londiani, der Kericho nächstgelegenen Station, führte durch die dichten Waldgebiete der Ondiek-Gruppe, die als Jäger und Sammler lebt. Bald mußten die Baumriesen der Axt zum Opfer fallen, und an ihrer Stelle faßten die genügsamen Teesträucher Fuß.

1987 war Kerichos Hochebene mit ihren sanften Hügeln von einem Mantel aus leuchtendem Grün überzogen: Selbst in den zwanziger Jahren gesetzte Sträucher ergaben noch immer reichliche Ernten der kleinen, erfrischenden Blätter von höchster Qualität. Der Tee Kenias hat inzwischen denselben Ruf erlangt wie der Kaffee: als *crème de la crème* aller Teesorten. Bei den Auktionen in Mombasa werden Höchstpreise erzielt.

Zu den Ernten, die in den Plantagen um Limuru, Kericho und auf den Nadi-Hügeln gepflückt werden, kommen die Ergebnisse des Kleinbauernprogramms hinzu, das gleich nach der Unabhängigkeit 1963 in Gang gesetzt wurde. In den 80er Jahren war Kenia zum drittgrößten Teeproduzenten und zum zweitgrößten Exporteur geworden.

Sauber gepflegt, schaffen die Bögen, Rauten, Rechtecke und Dreiecke dieser Plantagen – durchschnitten von Fahrwegen – ein bestaunenswertes Panorama einer Natur, die vom menschlichen Sinn für Ordnung und Planung zurechtgestutzt wurde. Während naturbelassener Kaffee zu großen Höhen heranwächst und bald zu einem Dschungel wird, bleibt der Tee in Strauchgröße. Seine Tendenz, wirre, undurchdringliche Wuchsformen zu bilden, ist aber genauso groß, und deshalb sind ständige Wartung und

Farbenfrohe Fischerboote an den Ufern des Victoriasees. Obwohl nur ein Zehntel der Wasserfläche zu Kenia gehört, liefern die kenianischen Flüsse einen großen Teil der Wassermassen, die der Nil aufnimmt.

Mädchen der Kipsigis, die zur Gruppe der Kalenjin gehören. Sie trägt die Initiationskleidung aus geschwärzten Häuten.

fortwährender Schnitt erforderlich. Doch halten die Wurzeln den kostbaren Boden fest, und das dichte, grüne Laub fördert die Niederschläge genauso wie früher der Wald.

Wie es sich für die Tee-Hauptstadt des Landes gehört, zählt Kericho zu den ordentlichsten Städten Kenias; seine klar gegliederte Anlage widerspiegelt die geordnete Geometrie der Teeplantagen ringsum. Bei ihrem Abstieg vom Grabenrand südwestlich von Kericho steigt und fällt die Straße entsprechend den Bergformen und umfährt in großen Bögen die satten, üppigen Ländereien mit Zuckerrohr- und Maisfeldern und Bananenhainen: ein lebendiges, ländlich-idyllisches Gemälde, das eines großen Meisters würdig wäre.

Der Ort Kisii, Zentrum des Volkes der Gusii, breitet sich planlos an einer steilen Bergflanke aus – eine brodelnde, unternehmungslustige Stadt, in der Händler und Bauern durch rastlose Aktivitäten wetteifern.

Das Land, das die Gusii neben einer verwandten Bantugruppe bearbeiten – den Luhyia, die die niedrigeren Hänge der Nandi-Hügel besetzt halten –, ist ausgesprochen fruchtbar; genauso fruchtbar sind sie selbst: Die Gusii gelten als fruchtbarste Gemeinschaft Kenias, sie drohen alle bekannten Geburtenstatistiken zu sprengen. Mit 700 Menschen je Quadratkilometer zählt ihr Gebiet zu denen mit der höchsten Bevölkerungsdichte in Kenia. Ihre Geburtenrate ist die höchste der Welt, sie liegt deutlich über dem nationalen Durchschnitt von vier Prozent. Bei einer Volkszählung 1979 betrug die Bevölkerungszahl bereits eine Million, und bis 1987 waren die Zahlen dramatisch angestiegen.

Sie haben auch noch eine traurigere Statistik – der Preis für die hochqualitativen Ernten, die das Land hergibt. Keine Gegend Afrikas hat so häufig unter Gewittern zu leiden wie diese scheinbar harmlosen Hügel. Unberechenbar fallen Bäume, Häuser, Schulen und Hofgebäude bei den Nachmittagsstürmen immer wieder einem Blitzschlag zum Opfer; und oft gehen Wellen der Furcht und des Mitleids durch das übrige Land, wenn – wie in den 80er Jahren – beispielsweise 20 Schulkinder getötet werden, weil ein Blitz in das Blechdach ihres Klassenraums einschlägt.

In den achtziger Jahren zählten die Gusii zu den fortschrittlichsten Gemeinschaften Kenias – bei gleichzeitigem Festhalten an Überlieferungen. Lange Zeit galten sie als künstlerischste Volksgruppe Kenias. Elkana Ongesas moderne Meisterwerke, aus dem rosa bis weißen Speckstein gemeißelt, der in diesen Hügeln abgebaut wird, schmücken den UNESCO-Sitz in Paris und Büros in Amerika. Die Steinbrüche befinden sich um das Dorf Tabaka – die ganze Welt bezieht von hier das hübsche, feine Material für Bildhauerarbeiten. Der weiße Stein ist am weichsten, der rosafarbene härter. Wohin man auch schaut, sind in dem Dorf Familien damit beschäftigt, den Rohstein in Schachfiguren, Eier und Schmuckstücke für Wohnungen und Büros zu verwandeln: Aschenbecher, Weingläser, Kerzenleuchter usw. Das alles wird an Verkäufer in Kenias Touristenzentren weitergegeben, wo die kleinen Arbeiten als Andenken gekauft werden.

Außerdem haben die Gusii seit Jahrhunderten mit geschickter Hand, ohne Ausbildung, wie die besten Chirurgen das Skalpell geführt. Ihre Medizinmänner nehmen feinste Trepanationen (Schädelöffnungen) vor, um bei Kopfschmerzen und Geisteskrankheiten Erleichterung zu verschaffen. Sie gehen dabei so geschickt vor, daß in medizinischen Fachzeitschriften und in einer Fernsehdokumentation darüber berichtet wurde.

Die sechstgrößte Volksgruppe des Landes ist von altersher in viele Clans aufgeteilt, die halb unabhängige Gemeinschaften bilden. Das Familienoberhaupt schlichtete kleinere Fälle, die die Gemeinschaft betrafen; als äußerstes Zeichen der Mißbilligung sprach es kräftige Verwünschungen aus. Ernstere Verfehlungen kamen vor einen Ältestenrat. Gleich nach dem Bau der Eisenbahn geriet diese überlieferte demokratische Rechtspraxis von mehreren Seiten unter Druck.

Im Jahre 1905 hatten die europäischen Beamten und Siedler mit ihren fremdartigen Vorstellungen von ›law and order‹ die Gemeinschaft in Zorn versetzt. Sie leisteten Widerstand gegen die imperiale Macht; ihre Armee aus Speerträgern wurde – ähnlich wie die heldenhaften Indianer Nordamerikas – von den rotierenden Rohren einer einzigen Revolverkanone zu Hunderten niedergemäht. 1908 wurden die Massaker noch verstärkt, weil ein britischer Beamter mit einem Speer getötet worden war: Die Gusii flohen und wurden erbarmungslos niedergemetzelt. Dörfer und Felder wurden zerstört; nicht einer wurde von den Briten geschont. Churchill, der gerade von seiner Afrikareise zurückkam, war entsetzt. Er stellte von Whitehall aus telegrafisch die Frage, ob es nötig sei, wehrlose Menschen ›in solch riesigem Ausmaß‹ zu töten. Nur Reste der Gusii-Gemeinschaft blieben übrig – dennoch ist im Jahre 1987 keine Bitterkeit zu spüren. Die Gusii gehören heute wohl zu den freundlichsten in einem Land, in dem Fremde und Gäste von allen Gemeinschaften gleichermaßen mit Freundschaft und Gastlichkeit empfangen werden.

Nicht weit von der Stadt, an der Straße nach Kisumu, fällt eine steile Grabenwand über 300 m in die Tiefe und gewährt einen atemberaubenden Ausblick auf den Victoriasee. Südlich von Kisii befinden sich einige der interessantesten, aber am wenigsten besuchten Landschaften und Kulturen Kenias. Wer das Abenteuer liebt, wählt die gewundene Straße südöstlich bis Kilkoris und kann von da aus auf der oft unpassierbaren unbefestigten Straße über das Soit Olol Escarpment ins Masai-Mara-Gebiet fahren. Die meisten bleiben aber auf der Hauptstraße durch Migori zur tansanischen Grenze oder biegen auf die staubigen Wege ab, die an die entlegenen, unverdorbenen Strände und Fischerdörfer des Victoriasees führen.

In den hohen Hügeln über dem See lebt die Gemeinschaft der Kuria, die seit undenklichen Zeiten das Leben mit Gesang und Tanz gefeiert hat. Bei ihrem alten Volkstanz werden die Männer mit seltsamen – bis 18 cm dicken – Holzklötzen beschwert und tanzen gemeinsam zu den Rhythmen der Trommeln gegenüber einer Gruppe von sich wiegenden Mädchen mit Grasrock und nacktem Busen.

Die Kuria setzen sich aus siebzehn Clans zusammen. Ihre Ursprünge führen sie auf die Gusii und Abagumba zurück. Ihr Land wurde, wie so viele, während der Kolonialzeiten von uninteressierten Bürokraten in Europa aufgeteilt; sie teilten Afrika wie einen Brotlaib auf – eine Scheibe für die Briten, eine Scheibe für die Deutschen usw. –, und deshalb leben rund 100 000 Kuria in Tansania, wenn auch die Mehrheit in Kenia lebt.

Oft findet die Auswahl künftiger Brautpaare bereits im Säuglingsalter statt – für den Bräutigam bedeutet das eine sehr lange Wartezeit; manchmal dauert es mehr als zwei Jahrzehnte, bis er mit verwickelten Zeremonien seiner Braut schließlich vermählt wird.

Das nahe verwandte Fischervolk der Suba lebt unterhalb der Kuria-Hügel an den Ufern und auf den Inseln des Victoriasees, von Tansania im

Ein Junge der Bok nach der Beschneidung. Er gehört zu einer Gruppe der Kalenjin, die als Sabaot zusammengefaßt wird und an den Hängen des Elgon-Berges lebt.

Farbenprächtiger Luo-Tänzer. Die ursprünglich Ackerbau betreibende nilotische Gemeinschaft wanderte vor Jahrhunderten am Nil entlang südwärts, ließ sich am Victoriasee nieder und stellte sich rasch auf Fischfang um.

Süden bis zur Homa-Bucht im Norden. Die Suba sind als grausame Flußpferdjäger bekannt.

Als die Eisenbahnstrecke bis Kisumu durchgeführt wurde, das am Seeufer weiter nördlich liegt, kamen auch jene entlegenen Dörfer und Gemeinschaften in die Reichweite der britischen Verwaltung, obwohl sie nicht direkt an der Bahnlinie liegen. Kehancha an der weit geschwungenen Karungu-Bucht ist eine der Perlen jener Gegend.

Schon bevor die Eisenbahn den See erreichte, hatte man begonnen, mit Booten die Küstenlinie zu erkunden. Trotz Feuchtigkeit und Malariagefahr ist das in Kenia liegende Südufer eine faszinierende Mischung aus aufragenden Hängen, großen Halbinseln und Inseln. Die Kenia-Eisenbahngesellschaft betreibt eine regelmäßige Dampferlinie am ganzen Ufer; die Tage, an denen man eine siebentägige Luxus-Kreuzfahrt um den ganzen See unternehmen konnte – 1 134 m über dem Meeresspiegel –, sind allerdings längst vorbei. Die Großartigkeit dieser Küstenlinie aber ist geblieben; man kann sie von Deck der kleinen Fahrgastschiffe aus wahrnehmen, die auf dieser vielbenutzten Wasserfläche fahren.

Von der Mungeri-Bucht aus erheben sich die insgesamt 2 271 Meter hohen Gwasi-Berge noch rund 1 200 Meter. Dieser höchste Punkt der Gegend bildet die westliche Grenze des wenig bekannten Lambwe-Tal-Nationalreservats, das im Norden von den vulkanischen Erhebungen der Ruri-Berge begrenzt wird und im Nordwesten von den Gembe-Bergen. Die östliche Grenze bildet das Kanyamuia Escarpment. Das Lambwe-Reservat ist eines der am wenigsten entwickelten und natürlichsten unter Kenias Wildschutzgebieten. Ein Nachteil sind die ständige Hitze und das reichliche Vorkommen von Tsetsefliegen. Dennoch gedeiht hier ein großartiger natürlicher Tierbestand: Bleichböckchen (Oribis), die seltenen Jackson-Kuhantilopen und eine Herde der Pferdeantilopen leben hier beispielsweise. Die letztgenannte Antilope gehört zu den anmutigsten.

Für viele ist der Leopard die schönste Katze in Kenia. Sie ist um einiges kleiner als der Löwe; ihr sandfarbenes Fell ist mit feinen dunklen Rosetten gemustert. Leoparden sind vorwiegend nachtaktiv und sind ursprünglich selten am Tage zu beobachten (im Mara- und im Amboselischutzgebiet hat sich das inzwischen geändert), während sie in den Zweigen einer schattigen Akazie ruhen. Als hervorragende Jäger ziehen sie es vor, die Beute ohne Pirsch zu töten; lieber springen sie aus dem Hinterhalt (meist von einem Baum aus) das Opfer an und packen es an der Kehle oder am Nacken. Von ihrem Riß zehren sie längere Zeit. Was sie nicht gleich fressen können, schleifen sie in einen Baum außer Reichweite der Aasfresser. Dadurch können sie die Beute wirklich allein nutzen, selbst wenn sie am Schluß bereits in Verwesung übergeht. Der Leopard hat ein ähnliches Lautrepertoire wie der Löwe, doch klingt sein Gebrüll eher wie eine Baumsäge. Im unberührten Lambwe-Tal kann man es öfter hören, und gelegentlich bricht ein einzelnes Tier aus und plündert die Shambas in der Nähe.

In der dichtbevölkerten, unordentlichen Stadt Homa Bay mit ihren holprigen Straßen und dem einsamen Schiffsanleger fürchtet man sich nicht vor dem Leoparden, sondern vor den Krokodilen des Victoriasees, die immer wieder einmal den Strand verlassen und in die Stadt kommen – zum Entsetzen der Bewohner, die ihrem Alltagsgeschäft nachgehen. Im Widerspruch zu dem ungepflegten Stadtbild ist Homa Bay Verwaltungszentrum der großen Provinz Nyanza.

Nehmen Sie den Dampfer von Homa-Bucht und fahren Sie durch die Mbita-Passage am Hals des Kavirondo-Golfs – das ist der lange Seitenarm, der sich bis Kisumu erstreckt – zwischen dem Festland und der Insel Rusinga hindurch. Die Insel ist der Geburtsort von Tom Mboya, der in Nairobi in den 60er Jahren brutal ermordet wurde.

Mboya war einer der Gründungsväter Kenias und einer der herausragenden und vielversprechendsten Politiker der ersten Generation nach der Unabhängigkeit. Er liegt hier an einem windumwehten, felsigen Ufer in einem schönen Mausoleum begraben, in dem auch Erinnerungsstücke an sein Leben ausgestellt sind. Die Grabinschrift soll das Vorbild dieses großen Mannes herausstellen:

Go and fight like this man fought
Who fought for mankinds cause
Who died because he fought
Whose battles are still unwon.

(Sinngemäße Übersetzung: Kämpfe, wie dieser Mann gekämpft hat, der immer für die Menschlichkeit kämpfte; der starb, weil er kämpfte; dessen Schlachten noch immer nicht gewonnen sind.)

Es ist durchaus möglich, daß der Mensch, für den er sich Zeit seines Lebens eingesetzt hat, hier auf der Insel Rusinga seinen Anfang nahm. Mary Leakey, die Stammutter jener Familie unbeirrbarer Fossiliensucher, entdeckte hier den Schädel von *Proconsul africanus*, eines ursprünglichen menschenähnlichen Affen, der vor drei Millionen Jahren an dieser Stelle gelebt haben muß. Der früheste Fossilrest, den man auf dieser staubigen, bleichen, erodierten Insel fand, ist sogar siebzehn Millionen Jahre alt.

Die benachbarte Insel Mfangano ist fruchtbarer und weniger besucht. Sie wird von einer Drei-Mann-Polizeitruppe und von den örtlichen Häuptlingen beherrscht und beherbergt auch ein vorgeschichtliches Zentrum mit einigen alten Felszeichnungen. Die Inselbewohner wenden ihre eigene Form prähistorischer Fischereikunst an: Sie werfen nach Sonnenuntergang Petroleumlampen am Seil vom Strand aus ins Wasser und ziehen sie langsam an Land. Auf diese Art bekommen sie eine Süßwasserkrebsart in die Netze, die als Delikatesse beliebt ist.

Nördlich von Homa Bay erhebt sich der finstere Gipfel des Homa-Berges, an dessen Fuß Kalk für Kenias Bauindustrie und andere Zwecke abgebaut wird. Der 1751 Meter hohe Berg bildet den Mittelpunkt der großen, rundlichen Halbinsel. Oft entladen sich um seine Spitze heftige Gewitter – gezackte Blitze jagen durch die indigoblaue Nacht und spiegeln sich im windgepeitschten Wasser des Victoriasees.

Die Ausläufer des Homa-Berges bilden das Südufer der Kendu-Bucht, wo ein hübsches, kleines Hafendorf mit dem entsprechenden Namen Kendu Bay liegt. Auf dem Wasser ziehen kleine Schlepper Kähne an der Uferlinie entlang; ihre Schornsteine schicken schwarze Rauchwolken in die stille Luft, die den plötzlichen Ausbruch eines Sturms anzeigt. Nur zwei Kilometer vom Ort entfernt gibt es den sehenswerten Kratersee Simbi, dessen smaragdgrünes Wasser Massen von Algen enthält. Auch ein großer Brutplatz der Pelikane befindet sich in der Nähe.

Von der Kendu-Bucht aus führt eine kurze, unbeschwerliche Reise über den Kavirondo-Golf bis nach Kisumu. Überall begegnet man den Fischerbooten der Luo mit ihren Lateinsegeln. Ihre kräftigen, hübsch geschmückten Kanus und Segelboote beleben das Bild des Victoriasees auf angenehme Weise; sie wurden von den Bootsbauern des Suba-Stammes in Handarbeit aus Mahagoni gefertigt. Mit ihrem dhau-ähnlichen Aussehen muß man sie als improvisierte Nachahmungen der Fahrzeuge ansehen, die die Eingeborenen im 19. Jahrhundert von arabischen Händlern kennenlernten. Heute werden sie teilweise von starken Außenbordmotoren angetrieben, aber das Geschick der Luo auf dem Wasser ist damit nicht geringer geworden. Eines der farbenprächtigsten Bilder der Seelandschaft ist die jährliche Regatta der Dorfbewohner: Die muskulösen Ruderer bewegen ihre Kanus mit dem hohen Bug rasch durchs Wasser; ihre Haut glänzt von den Spritzern; vom Bug verbreiten sich schäumende Wellen nach hinten – ein Bild, bei dem sich Anmut und Kraft zu paaren scheinen.

Das mehr als drei Millionen umfassende Volk der Luo bewohnt die Ufer des Victoriasees von Homa Bay im Süden bis Sio Port an der ugandischen Grenze im Norden. Außerdem sind sie im Binnenland bis auf das Nyando Escarpment und über die fruchtbaren Ebenen der westlichen Provinz und der Provinz Nyanza verbreitet. Viele sind in letzter Zeit in die verschiedensten Gegenden des Landes gewandert, um dort zu fischen, Landwirtschaft zu betreiben oder als Lehrer zu arbeiten. Die Luo vergleichen sich mit dem Wasser – überallhin fließen, um schließlich den eigenen Platz zu finden.

Früher waren die Luo Viehzüchter; das Fischen nahmen sie erst vor einigen Jahrhunderten auf, nachdem sie vom Sudan aus südwärts gewandert waren. Außer der Fischerei bauen sie auf kleinen Feldern Feldfrüchte für den Eigenverbrauch und Verkauf in kleinem Rahmen an, vor allem Zuckerrohr, und halten sich Milchviehherden einer plumpen, leistungsbetonten Rasse. Doch an erster Stelle sind sie heute Fischer, und als solche haben sie alle Süßwasserseen Kenias erschlossen – auch den Chala-See, das Juwel am Kilimandscharo, den Jipe-See und darüber hinaus auch den Indischen Ozean – bis hin zum alkalischen Turkanasee im äußersten Norden. An den Mündungen der Flüsse in den Victoriasee benutzen sie raffinierte Reusen. Die verwirrten Fische können zwar leicht in die irrgarten-ähnlichen Netze hineinschwimmen, finden aber nicht heraus.

Kisumu ist die zentrale Stadt des Luo-Landes. Hier lud Preston seinerzeit voller Stolz seine Frau ein, den letzten Hammerschlag an der letzten Schiene auszuführen, als die fünfeinhalbjährige Odyssee bis zum großen See am 20. Dezember 1901 endlich zu Ende ging. Die Endbaustelle wurde Port Florence genannte – nicht nach Florence Preston, sondern nach Florence Whitehouse, der Frau des Hauptmanagers und Chefingenieurs.

Jetzt war die Arbeit vollbracht. Die ›Lunatic Line‹ war vollendet. Aber erst 1903 – so lange brauchte man, um die vielen Viadukte auf den Mau-Höhen fertigzustellen – fuhr der erste Zug in den neuen Bahnhof ein. Die Spötter verstummten, wenn auch nicht lange.

Gerade diese ungeheure Bauleistung war es letztlich, die als Katalysator wirkte und Kenias mehr als vierzig verschiedenen ethnischen Gruppen zu einem homogenen Ganzen verschmolz und schließlich zur Geburt der Nation führte. Das wagemutige Unternehmen war auch der erste Schritt zu den großen Landwirtschaftsbetrieben Kenias und zu der großen Vielfalt an Aktivitäten, die sich mit den Stichworten Entwicklung, Wachstum und Handel beschreiben lassen und die Auskommen und Arbeitsplätze für Millionen geschaffen haben.

Mit einer Einwohnerzahl von fast einer halben Million zeugt Kenias drittgrößte Stadt von der ungebrochenen Dynamik dieser jungen Nation, und doch spürt man noch immer eine erstaunliche Gelassenheit im Schatten der Warenhäuser und Industriebetriebe, die nach der Unabhängigkeit entstanden. In den letzten Jahren hat der Zusammenbruch der ostafrikanischen Gemeinschaft Kisumus Wirtschaftswachstum verlangsamt, denn ausschlaggebend war immer seine Bedeutung als hauptsächlicher Binnenseehafen gewesen.

Die Endstation der Eisenbahn befindet sich auf der Landungsbrücke, wo bis 1977 Lokomotiven und Waggons auf die großen, schnellen Eisenbahnfähren verladen wurden, die damals noch die große Seefläche befuhren und Güter nach Uganda und Tansania beförderten. Große, weiße Gebäude beherrschen die Stadt; ihre Bewohner leiden unter der starken Feuchtigkeit rund um die Uhr – die eigentlich für Zentralafrika kennzeichnend ist, nicht für das kühle, windige Hochland Kenias. Die unerträgliche Hitze diktiert die lockere Lebensweise in Kisumu, wenn aber die Fußballasse von Kenias Oberliga – der Gor-Mahia-Klub – ein Spitzenspiel austragen, scheut man keine Mühe, weder die Spieler noch die Fans. Der Name des Vereins geht auf einen der mythischen Helden dieser Gegend zurück. Eher erholsame Sportausübung ermöglichen der Kisumu-Yachtklub und der Golfklub. Beim Golf gelten Flußpferde auf den Fairways als anerkanntes Hindernis.

Dreißig Jahre, nachdem Preston sein Pionierwerk beendet hatte, wurde die Bahnlinie weitergeführt: bei Maseno über den Äquator bis zur geschäftigen Marktstadt Butere, insgesamt eine Strecke von 65 Kilometern. West-

Diese Händler von der Kendu-Bucht folgen einer jahrhundertealten Tradition: Sie transportieren mit Eseln Viehsalz zum fruchtbaren Kisii-Hochland und tauschen es gegen Obst und Gemüse.

lich davon liegen die malariaträchtigen Ebenen und Sümpfe des Siaya-Bezirks der Provinz Nyanza, wo sich nur verstreut kleine Dörfer befinden, die durch Nebenstraßen verbunden sind.

Von einem dieser Orte an der Südseite des großen Yala-Sumpfes aus, kann man auf einen Berg steigen, der in der Geschichte der Luo als der Ort verehrt wird, an dem sie sich am Ende ihrer langen Wanderung in südliche Richtung zuerst niederließen. Es wundert einen nicht, daß sie hier blieben. Die Wärme umfängt wohlig den Körper, während man hier steht und auf den inselreichen See und die Lagune hinabschaut. Als die Siedler vor rund 500 Jahren hier ankamen, gerieten sie mit einer Bantu-Gruppe in Konflikt, die damals dort wohnte; sie konnten sie schließlich vertreiben.

An der Nordseite des Yala liegt Sio, das frühere Port Victoria. Die ersten Eisenbahnplaner hatten wohl die Vorstellung, die Strecke könnte eines Tages bis hierher geführt werden, aber dazu kam es nie. So dient das kleine, ungegliederte Dorf heute nur als Fährhafen für die Beförderung der Seebewohner nach Uganda mit dem Boot oder Einbaum.

Östlich von Butere erhebt sich das Nandi Escarpment, dessen südlicher Rand durch die sanften Falten der Nandi-Hügel bezeichnet wird. Hauptstadt dieses üppigen Landes mit Flammenbäumen und Teesträuchern ist der ländliche Ort Kapsabet in einer kühlen, erfrischenden Höhe von 1951 Metern. Die Nandis haben eine lange Tradition als Hirten; ihre Fähigkeiten bei der Rinderzucht sind offensichtlich: Ihre Herden bringen unter allen Bezirken des Landes am meisten Milch hervor. Könnte eine Landschaft paradiesischer sein? Hier gibt es Tee und Milch in großer Fülle, und nur wenige Kilometer entfernt, unten auf der Chemelil-Mumias-Ebene, wächst Kenias Zuckerrohr – die letzte Rekordernte lag bei 300 000 Tonnen. Kein Wunder, daß man diese westliche ›Zuckerschale‹ auch als Land voll Milch und Honig bezeichnet.

Der Gegensatz zwischen den beiden Landschaften, die nur durch die Höhen der Grabenschwelle getrennt sind, könnte nicht größer sein. Alles ist ruhig und friedlich in diesem ländlichen Zauberland. Man kann sich schwer vorstellen, daß die Nandi einmal genauso schrecklich und entschlossen waren wie die Massai. Von etwa 1895 bis 1905 erwarben sich die Nandi einen herausragenden militärischen Ruf durch ihren Korpsgeist und ihre strategische Kunst, die nur von den Massai und den Zulu Südafrikas übertroffen werden. Als 1932 die Strecke nach Butere gebaut wurde, gab es keine Schwierigkeiten mit den Nandi, während kaum drei Jahrzehnte vorher die listigen Krieger Preston und seinem Bautrupp stark zusetzten.

Immer wieder kamen sie von den Bergen herunter und stahlen Schienen, aus denen sie Waffen schmiedeten, und Telegrafendrähte, aus denen sie Kupferarmreife herstellten. Der trockene, gelehrte Sir Charles Eliot zeigte ein ungewöhnliches Verständnis für die Diebstähle: „Man kann sich vorstellen, wieviel Diebstähle an einer europäischen Eisenbahnlinie verübt werden würden, wenn die Telegrafendrähte aus Perlenketten und die Schienen aus erstklassigen Flinten bestehen würden, und es ist gar nicht überraschend, daß die Nandi der Versuchung unterlagen."

Die ›Lunatic Line‹ bedrohte nicht nur die Waldgebiete auf den Höhen, wo die Nandi lebten, hinzu kam, daß die Tagelöhner ihre jungen Frauen und Knaben verführten. Die Nandi reagierten mit rascher Vergeltung. Ihre Rebellion Ende November 1900 führte zur fatalen Konfrontation mit der Übermacht der britischen Truppen fünf Jahre später – ein weiterer Makel in der britischen Kolonialgeschichte von Kenia.

Der Vergeltungsakt der Briten 1905 war unerbittlich und unangemessen. Die Nandi hatten Fertigteile des ersten Bootes, das auf dem See fahren sollte, an sich genommen und dadurch den Stapellauf um viele Monate verzögert; sie wurden wie die Gusii zu Hunderten niedergemäht. Die britischen Truppen schickten eine Strafexpedition zu der Festung auf dem Gipfel, töteten rund ein Zehntel der Krieger, schleiften ganze Dörfer und raubten ihr Vieh. Ihr Hauptseher Koitalel (eine Entsprechung zum *laibon* der Massai) erreichte in Verhandlungen eine vorübergehende Waffenruhe, doch als er zu einem Treffen kam, um mit den Briten eine dauerhafte Friedenslösung auszuhandeln, wurde er heimtückisch ermordet – einer der beschämendsten Vorfälle in der Kolonialgeschichte.

Die Nandi haben in ihrer mündlichen Überlieferung einen ähnlichen Schöpfungsmythos wie die Massai: Er gipfelt in einer langen Wanderung, die begann, als die großen Wasser von einem Propheten des Stammes geteilt wurden. Obwohl sie, wie fast alle Stämme in Kenia, an einen einzigen Schöpfergott glauben – der als Asis, als höchstes Wesen bezeichnet wird –, glauben die Nandi an die Wirkung von Opfergaben wie Milch, Bier und feste Nahrung, um die Geister der Vorfahren zu besänftigen. Sie spucken, um Unglück abzuwehren, und auch wie die Kikuju als eine Art Segnung. Spucke, die auf die Brust und Handteller versprüht wird, gilt als Symbol ehrenhafter Behandlung und vornehmer Höflichkeit.

Als Langstreckenläufer haben die Nandi bei olympischen Kämpfen internationalen Ruf erlangt: Henry Rono stellte in kurzer Zeit vier Weltrekorde auf, eine beispiellose Leistung.

Besonders bekannt ist der Stamm mit seinem vielfältigen Brauchtum durch den endlosen Vorrat an Rätseln und Sprichwörtern. Einer ihrer großen Geschichtenerzähler hat einmal eine lange surrealistische Geschichte erfunden, die noch heute abends an den Kochfeuern erzählt wird. Entsprechend zum Schneemenschen *Yeti* der Tibeter soll in den hochgelegenen Wäldern ein Nandi-Bär umherstreifen, der schon von leichtgläubigen westlichen Forschern gesucht wurde. Und das Fabeltier macht immer wieder Schlagzeilen in der Presse Kenias.

Die nordwestlichen Hänge der Nandi-Hügel zeigen einen ungewöhnlichen Waldbestand, der in Ostafrika einzigartig, aber auf der anderen Seite des Erdteils eine verbreitete Erscheinung ist. Im Kakamega-Wald stehen Bäume, die sonst in Westafrika heimisch sind und deshalb ein seltenes, kostbares Säuger- und Vogelleben aufweisen.

Die Stadt Kakamega ist das Verwaltungszentrum der Gemeinschaft der Luhyia, die aus siebzehn Unterstämmen besteht und für ihre Liebe zur Musik und neuerdings für ihre Fußballeidenschaft bekannt ist. Ihr ›AFC Leopards‹ wird von den Hoffnungen all jener Leute begleitet, die panafrikanische Fußballtrophäen gewinnen möchten, und kommt gleich hinter dem ›Gor Mahia‹, der leistungsbesten Mannschaft der Nation.

Die Strecke, die Sergeant Ellis mit Captain Sclater zusammen in den 1890er Jahren vom Fort Smith im Kikujuland aus über Kenias Rückgrat geführt hatte, erreichte Kakamega schließlich im Jahre 1896. Die Stadt wurde auch als Mittelpunkt von Kenias Goldrausch in den 1930er Jahren bekannt; mehr als tausend Goldsucher steckten damals ihren Claim ab, doch erwiesen sich die Adern des kostbaren Erzes als recht unergiebig. So war Kenia schon immer für die meisten Siedler: verlockend und voller unerfüllbarer Versprechen. Trotzdem trifft man gelegentlich noch auf einen Ortsansässigen, der hier mühsam nach Gold wäscht; und in den Straßen Nairobis mag man manchmal noch jemandem begegnen, der unter dem Siegel der Verschwiegenheit ein El Dorado im Westen verspricht.

Kakamegas wirklicher Schatz aber ist der Wald: ein Rest des unverdorbenen Äquatordschungels, der noch vor vier Jahrhunderten in Ost-West-Richtung den Erdteil durchquerte. Einen Abglanz vermitteln die umherstreifenden Tiere, die es sonst nirgendwo in Kenia oder in Ostafrika gibt. Auch einige besonders gefährliche Giftschlangen gehören dazu, etwa die dicke, schwerfällige Gabunviper.

Die Pottos sind kleine, bärenähnliche Tiere mit einem Stummelschwanz, sie haben einen rundlichen Kopf, kleine Ohren und ungleich lange Glied-

Schüchtern lächelndes Gusii-Kind, das von seiner Schwester auf dem Rücken getragen wird.

maßen; in einigen afrikanischen Mundarten werden sie ›Halb-Schwanz‹ genannt. Pottos leben in den obersten Stockwerken des Waldes und kommen so gut wie gar nicht auf den Boden, wo sie sich nur schwer bewegen können. Die ›niedlichen‹ Teddybären bewegen sich außerordentlich langsam (abgesehen davon, daß man im Scheinwerferlicht meist ihre Bewegungen ganz erstarren sieht) und werden darin wohl nur vom südamerikanischen Faultier übertroffen.

Im Wald von Kakamega lebt auch eines der faszinierendsten Tiere Kenias: das gleitfliegende Dornschwanzhörnchen. Es zählt zu einer besonderen Gruppe der Nagetiere, den Anomaluridae, die außerhalb Afrikas ausgestorben sind. Natürlich kann das Dornschwanzhörnchen nicht wie ein Vogel fliegen, aber es gleitet über weite Entfernungen mit Hilfe einer behaarten Haut, die zwischen Hand- und Fußgelenken und zwischen Fußgelenken und Schwanz ausgespannt ist. Diese Flughaut bietet ausgespannt eine sehr breite Fallschirmfläche und ermöglicht Gleitflüge bis zu neunzig Metern.

Außer diesen beiden Besonderheiten beherbergt der Wald – der von offenen Lichtungen und Grasflächen durchsetzt ist – eine Fülle von Affen und kleinen Antilopen sowie ein reichhaltiges Vogelleben, darunter Arten, die sonst auf Westafrika beschränkt sind. Als Beispiele seien Kenias einziger bodenständiger Papageienbestand und der Riesenturako genannt, ein großer, farbenprächtiger Vogel, der bei aufgeplustertem Gefieder fast die Mächtigkeit des Truthahns erreicht.

Von Kakamega aus klettert die Straße zu den Broderick Falls hinauf und stößt dort wieder auf die Strecke der Uganda-Eisenbahn aus den 1920er Jahren, die schließlich die beiden Länder verband. Bis in die siebziger Jahre war der Ort nur durch die tief hinabrauschenden Wasserfälle mitten im dichten Wald hervorgehoben, die nach einem frühen europäischen Besucher benannt sind.

Wenige Kilometer oberhalb der Wasserfälle steht auf der Grabenschwelle die Chetambe-Festung – Schauplatz eines Massakers gegen den Bukusu-Stamm der Luhyia durch eine britische Strafexpedition im Jahre 1895. Die Krieger hatten sich hinter einem 100 m langen burgähnlichen Wall verschanzt und fielen wie die Fliegen unter dem Feuer des Maxim-Maschinengewehrs – ohne Chance mit ihren Schilden und Speeren.

In den siebziger Jahren wurde der Ort dann bei einem indisch-kenianischen Partnerschaftsprojekt, organisiert von der Weltbank, zum Standort von Kenias Papiermühlen-Industrie gewählt. In unmittelbarer Nähe eines der wichtigsten Gebiete für Holzabbau sicherten die Wasserfälle die Energieversorgung. Inzwischen leben mehr als 20 000 Menschen in der Stadt von der Papierindustrie. Das geschäftige Webuye ist noch immer in raschem Wachstum begriffen – entsprechend dem Papierbedarf im lernhungrigen Kenia.

Die Eisenbahn steigt rasch die geröllübersäten Hänge hinab und führt weiter durch offene Grasflächen, kleine Äcker und Zuckerrohrfelder über Bungoma – ein gutgestellter, aber langweiliger Verwaltungsort – bis Malaba an der Grenze nach Uganda.

Südlich der Broderick-Fälle kann man jedoch dem Pfad hinauf zur hohen Uasin-Gishu-Ebene bis Leseru folgen (einem weiteren Ort, der für seinen Käse berühmt ist). Hier wurde ab 1926 eine weitere Zweigstrecke gebaut, die das fruchtbare Grasland der Trans-Nzoia-Ebene überquert und nach

Der Speckstein, den die Gusii bearbeiten, stammt von den auslaufenden Flanken der Kisii-Landschaft; er gilt als einer der schönsten der Welt.

Kitale an den Hängen des Elgon-Berges auf der Grenze nach Uganda führt.

Wo die Bahn durch Soy läuft, beherrscht die große, freistehende Masse des Elgon das Bild. Der Ort, der durch seinen Landklub bekannt ist, wurde 1974 wegen der letzten Herde von Rothschild-Giraffen berühmt: Jock und Betty Leslie Melville suchten hier ein sechs Monate altes Weibchen mit dem Namen Daisy Rothschild aus, um es mit zu ihrem Wohnsitz in Nairobis Vorort Karen zu nehmen.

In den Wiesen um Kitale, 1890 Meter über dem Meeresspiegel, hat man sofort das Gefühl, sich in einer englischen Landschaft zu befinden. Der ländliche Ort, mit seinen Märkten und Alleen aus großen Blaugummibäumen, hat einen ganz besonderen Charme: Der Bahnhof spiegelt noch die Tage der gemütlichen Dampfeisenbahn wider, in denen er entstand. Heute ist der Ort für seine Obstgärten und als Sitz der ›Kenya Seed Company‹ bekannt; die erfrischende Luft und die entspannte Lebensweise fern von den Metropolen der Welt garantieren hier ein langes Leben.

Im Zusammenhang mit dem Aufschwung im Kaffeehandel in den siebziger Jahren erlebte Kitale einen kurzen Boom. Zu der Zeit wurde Kaffee aus Uganda auf der Landstraße, die über die Höhen des Mount Elgon führt, über die Grenze geschmuggelt. An diesem Teilstück der alten Karawanenstrecke zwischen Uganda und Bagamoyo in Tansania gab es einmal eine Sklavenstation. Ein Steinkreis auf dem Parkplatz des ganz in Holz gehaltenen Kitale-Klubs erinnert noch an die Stelle, an der die Sklaven an einen Ring gekettet wurden. Ein Jahrhundert später treffen sich

Das Töpferhandwerk der Iteso spiegelt die Stammesbräuche wider. Beispielsweise formten sie große Gefäße, die zum gemeinsamen Trinken dienen: Sie werden mit Hirsebier gefüllt, in die Mitte einer Gruppe gestellt und durch zwei Meter lange Halme geleert.

Vorige Seite: Figur, die von den Iteso geformt und gebrannt wurde.

hier die Geschäftsleute und Landwirte Kitales an der Bar oder benutzen die langen, gut gepflegten Fairways der sportlich interessanten Golfanlage. Was immer Sie hier auch tun, im Hintergrund der Grünflächen erhebt sich der mächtige, beeindruckende Elgon-Berg.

Mit seinen 4321 Metern bietet er dem Bergsteiger die herrlichsten Fernblicke in tiefer Einsamkeit, wenn er auch keine besondere Herausforderung zum Klettern darstellt. Der Nationalpark zählt zu den schönsten und unberührtesten in Kenia. Falls Sie leistungsfähig genug sind, um auf den Elefantenpfaden durch den großartigen Wald hinaufzusteigen, können Sie tagelang durch die Bergmoore streifen, ohne einem anderen Menschen zu begegnen. Treffen Sie doch zufällig auf jemanden, so wird es ein Bergfreund aus irgendeinem fernen Land sein – aus Amerika, Europa oder Australien –, der von der Vielfalt dieser Berglandschaft angelockt wurde. Er wird vielleicht gerade den Krater des längst erloschenen Vulkans erkunden oder die Heidehöhen mit Grasbulten und einer interessanten Pflanzenwelt erschließen, darunter Lobelien und Riesenkreuzkraut.

Die Verbindung von dünner Höhenluft mit kaum gefilterten UV-Strahlen und Frostnächten schafft besondere Bedingungen, so daß bestimmte Pflanzenarten zur Freude des Botanikers hier noch besser gedeihen als auf dem Mount Kenya oder Kilimandscharo.

Der Elgon ist zwar niedriger als die beiden anderen Berge, nimmt aber mit seiner mächtigen Basis eine viel größere Fläche ein. ›Ol Doinyo Igoon‹, Berg der Brust, nannten die Massai den Elgon, die im Trans-Nzoia-Gebiet

Berühmte Nilpferd-Jäger, die jede erfolgreiche Jagd mit Gesang und Tanz feierten: das Volk der Suba an den Ufern des Victoriasees, das rund 75 000 Menschen umfaßt. Heute ist die Nilpferdjagd verboten; die Männer der Suba haben sich ganz auf den Fischfang verlegt, das Trocknen und den Verkauf ihres Fangs überlassen sie den Frauen.

einst ihre Herden weiden ließen – eine Restgruppe, die il-Kony, leben noch heute hoch auf dem Berg. Die niederen Hänge sind mit Höhlen übersät, die von den il-Kony als Nachtpferch für ihre Rinder benutzt wurden. Eine von ihnen, die Kitum-Höhle, bildete die Anregung für Ritter Haggards Abenteuerdrama *She*. Sie stand auch im Mittelpunkt der Fernsehdokumentation über die besondere Angewohnheit der Elefanten des Elgon-Berges, in der Höhle nach Salz zu suchen. Sie kommen in der Nacht hierher und meißeln das Salz an den Bergwänden frei; manchmal verursachen sie einen Einsturz, bei dem ein oder zwei Dickhäuter umkommen.

Der Berg ist so unvorstellbar alt, daß man ihn gefühlsmäßig mit der Schöpfung verbindet. Der 169 Quadratkilometer große Nationalpark wurde 1949 begründet. Er umfaßt die höchsten Stellen auf der kenianischen Seite an der Grenze zu Uganda, die quer über den Kamm und mitten durch den Krater läuft. Der höchste Gipfel, der Wagagai, liegt zwar auf der Seite Ugandas, aber die Unterschiede auf beiden Seiten sind nur gering. Der Sudek auf kenianischer Seite ist mit seinen 4 310 Metern nur rund elf Meter niedriger. Am beliebtesten ist aber der 4 231 Meter hohe Koitobos.

Drei Tore führen in den Park und durch den Bambuswald, durch die großen Steineichenbestände in die Moorgebiete. Am bekanntesten ist das Chorlim-Tor an einem Abzweig der Straße nach Endebess; die unbefestigte Nebenstraße führt durch üppige Anbaugebiete unterhalb des Waldes. In der Nähe des Tores gibt es eine wenig besuchte Luxuslodge, die in den 70er Jahren einen kurzen Aufschwung als Nachtquartier der Kaffeebarone erlebte. Die eher angemessene Mount-Elgon-Lodge wirkt mit ihren prunkvollen Gesellschaftsräumen und Speiseraum und dem prächtigen Garten wie der Inbegriff eines stattlichen europäischen Wohnsitzes. Sie wurde von einem aristokratischen englischen Siedler als nostalgische Erinnerung an seinen Familienwohnsitz errichtet.

Er wählte dazu eines der schönsten Landschaftspanoramen der Welt. Vom Garten blicken die Gäste die Südhänge hinab und über die ruhigen Felder und Wiesen des Trans-Nzoai bis hinüber zum blaugrauen Umriß des Cheranganis. Hinter dem Anwesen aber wird der Blick fast senkrecht nach oben geführt, wo die Wälder des Elgon in den Himmel ragen.

Zwischen den jahrhundertealten, über dreißig Meter hohen Bäumen – mit glatten, geraden Stämmen und immergrünem Laub – halten sich die verschiedensten Tierarten verborgen. Auf den Lichtungen und zwischen dem Unterholz mit seinem Licht-Schatten-Muster erstarren die ständig wachsamen kleinen Antilopen, als eine große Büffelherde auf der Futtersuche näherstampft. Im Wald sind deutlich die ständig benutzten Wildwechsel zu erkennen. Links und rechts sieht man die Spuren der ungeduldigen Elefanten: Stämme und Zweige der Steineichen sind wie Grashalme abgebrochen, beiseitegeräumt, zusammengeknickt und zerbissen; die großen Waldtiere gehen genauso sorglos mit ihrer Umgebung um wie der Mensch. Allerdings nehmen die Wildwechsel weniger Raum ein als die Wege des Menschen. Das dichte Geflecht aus alten Bäumen und Schößlingen begrenzt offenbar den Weg. Zugleich verbergen die abgerupften Zweige den Pfad der Elefanten, die hier auf erstaunlich leisen Sohlen entlangziehen und dabei manchmal Höhenunterschiede von dreihundert Metern auf einem halben Kilometer überwinden.

Den Kalender bestimmt hier die Natur – Wochen, Monate, Jahre, gar Jahrhunderte werden unwichtig. Alle Abläufe des Waldlebens sind Teil des ewigen Kreislaufs der Natur. Wird das Lebende zu alt, stirbt es und fällt auf den Waldboden, um erneut in den Kreislauf einzugehen. Tag für Tag dient der faulende Abfall am Fuß der Riesenbäume des Elgon der Erhaltung und Erneuerung des Lebens. Im Dunkel des Dickichts flattern große Schmetterlinge von Blatt zu Blatt; ein Schatten bewegt sich, ein Leopard vielleicht oder nur ein Fantasiegebilde. Die Stille wirkt hypnotisch. Zwischen den wilden Blumen und Kräutern schwirren und summen zahllose Insekten. In der trägen Luft bewegen sich die Schatten von einer leichten Brise, die bald wieder erstirbt; wo sie entlangzieht, tönt in den Büschen und Bäumen ein leichtes Rascheln auf. Die Stille hat tausend beredsame Zungen für den bereit, der zu lauschen versteht.

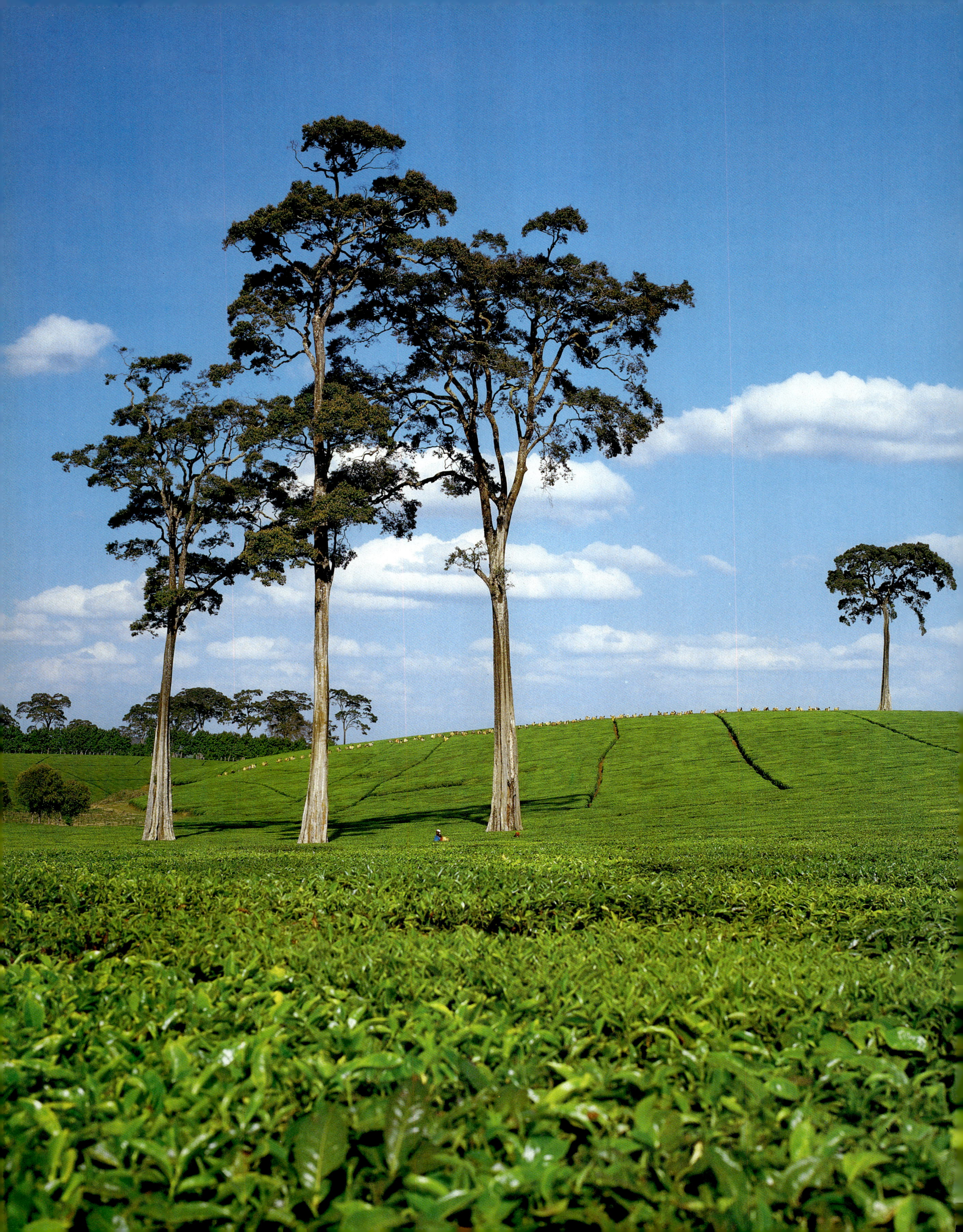

Eine Schar von Teepflückern bewegt sich gerade über den Hügelkamm einer Teepflanzung. Das Klima in Kenia ist so ideal, daß der Tee – wie auch der Kaffee – zu den besten der Welt gehört und die höchsten Erlöse erzielt.

Bei Nacht, wenn der Mond hinter dem höchsten Gipfel hervorgekommen ist, hört man im Wald die Paviane bellen, und gelegentlich zeigt das Knurren und Fauchen des Leopards ein unsichtbares Drama an. Sucht man am Morgen nach, findet man vielleicht die Leiche eines jungen Büffels kaum hundert Meter vom Lager entfernt.

Als es noch Mode war, mit Eisenbahnen zu reisen, gab es die Idee einer durchgehenden Strecke vom Kap bis nach Kairo. Aber in Kitale endet die Linie. Östlich liegen die atemberaubend schönen Cherangani-Berge, Kenias einziges Faltengebirge, dessen Wälder eine der herrlichsten Berglandschaften der Erde bekleiden. Die 3 353 Meter hohe Kette bildet das Nordende des Elgeyo Marakwet Escarpment, das stellenweise mehr als 2 400 Meter bis zum glühend heißen Grund des Kerio-Tals abfällt, dem Tor zu den Wüsten in Kenias Norden.

In den Bergfalten der Cherangani-Kette verborgen liegt ein Ort, der den kenianischen Nationalisten heilig ist: In der kleinen Stadt Kapenguria hatte in den 50er Jahren die Kolonialregierung einen Schauprozeß gegen Mzee Jomo Kenyatta und sechs weitere Führer der Unabhängigkeitsbewegung inszeniert. Nach einem Bombardement mit falschen Zeugenaussagen und getürkten Beweisen wurden sie zu brutalen neun Jahren Kerkerhaft am fernen Turkanasee verurteilt. Heute dient das Klassenzimmer, in dem das Urteil gesprochen wurde, als Gedächtnisraum zur Erinnerung an die Gründungsväter der Nation.

In der Ruhe dieser Waldlandschaft mit ihrer friedlichen Atmosphäre muß das Urteil um so brutaler erscheinen. Die Cherangani-Berge sind ein natürliches Wunderland der Forellenbäche, der endlosen Vielfalt an Landschaftsbildern und der seltensten Tierarten: Als Beispiel sei die scheue, nachtlebende Bongo-Antilope hervorgehoben, die es in Kenia sonst nur in den Aberdares gibt. Interessant ist ihre unvergleichliche Art zu laufen: Sie zieht den Hals ein und legt den Kopf weit nach hinten, bis die Hörner flach auf dem Rücken liegen. Nur so kann sie sich rasch zwischen Büschen, Bäumen und Bambus durch das Unterholz bewegen. Das gut getarnte Tier – mit zwölf bis vierzehn senkrechten Streifen an den Seiten – ist die größte Waldantilope Kenias.

Nahe verwandt ist die Sitatunga, die in Kenia nur in einem kleinen Sumpf im Cherangani vorkommt, der inzwischen als Saiwa-Nationalpark unter Schutz gestellt wurde – wahrscheinlich der kleinste Nationalpark der Welt. Es umfaßt nur etwas mehr als zwei Quadratkilometer und liegt in der Nähe von Kapenguria. Fahrzeuge sind nicht zugelassen, und die wenigen Besucher müssen den Dschungel und den Sumpf zu Fuß erkunden. Der hauptsächliche Weg besteht in einem Holzsteg durch das Schilf und einem Dschungelpfad. Guerezas springen in den Bäumen, Meerkatzen tollen auf dem Boden umher, und vielleicht können Sie einen flüchtigen Blick auf das ungeheuer weise, mandarinähnliche Gesicht der Brazza-Meerkatze werfen. Im Laubdach sieht man seltene Vögel durch das Astwerk flattern, darunter Turakos, Hornraben und (an Wasserflächen) Eisvögel.

An den Sumpfgewässern wurden Beobachtungsplattformen errichtet, wo die Besucher in Ruhe die Sitatungas beobachten können. Die Antilope ist ein gutes Beispiel für die Anpassungskunst der Natur. Die Hufe mit zwei verlängerten Zehen spreizen sich weit und tragen das Gewicht auch dann, wenn das Tier auf den Matten der Schwimmpflanzen geht – als wenn es auf dem Wasser gehen würde. Doch sind die Sitatungas echt amphibische Lebewesen. Bei Gefahr lassen sie sich ins Wasser sinken, nur die Nasenlöcher ragen noch über die Oberfläche hinaus. Außerdem können sie hervorragend schwimmen.

Von Kapenguria führt eine neue transafrikanische Fernstraße bis zum Sudan. In einer Reihe von Haarnadelkurven läuft sie steil die Hänge hinab und weiter über den Wüstenboden. Vor einem liegt eine der unwirtlichsten Landschaften der Erde, öde und ausgedörrt, die ein Drittel von Kenia einnimmt. Die Eisenbahnbauer wagten es nicht, über die Hochebene hinauszugehen, von der man auf die atemberaubende, aber zauberhafte Landschaft Kenias hinabschaut.

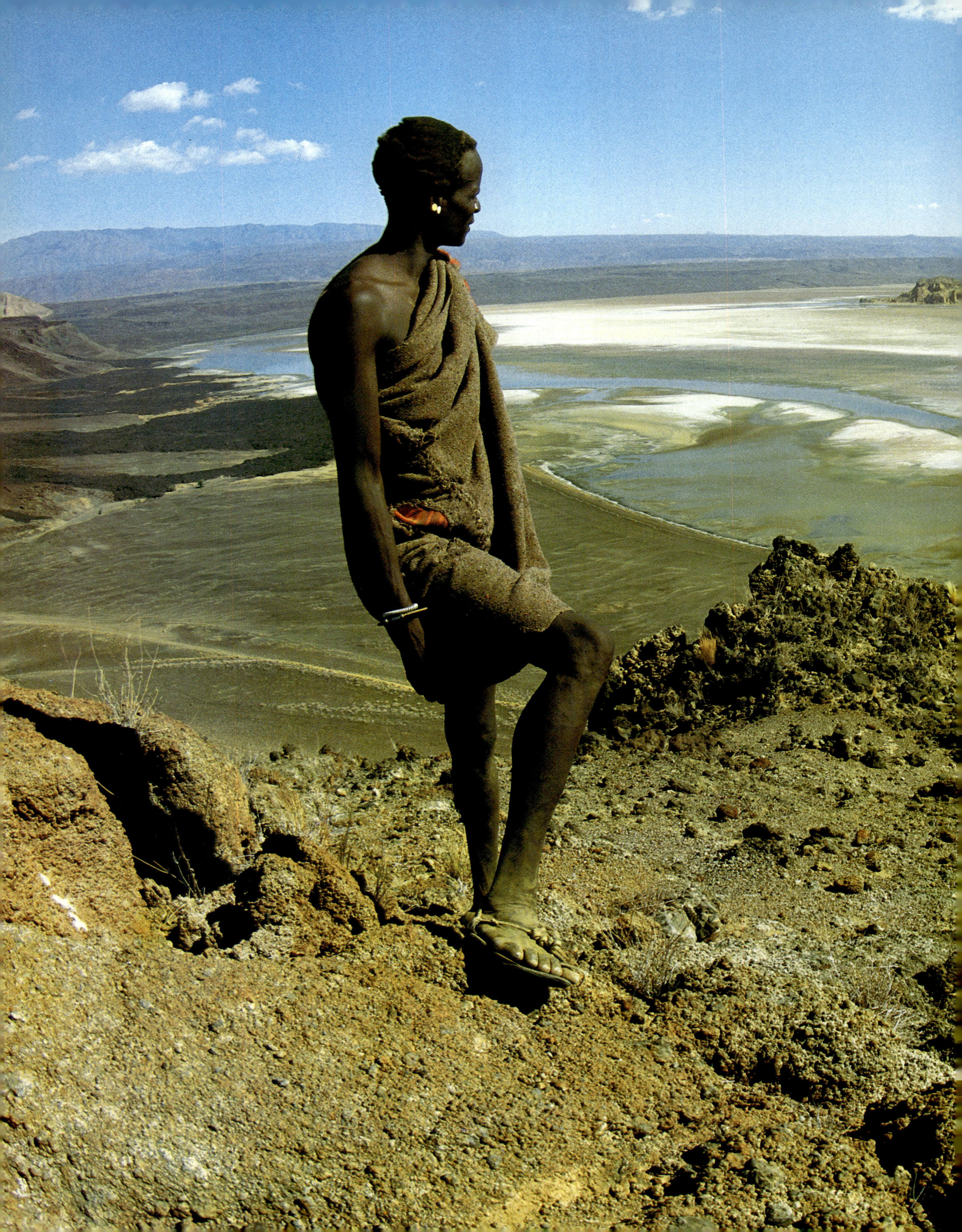

Wiege der Menschheit

Drei Sprungbretter in Kenias Norden gibt es. Sie können mit der Eisenbahn bis Nanyuki am Rande des Mount Kenya fahren, zu den Thomson-Fällen oder bis Kitale. Gleich, welchen Weg Sie wählen, Sie erreichen schnell den Grabenrand, der vor Urzeiten geformt wurde, und können auf das Dürregebiet hinabschauen: Dort wurde, wie man heute allgemein annimmt, die Menschheit geboren. Der plötzliche Übergang von der grünen Berglandschaft zur sengenden Wüste trifft den Reisenden, der es zum ersten Mal erlebt, völlig unvorbereitet. Innerhalb von Minuten hört die kühle Luft auf, und die Kleidung klebt am Körper.

Der Anblick dieser Landschaft regt zum Nachdenken an. Kenia ist von einem elementaren Geheimnis umwoben, das sich fast jedem vermittelt, der im Lande umherreist: In der Ferne die Grabenbrüche oder blaugrauen Gebirgszüge, manchmal verdunkeln Sturmwolken den Himmel.

In Kenias entlegenen Gegenden, wo die großen Wildherden sich langsam über die goldenen Grasflächen bewegen, hat man bald das Gefühl, sich im Garten Eden zu befinden. Alles scheint fast schon zu vollkommen. Doch sind die Herden, die noch vor einem Jahrhundert durch Kenias große Wüsten zogen, weniger zahlreich geworden. Ein Jahrhundert mit Dürre und Wind hat die Erosion verstärkt. Die Sonne hat einst fruchtbare Böden versengt und ausgedörrt.

Aber gerade dieses Ödland Nordkenias kann man mit Fug und Recht als ›Wiege der Menschheit‹ bezeichnen. Lance Morrow schrieb in dem Aufsatz „Afrika" in der Zeitschrift *Time* von der „schattenlosen Klarheit der Schöpfung", die er erlebt habe, und vom „ergreifenden Äquatorlicht" in Kenia. Die Leuchtkraft sei manchmal umwerfend. Morrow war natürlich auch sonst von allem ergriffen, was Kenia betrifft: von der harten Wirklichkeit des ewigen Kreislaufs zwischen Leben und Tod im Busch, vom außerordentlichen Rhythmus des Sterbens etwa. Und er zog den Schluß, dies hier sei „ein letzter Funke des schattenlosen Lebens vor Zeit und Gedanken ... die reine Verbindung zur Schöpferkraft Gottes".

Für viele ist hier wirklich das Land der Genesis – auch für die Wissenschaftler, die die Fossillager von Koobi Fora an den Ufern des Turkanasees nach Funden durchsieben. Doch findet sich hier nirgendwo das üppige Bild des Gartens Eden. Die Armut an Bodenschätzen und der Mangel an materiellem Ertrag stehen im schroffen Gegensatz zu der heutigen Technologiewelt und den rasch wachsenden Lebensansprüchen, sie erhalten Lebensformen, die als lebendige Erinnerung an Entstehung und frühes Dasein des Menschen gelten können.

Die neue Straße von Kitale windet sich zur Wiege der Menschheit hinab, sie führt durch die Cheranganis in das Kerio-Tal, ein sekundäres Rift mit steilen Wänden: Der Turkwel-Fluß, der an den bewaldeten Hängen des Sondag-Berges (3 200 m) entsteht, donnert hier durch eine dramatische Schlucht. Mit einem von Frankreich geförderten Wasserkraftprojekt will man den Turkwel da zähmen, wo er die hohen Klippen verläßt – ein Stausee soll die Energie liefern, die für Kenia so lebenswichtig ist.

Der Talgrund und die Felswände gehören zum Bereich der Marakwet, die seit langem das Wasser nutzen: Schon vor Jahrhunderten haben sie Aquädukte, Kanäle und Viadukte gebaut – technisch vollkommene Anlagen – und dadurch das Wasser über Hänge oder Spalten geleitet, um ihre kleinen Anbauflächen zu bewässern. Die Eigentumsrechte an diesen Anlagen reichen lange zurück, und sie werden heute von der ganzen Gemein-

Ein Turkana-Ältester in Stammestracht. Die Krieger dieser Gemeinschaft von rund 250 000 Hirtennomaden sind bekannt für ihren geschickten Umgang mit der Wüstenstrauchlandschaft, ihre hochentwickelte Überlebenstechnik und ihre furchterregende Kampfkraft.

Vorige Doppelseite: Von einem öden Lavahügel aus blickt ein Turkana-Krieger auf den versengten Boden des Suguta-Tals, das zu den heißesten Orten der Erde zählt.

In einer farbenprächtigen Parade hat sich diese ›Beschneidungs-Gruppe‹ der Pokot für den Initiationsritus aufgestellt. Die Zeremonie wird in einem Abstand von zehn bis fünfzehn Jahren durchgeführt; doch nehmen nicht mehr alle Pokot an den Beschneidungen teil.

schaft erhalten und ausgebessert. Die altüberlieferten Formen werden noch immer praktiziert.

Eine Marakwet-Frau wird nach ihrer Beschneidung als Braut umworben – eine Angelegenheit mit Anmut und Stil. Der künftige Bräutigam besucht ihr Zuhause und bespricht die Heirat mit den Eltern, aber erst, wenn das Mädchen zugestimmt hat. Sie zeigt das an, indem sie dem Mann den Stock übergibt, den sie bei ihrer Initiation zur erwachsenen Frau bekommen hat. Er seinerseits muß seinen Speer und anderer Waffen übergeben. Nach diesem Austausch kann er mit den Verhandlungen über die Mitgift beginnen. Das Paar kann sich durchaus glücklich schätzen, wenn alles gutgeht: Es gibt zahlreiche Tabus – Clan, Totemgruppen usw. –, die sich als Schranke erweisen können.

Der Wüstengrund unten – bis hin zum Karapokot Escarpment an der Grenze nach Uganda — wird von den Pokot bewohnt, den früheren unfriedlichen Nachbarn der Marakwet, deren Gebiet bis an den Rand der Turkana-Landschaft reicht. Diese Ödländereien haben eine harte, stolze, unabhängige Haltung und eine Kriegertradition hervorgebracht. Das Land gibt nichts her. Der Boden ist ausgelaugt. Die Menschen leben ausdauernd, spartanisch und ohne Interesse am Materialismus der übrigen Welt. In ihrem natürlichen Stolz verabscheuen sie jede Habgier. Ihr einziges Bestreben ist das bloße Überleben.

Schwarze, braune und graue Vulkanreste unterbrechen den Wüstenboden und haben eine unruhige Landschaft geschaffen. Die Weideflächen sind rar, Wasser erst recht, und das Vieh ist kostbar. Die Pokot haben von altersher auch Viehraub betrieben; mit den Turkana teilen sie die Vorliebe für wirksame Kampfwaffen: Messer, Krummdolche, Schwerter mit Scheide, Speere, der übliche Bogen, Giftpfeile und Lederschilde, all das bildet ein beachtliches Arsenal für den Zweikampf.

Der Turkwel fließt am Grund der nordwestlichen Schwelle entlang, bei Lodwar, der staubigen Wüsten-Hauptstadt für das Turkanagebiet, wendet sich der Fluß ostwärts. Wo er den Jade-See erreicht, ist er fast versiegt; manchmal bleibt er am Ende monatelang ausgetrocknet. Durch die neue Transafrika-Fernstraße sind diese entlegenen Gegenden dem Hauptstrom der kenianischen Gesellschaft nähergerückt. In Lodwar verbrachte Mzee Jomo Kenyatta die letzten 2 Jahre seiner Haft in einem Bungalow. Der Ort ist in raschem Wachstum begriffen. Ansonsten sieht man in dieser ausgedörrten Landschaft nur die Viehpfade des Turkana-Hirten- und Kriegervolkes.

Viel wächst hier nicht: Dornsträucher, deren Wurzeln sich bis zwanzig Meter auf der Suche nach Feuchtigkeit ausbreiten; gelegentlich ein Baobab; spezialisierte Sukkulenten und Wüstengräser. Für die 250 000 Turkana-Leute ist dies aber das geliebte Heimatland. Jahrhundertelang

Eine Samburu-Mutter rasiert den Kopf ihres Sohnes, um ihn auf die Beschneidung und damit für die Aufnahme in die Männergemeinschaft vorzubereiten.

Samburu-Braut bei der Vorbereitung auf die Hochzeit: Sie wurde von den Verwandten geschmückt und in Festtagstracht gekleidet, nachdem sie sich den alten Stammessitten gemäß der Beschneidung unterzogen hatte.

haben sie ihre Nachbarn heftig angegriffen – zuletzt auch die Briten –, um zu behalten, was sie hatten, und noch etwas hinzuzugewinnen. Die britische Präsenz im Turkana-Gebiet begann 1905, als der Baringo-Bezirksbeauftragte eine Fußexpedition am Kerio-Fluß entlang leitete; sie folgte dem Lauf von der Quelle auf dem 2 743 Meter hohen Kapkut, nahe Timboroa am Äquator, bis zur Mündung am Südwestufer des Sees.

Die Qualitäten der Turkana liegen aber nicht nur im heroischen Bereich. Kennt man sie länger, erweisen sie sich eher als sanft. Ihre Sprache ist außergewöhnlich: So haben sie 23 Tätigkeitswörter, die beschreiben, wie ein Mensch geht; sie können also die genauesten Feinheiten ausdrücken. Einige haben sich der Fischerei auf dem Jade-See zugewandt – um den Lebensunterhalt zu sichern, aber ohne Begeisterung. Wie die Massai glauben sie, daß die Rinder allen gehören. Je mehr man hat, um so besser. Ihr Gebiet erstreckt sich an der ganzen Westküste bis zum Ilemi-Dreieck und umfaßt wenig bekannte Orte, die vielleicht nur einen Polizeiposten haben.

Einer von diesen Orten aber wurde in den 50er Jahren in der Welt bekannt: In Lokitaung, im harten, abweisenden Klima, verbrachte Kenyatta sieben Jahre bei dem vergeblichen Versuch der Briten, den nationalen Widerstand in Kenia zu schwächen. Aber Mzee Jomo Kenyatta und seine Mitstreiter überstanden die Feuerprobe und konnten Kenia in die Familie der freien Nationen einreihen.

Nicht weit von Lokitaung gibt es aber noch eine merkwürdige Hinterlassenschaft der britischen Kolonialherrschaft. An der äußersten Nordwest-

Links: Die Giraffengazelle (Gerenuk) steht häufig auf den Hinterbeinen, um die üppigeren Blätter zu erreichen, die sich im oberen Bereich der Akazien oder anderer Wüstensträucher befinden. Der Name ›Gerenuk‹ stammt aus der Somali-Sprache und bedeutet etwa ›mit giraffenähnlichem Hals‹.

Netzgiraffe: Das größte Säugetier der Erde – bis zu 5,50 Meter hoch – hat es nicht so einfach, seinen Hals zu senken, wenn es etwas trinken will. Der Blutdruck wird durch eine Reihe von Klappen und Blutreserven im Hals stabil gehalten.

ecke des Sees treffen sich die Grenzen von Sudan, Äthiopien und Kenia zum ›Ilemi-Dreieck‹. Durch eine ungeschriebene Vereinbarung hat Kenia die alte Kolonialverwaltung übernommen – so patrouillieren kenianische Polizisten im Niemandsland der drei Nationen.

Von der Bahnstation bei Nyahururu führt eine neue Teerstraße durch den Marmanet-Wald hinab bis zum staubigen Rumuruti, der Südgrenze des Samburu-Landes; in der Rinderstadt haben sich früher die europäischen Siedler getroffen, die in der Trockensavanne ringsum Rinder züchteten, und im alten Klub ein Bier gezischt. Die meisten sind hier heute verschwunden, und hinter Rumuruti wird die Straße zu einem Geröllweg, der bis zum Turkanasee führt.

Die Südgrenze des Samburu-Gebietes liegt gleich hinter Rumuruti, im Norden wird es vom Kulal-Berg am Ostufer des Turkanasees begrenzt. In dem 30 000 qkm großen, keilförmigen Dreieck hat sich der 75 000 Menschen umfassende Stamm – eine Splittergruppe der Massai, deren Name in der Maa-Sprache ›Schmetterling‹ bedeutet – vor einigen Jahrhunderten niedergelassen, während ein Teil weiter südwärts vordrang. In der Mitte liegt der 2 500 m hohe Poro-Berg, der sich hinter dem Verwaltungszentrum Maralal erhebt. Mit seinem Reichtum an Wildtieren wie Zebras, Büffel, Elenantilopen, Leoparden, bietet der Poro eine zauberhafte Kulisse für die ›Hauptstadt‹ mit einer Straße und Blechdächern. An jeder Ecke stehen die Samburu auf einem Bein, mit dem Speer in der Hand, wie ein Reiher. Es gibt eine angenehme Lodge mit prasselndem Kaminfeuer und Panoramafenstern, von denen man bei Nacht das Wild beobachten kann.

Weibliche Große Kudus. Die Männchen unterscheiden sich durch die Hörner, die zu den schönsten im Reich der Antilopen gehören.

Rechts: Von der Seite kann man die Oryxantilopen (Spießböcke) durchaus für das mythische Einhorn halten. Im Profil verschmelzen die beiden prächtigen Hörner zu einem, und das Tier ähnelt dann stark den alten Zeichnungen. Eritrea-Spießböcke (Beisa-Oryx) können lange Zeit ohne Wasser auskommen.

Von Maralal aus fährt man durch eines der unangenehmsten Gelände der Erde: Süd-Horr, und überschaut das Trockenbecken des Suguta-Sees, der zu den heißesten Plätzen der Erde zählt. Dann geht es weiter den steinübersäten Pfad nach Loiyangalani hinunter, dem ›Ort der Bäume‹, Sitz des el Molo-Volkes. Denselben Weg reisten Teleki und Hohnel, als sie den See entdeckten und nach einem österreichischen Prinzen Rudolfsee tauften.

Die el Molo wurden früher fälschlicherweise als kleinster Stamm der Welt beschrieben. Sie sind aber kein eigener Stamm, sondern eine Gruppe von Ausgestoßenen und Herumtreibern aus anderen Gemeinschaften, die sich eine eigene Kultur geschaffen haben und vor allem als Nilpferd- und Krokodiljäger berühmt sind. Sie lebten sehr karg und waren unterernährt und durch Rachitis und andere Kalkmangelkrankheiten verkrüppelt, weil sie vom alkalischen Wasser des Turkanasees tranken. Heute hat die Gruppe, die weniger als tausend Menschen umfaßt, von den Erziehungs- und Gesundheitsprogrammen des modernen Kenia profitiert und wird allmählich von engagierten Missionaren in die Gesellschaft integriert. Ihre Traditionen aber sind ein wichtiges Bindeglied zu den Anfängen der Menschheit, die sich nicht weit nördlich von ihrem Wohnsitz am Südostufer ereignet haben dürften.

Die ersten Europäer, die vor einem Jahrhundert zufällig den Turkanasee zu sehen bekamen, waren die Österreicher Graf Samuel Teleki und von Hohnel. Das Wasser ist alkalisch und kaum trinkbar. Die 6 400 Quadratkilometer große Oberfläche ist launisch. Manchmal ist sie vollkommen ruhig und glatt, oft ist sie unruhig und sieht tückisch aus.

Zwei el-Molo-Jungen auf einem wenig vertrauenerweckenden Floß aus Dumpalmenholz: Fischfang mit der Harpune auf dem 6 400 Quadratkilometer großen Turkanasee.

El-Molo-Mutter bereitet ein junges Krokodil für das Frühstück der Familie vor. Die el-Molo sind als furchtlose Nilpferd- und Krokodiljäger berühmt.

Drei Inseln – mit den prosaischen Namen Süd-, Zentral- und Nordinsel – sind auf der Länge von 290 Kilometern verteilt. Die breiteste Stelle ist mit 56 Kilometern der Ferguson-Golf. Die Inseln sind vulkanischen Ursprungs. Die öde Zentralinsel am Ferguson-Golf raucht noch immer. Das Zelten am Strand – früher Hauptbrutplatz für die Nilkrokodile des Sees – ist ein denkwürdiges Erlebnis. Bei Nacht pufft Rauch aus dem größten der drei Krater, der Vollmond taucht langsam hinter seinem Schattenriß empor – so hell, daß man ein Buch dabei lesen kann!

Die größte Insel, die Südinsel, ist mit einer menschlichen Tragödie verbunden. Sie hängt mit der Expedition zusammen, die Sir Vivien Fuchs 1934 an das Inselufer leitete. Drei Tage nach der Ankunft kehrte er zum Festland zurück, um sich am 28. Juli 1934 mit W. H. R. Martin zu treffen. Fuchs gab seiner Mannschaft ausdrücklich den Befehl, am 13. August auf das Festland zurückzukehren. Er hat sie nie wiedergesehen.

Die Nordinsel ist mit Giftschlangen verseucht, die vom Omo-Delta auf Papyrusgetreibsel herangetrieben sind. Überhaupt beherbergen der Turkana und seine Ufer einige der giftigsten Reptilien der Welt. Außer den Sandrasselottern und Pfeilottern, den Puffottern und Kobras kommen hier auch noch tödliche Skorpione vor.

Der See wurde kaum mit größeren Schiffen befahren, und von denen, die es versucht haben, sind viele gekentert. Heute fahren rund 500 Fischerboote auf dem See sowie der in Schottland gebaute Acht-Tonnen-Kutter *Halcyon*, der dem Fischereiministerium gehört.

Der Turkana ist ausgesprochen fischreich. Erträge von vierzig Tonnen wurden aufgezeichnet; mehr als vierzig Fischarten gedeihen im See. Über Jahrmillionen lebte der Krokodilbestand hier in vollkommenem Gleichgewicht mit der Umwelt; die Reptilien ernährten sich von den großen und kleinen Fischen in der Tiefe. Nilbarsche von 400 Kilogramm hat man erbeutet, Afrikabuntbarsche und Tigerfische sind weitere häufige Arten unter der oft stürmischen Oberfläche.

In dieser natürlichen Ordnung konnte sich ein Krokodilbestand von rund 12 000 Tieren halten, die letzte große Krokodil-Kolonie der Welt. Sie erreichen eine Länge von fünf Metern; ihre Lebensweise hat sich 130 Millionen Jahre nicht geändert.

Eine ähnliche Gastfreundschaft gewährt der See dem überaus vielfältigen Vogelleben: Mehr als 350 Arten an Stand- und Zugvögeln wurden gezählt. Viele Vogelliebhaber sind im Laufe der Jahre hierher gekommen, darunter Prinz Philip, der Herzog von Edinburgh und sein Sohn Prinz Charles.

Der Turkanasee wird vor allem vom Omo gespeist. Dieser zweitgrößte Fluß Äthiopiens beginnt seine 965 km lange Reise auf dem rund 2 900 m hohen Amara-Berg westlich von Addis Abeba, der äthiopischen Hauptstadt. Wo er den Turkana erreicht, schneidet er mit seinen Wassermassen, die durch zahllose Nebenflüsse und Zuflüsse vermehrt werden, ein 30 km breites Band durch ein undurchdringliches Dickicht aus Sümpfen und Papyrusbeständen. Zwanzig Millionen Kubikmeter lebensspendendes Wasser entlädt er Jahr für Jahr in den viertgrößten See Ostafrikas.

Große Teile nimmt die Sonne wieder fort. Durch die intensive Verdunstung schrumpfte der Turkanasee in der ersten Hälfte des Jahrhunderts in dramatischem Maße. 1902 war der Sanderson-Golf am Nordwestufer 50 km lang und 16 km breit und durch einen Sund von 5 km Breite mit dem Hauptteil verbunden. Heute ist hier trockenes Land. Vor vielen tausend Jahren war der See 150 Meter tiefer und mit dem Weißen Nil verbunden; es

Ein Hirtenjunge der Somali tränkt seine Kamele. Die ausdauernden, unabhängigen und stolzen Somali, zu denen etwa 450 000 gehören, bewohnen ein großes Gebiet in den nördlichen Wüstenstrichen. In dieser trockenen und lebensfeindlichen Landschaft halten sie Kamele und Rinder.

Eine Gabbra-Familie befördert ihre Wohnungen auf dem Kamelrücken durch die Wüstenlandschaft der Dida Galgala, der ›Ebene der Dunkelheit‹, in Nordkenia. Die Kamelkarawane mit den zusammenlegbaren Häusern ist ein gutes Bild für die Bedeutung der ›Wüstenschiffe‹. Rund 50 000 Gabbra haben die verschiedenen Kriege und Krankheiten überlebt, die das Volk in den letzten 150 Jahren erleben mußte.

gab einen Abfluß über die Lotikipi-Ebene hinter Lokitaung mit einer tiefgefurchten Schlucht. Durch jahrhundertelange Erosion findet man heute in der Schlucht fossile Wälder freigelegt.

Von der dritten früheren Gleisbaustation bei Nanyuki aus erfolgt ein rascher Abstieg. Eben noch befand man sich in der frischen Bergluft zwischen üppigen Weizenfeldern und kleinen Anbaugebieten; und schon fährt man durch die braune Halbwüste unter sengender Sonne. Die moderne, glatte Straße führt von den Hängen des Mount Kenya in 3 000 m Höhe bei dünner Luft innerhalb von 40 km mehr als 2 100 m in die Tiefe.

In den Randbezirken von Isiolo, hinter der islamischen Moschee, fährt man plötzlich zwischen Hütten mit glänzenden Blechdächern hindurch. Aber auch wenn man sich auf dieser Hauptstraße wie im Wilden Westen fühlt – Isiolo ist das Tor zu gut einem Drittel von Kenia.

An der nördlichen Stadtgrenze, wo die Teerstraße in den Great North Highway Richtung Addis Abeba übergeht, oder auf der unbefestigten Straße ostwärts durch die unendliche Wüste – hier spätestens merkt der Reisende, daß er sich von der Zivilisation verabschiedet hat.

Im Osten breitet sich noch echte Wildnis aus, ungeheuer weit und noch nahezu unerforscht. Nachdem Kundschafter die Gegend auf dem Kamelrücken durchstreift hatten, wurde sie in den 60er Jahren zum Schauplatz eines erbitterten Guerillakrieges zwischen somalischen Banditen und Nationalisten, die das Land für Somalia beanspruchten. Nach Kenias Unabhängigkeit war das Gebiet viele Jahre für Besucher und die allgemeine Öffentlichkeit gesperrt.

Wenn Menschen durch dieses Gebiet ziehen, handelt es sich meist um ausdauernde Nomaden, völkerkundlich gesehen: kenianische Somali und Gabbra. Das Land kann schon bedrückend wirken. Kaum ein Grashalm durchdringt die unfruchtbare Erde. Der Boden ist ausgedörrt. Die Hitze betäubt die Sinne, und die Sonne blendet das Auge. Luftspiegelungen flimmern am Horizont. Wasser ist selten, manchmal faulig, in jedem Fall kostbar. Das Nomadenland ist Niemandsland, nur die Somali und Gabbra können hier existieren. Kein Wunder, daß die Gabbra es ›Dida Galgalu‹ nennen – das bedeutet etwa: Ebene der Dunkelheit. Wo immer man sich umsieht, wird man sich fragen, wie hier überhaupt jemand oder etwas überleben kann. Aber die Nomaden leben hier.

Kulturell gesehen, stehen die Gabbra der Borana-Gruppe nahe, von der sie ihren Namen ableiten. Mit ihrer feinen Stirn und der geölten, glänzenden Haut wirken die 30 000 Angehörigen des Volkes oft wie Patriarchen des Alten Testamentes. In ihrer harten Umgebung entwickelten sie eine einzigartige Sozialstruktur mit bester Gliederung und Koordination.

Das Verbreitungsgebiet der Somali reicht weiter nach Osten – von Mandera nahe Ogaden, wo die äthiopische und die somalische Grenze sich treffen, über el Wak bis hin nach Wajir, einem Verwaltungszentrum, das von seßhaften Wüstenleuten und kenianischen Beamten bewohnt wird. Ein Rest des Exzentrischen, das für solche entlegenen britischen Kolonialorte typisch war, blieb erhalten. Dreihundert Kilometer vom nächsten Gewässer entfernt werden Besucher für den Königlichen Yachtklub von Wajir angeworben, der seinen Namen vor der Unabhängigkeit von einem Mitglied der britischen Königsfamilie erhielt.

Wer hier nicht als Nomade lebt, für den ist die Landschaft in Kenias ›Northern Frontier District‹ (NFD) so gesichtslos, daß er sich leicht verirrt. Halten Sie sich streng an den Sandpfad zwischen Wajir und Mado Gashi, oder Sie sind bald hoffnungslos desorientiert. In Habaswein wirkt die Wüstenfestung von weitem wie eine Filmkulisse, aber die Wehrmauern sind echt, denn dieses wilde Land wird noch immer von Banditen und gesellschaftlichen Randfiguren durchstreift. Das mag wohl auch der Grund dafür sein, daß sich in der nächsten Stadt an der Straße, Mado Gashi, zwei Polizeizentralen befinden. Man kann in dieser Gegend Tausende von Kilometern fahren, ohne jemals auf einen Polizisten zu stoßen, aber hier in Mado Gashi – wo die zwei größten Provinzen, die Rift-Valley- und die Nordostprovinz, aneinandergrenzen – trifft man eher zu viele an.

Wenn Sie eine Expedition in diese Teile unternehmen, werden Sie sehr schnell einsehen, warum am Kontrollpunkt in Isiolo eine Unterschriftenzeremonie zur Pflicht gemacht wurde. Sie gilt nicht nur für die östliche Richtung, sondern auch für Reisen nordwärts, einschließlich der drei Wildschutzgebiete nicht weit von Isiolo: Samburu, Buffalo Springs und Shaba. Samburu ist nach nur 40 km Fahrt durch Ödland erreichbar, aber nach Zeit und Ort vom Hauptstrom Kenias ungeheuer weit entfernt.

Aus dem Dornbuschwerk türmen sich Hindernisse in Form von Wällen und Geröll auf, wo aber die Straße in Kurven einen Abhang hinunter und durch ein ausgetrocknetes Flußbett *wadi* läuft, sieht man nichts mehr von den rauhen Hügeln des Nordwestens.

Ein Gerenuk springt im unruhigen Zickzack davon, es hatte an grünen Resten der letzten Regenzeit geweidet. Die Giraffengazelle wurde erst 1878 von der Wissenschaft entdeckt. Den größten Teil des Tages steht sie aufrecht auf den Hinterbeinen und rupft von den Blättern der Akazien oder anderer Wüstensträucher. Der Name ›Gerenuk‹ ist der Somali-Sprache entnommen. Zu ihrer Verhaltensweise bei der Nahrungsaufnahme paßt auch der lange Hals, den sie im Laufe der Evolution bekommen hat. Wie andere Wüstenantilopen kann sie ohne Wasser auskommen, die nötige Flüssigkeit entnimmt sie der Nahrung.

Die anmutigen Tiere haben eine faszinierende Art zu laufen. Bei hoher Geschwindigkeit bringen sie ihren langen Hals in eine Linie mit dem schlanken Rücken und erscheinen plötzlich nur noch halb so groß, wobei die extreme Schrittlänge den Eindruck verstärkt.

In der Ferne weidet eine nervöse Gazellenherde vom Gras, die kurzen Schwänze in ständiger Bewegung, und weiter hinten sieht man eine Elefan-

Die Hirtennomaden der Turkana, die einen Ruf als harte Krieger hatten, sind teilweise zum Fischfang übergegangen. Nilbarsche und andere Arten, die sich im Turkanasee fangen lassen, werden an den Ufern des Ferguson-Golfs zum Trocknen in der Sonne ausgelegt.

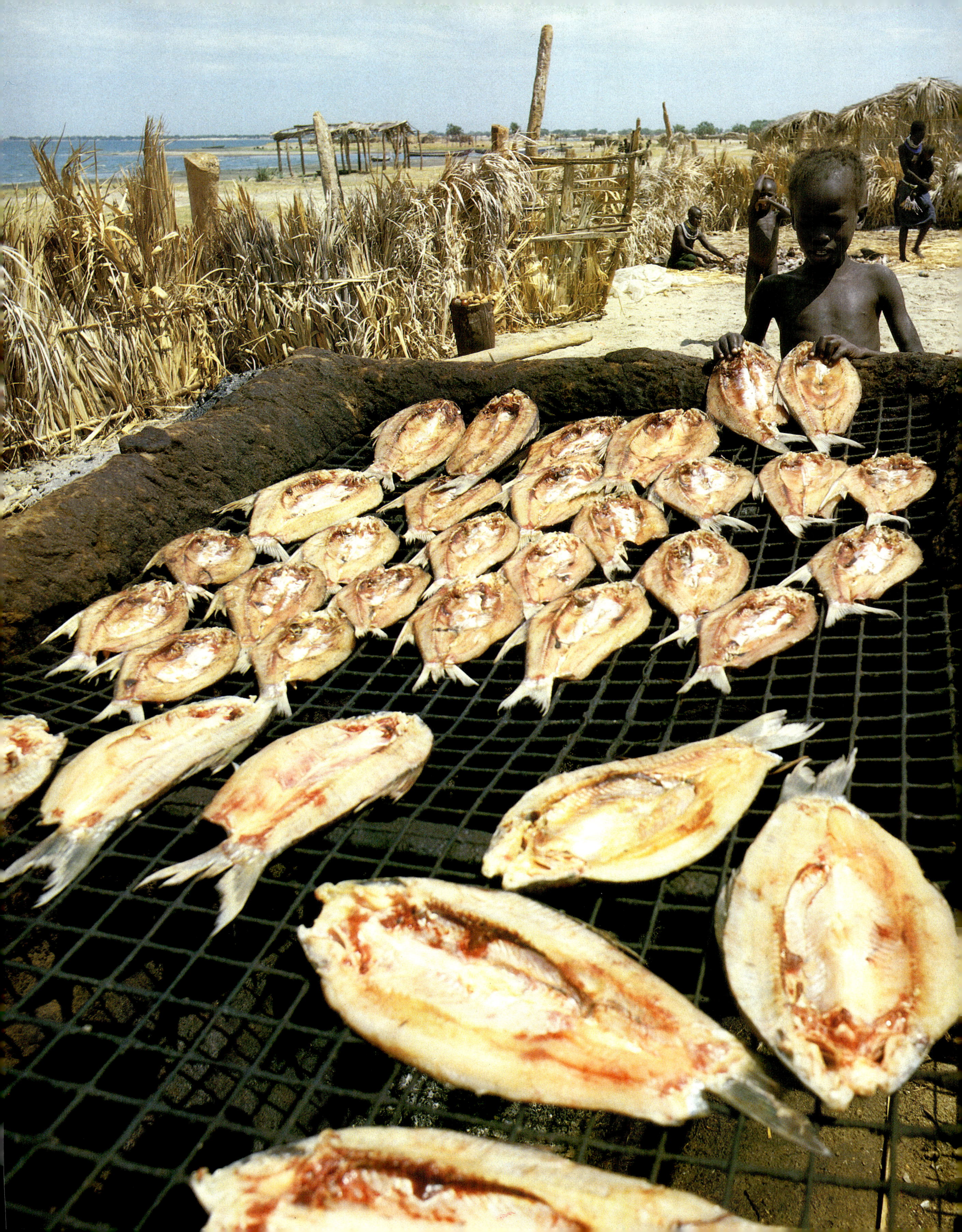

tenherde in langsamen Wellenbewegungen durch das bleibende Olivgrün am Fluß ziehen.

Mit seiner Fläche von 104 Quadratkilometern ist das Samburu-Reservat eines der wenigen Rückzugsgebiete für das Grevy-Zebra, das sich deutlich vom Steppenzebra unterscheidet, und für den selteneren Ostafrikanischen (Beisa-) Spießbock sowie den Somali-Strauß mit seinen blauen Schenkeln. Das benachbarte Buffalo-Springs-Reservat bietet dem Besucher ähnliche Tierarten und Landschaftelemente, ist aber weiträumiger.

Hauptmerkmal des Schutzgebietes ist der weite Bogen des Ewaso-Ngiro-Flusses, der weiter stromaufwärts die Thomson-Fälle bildet. Zeitweise wird der Fluß rasch zu einem reißenden Strom. Anfang 1986 versiegte er nach einer langen Trockenzeit; als diese abrupt zu Ende ging, rollte eine drei Meter tiefe Sturzflut durch das Trockenbett – eine Wasserwand, die alles mit sich riß. Im Gegensatz zu den meisten Flüssen erreicht dieser nie das Meer. Im Lorien-Sumpf nahe der Wüstenstadt Habaswein verliert er sich.

Auf dem Weg nach Samburu fließt der Ewaso Ngiro auch durch das Shaba-Schutzgebiet, das weniger bekannt ist als die beiden anderen. Joy Adamson aber liebte es sehr, sie errichtete hier seinerzeit ein Lager, um ihr Auswilderungsprogramm für Leoparden fortzusetzen. Im Jahre 1980 wurde sie an diesem entlegenen Ort brutal ermordet.

Die ›Great North Road‹ trennt Shaba von Buffalo Springs und Samburu und führt dann weiter nach Norden in eine höchst dramatische Wüsten- und Berglandschaft hinein. Hinter Archer's Post (benannt nach einem frühen englischen Siedler, heute militärischer Übungsplatz) läuft die Straße auf das 1981 m hohe Zuckerhutprofil des Lololokwe zu.

Kurz vor dem Fuß des Berges biegt eine unbefestigte Straße nach Westen ab: Sie führt durch Wamba, einen lebhaften Handelsort mit dem 2 688 Meter hohen Warges-Gebirge im Hintergrund, und dann weiter ins Samburu-Land und durch die üppig bewaldete Landschaft der Lorogi-Hochebene in den Karisia-Bergen. In Wamba begann der Schriftsteller John Hillaby mit einer Kamelkarawane die *Journey to the Jade Sea*. Die Bergketten erst machen die unglaubliche Schönheit der Landschaft Samburus aus; zu nennen wären die Nyiru-Berge am Südufer des Turkana sowie Ol Doinyo Lenkiyo und Ndoto im Osten.

Hillaby war überwältigt von dem Panorama, das sich vor ihm ausbreitete, als er an den Rand einer der großen Hochebenen kam. Es war, schrieb er, als würde man „über den Rand der Welt schauen. Die Grenzebene erstreckt sich bis nach Äthiopien hinüber, eine grenzenlose Fläche aus Sand und Lavastaub, nur von einigen Vulkanresten unterbrochen; einige hatten eine brustähnliche Form, mit Magmarosetten in der Mitte, andere waren vom Wind abgetragen und schwammen jetzt mit flachen Rücken wie eine Schule von Walen im Sandmeer."

Im Nordosten liegt der Gebirgszug Ol Doinyo Lenkiyo mit dem 2 375 m hohen schroffen Gipfel des Mount Matthews; diesen benannte Graf Teleki nach dem Oberbefehlshaber der Armee des Sultans von Sansibar, als Dank für seine Unterstützung der österreichischen Expedition. Über den starken Aufwinden kreisen Greifvögel, die in den steilen Schluchten nach Nahrung suchen.

Hinter diesem Gebirge liegt Kenias am wenigsten besuchtes Schutzgebiet, das Losai-Nationalreservat, in den Bergen, die sich aus der Kaisut-Wüste erheben. Mit vierradgetriebenen Geländewagen kann man nicht in

Die Rendille-Frau schmückt sich bei der Geburt ihres ersten Sohnes mit einem kunstvollen ›Hahnenkamm‹ und beseitigt ihn erst wieder beim Tod des Ehemanns oder des Sohnes, als Zeichen der Trauer.

diese Gegend vordringen, in deren Mitte sich die medizinische Ngoronet-Mission mit ihrem Landestreifen befindet. Es gibt nur einen erträglichen Weg, in das 1807 qkm große Naturparadies zu kommen: mit einem einfachen Flugzeug.

Mag der Eindruck für den Besucher noch so schön sein, das Leben ist hier äußerst hart. Die Missionen kümmern sich um das Kamelhirtenvolk der Rendille, nahe Freunde und entfernte Verwandte der Samburu. Ihr steiniges, rauhes Gebiet umfaßt 20 000 Quadratkilometer, größtenteils tiefliegende Wüsten unter sengender Sonne. Der jährliche Niederschlag geht selten über 18 cm hinaus. Die Hirtentätigkeit ist hier eine mühsame und manchmal gefährliche Aufgabe. Kinder werden dazu angelernt, sobald sie auf den Beinen stehen können. Nach der Pubertät dürfen sie selbständig die Kamelherde ihrer Familie führen; inzwischen sind sie ausdauernd, mutig und unerschrocken geworden. Oft müssen sie auf der Suche nach Wasser ungeheure Entfernungen überwinden.

Kenia ist für seine lange Tradition der Gastfreundschaft bekannt. Der friedliche Fremde, der ein unbekanntes Dorf besucht, wird mit einer Offenheit begrüßt, die überwältigend wirkt. Die Rendille, die gemessen am materiellen Besitz zu den Ärmsten gehören, zählen zu den großzügigsten Gastgebern, besonders gegenübern Angehörigen des eigenen Volkes. Den überlieferten Sitten nach gilt der als Geizhals, der sich weigert, jemandem vom Stamm eine junge Kamelstute zu leihen, wenn er darum bittet. Es gilt als Ehre, den Wunsch zu erfüllen. Man gewinnt einen guten Ruf, das Ergebnis aber ist kurios. Einige der reichsten Viehhalter in der Gemeinschaft der Rendille gehen wie arme Gestalten umher, doch mit Anspruch oder Interesse an fast jeder Herde, auf die sie treffen.

Bei Laisamis, wo sie die Kaisut-Wüste erreicht, durchschneidet die Great North Road den Tieflandteil des Schutzgebietes. Beim Bau der Straße in den 60er Jahren, der von Kenias einzigartigem ›National Youth Service‹ in Angriff genommen wurde, gab es immer wieder Verzögerungen durch plündernde Banditen *shifta* der Somali. In der Kaisut aber war es das unpassierbare Gelände, das die Arbeit erschwerte. Sturzfluten während der seltenen, aber mächtigen Regenfälle zerstörten die Lager und Brückenbaustellen. Kaum zu glauben, daß diese Art von Schwierigkeiten in einer Wüste auftreten. Auf beiden Seiten der Straße sieht man rötliche Steine aufgetürmt, sie wirken wie verlorene Kanonenkugeln. Auf der Straße sind sie eine große Gefahr für das Auto, und Abschleppfahrzeuge sind hier schwer zu bekommen und kostspielig.

Am Fuße des Marsabit-Berges liegt das Missionsdorf Logologo; eine der Straßenbrücken führt hier über den Milgis Lugga hinweg. In einer Nacht donnerte ein dreißig Meter tiefer Wasserschwall durch das ausgetrocknete Flußbett und riß alles mit sich fort, auch die neue Brücke und das Straßenbett. Die Arbeit von Monaten war in Sekunden vernichtet.

Marsabit liegt an den Hängen des Berges – ein eintönig blaßbrauner Ort, in dem die Zeichen der üblichen Tankstellen spannungslos in der trägen Brise flattern und die rostigen Überbleibsel längst vergangener Safaris unordentliche Metallhaufen bilden. Die Great North Road ist ein aufreibender Fahrweg. Marsabit ist die Hauptstadt eines im Aufschwung begriffenen Verwaltungsgebietes; hier treffen viele Kulturen aufeinander – wenn auch in den Grenzen des Nützlichkeitsdenkens, wo die Atmosphäre angenehmer ist als das Dekor. Trotz seiner isolierten Lage kann sich Marsabit erstaunlicherweise einer guten Telefonverbindung über Funk mit dem Rest der Welt rühmen.

    Die Stadt ist so heiß wie die Wüste dahinter: Alle Grasflächen sehen verdorrt und fleckig aus. Aber nur zwei Kilometer weiter kommt man über einen Staubpfad an das Tor zum Marsabit-Nationalreservat. Auf der anderen Seite des Tores, nach einer Kurve, befindet man sich mitten im Wald in einer anderen Welt. Eine Reihe von baumbestandenen alten Kratern birgt zahllose Geheimnisse des Fisch-, Säuger- und Vogellebens. Rund fünfzig Greifvogelarten nisten in den 198 bis 215 Meter hohen Klippen zwischen Wacholder- und Steineibenbeständen. Das Grün der Krater wird von den frühen Morgennebeln gefördert, die zusammen mit den Elefanten das Schutzgebiet zu einem besonderen Erlebnis machen.

    Es ist also eine Landschaft, die aus vulkanischem Feuer geboren wurde und vom Nebel geformt wird. Die Wüstenhitze kühlt sich über Nacht ab und bildet ein, zwei Stunden vor der Morgendämmerung um den 1402 Meter hohen Gipfel des Marsabit die Nebelstreifen, die sich erst am frühen Nachmittag auflösen. So bekommen seit Jahrhunderten die Olivenbäume und Zedern genügend Feuchtigkeit und Kühle, und die Bartflechten an den Ästen schützen zusätzlich vor der Wärme am Nachmittag. Die Kraterbecken bilden ein natürliches Amphitheater. Einer der Elefanten wird Mohamed genannt, ein Sprößling Achmed des Großen, der als lebende Legende durch Präsidentenerlaß geschützt war. Oft kann man Mohamed begegnen, während er seinen Harem zum üppigen Gras am Rand des Sokorte-Guda-Beckens führt, das einen Durchmesser von rund eineinhalb Kilometern hat. Seine Stoßzähne erinnern an die alten Tage, als

Rendille-Familie mit ihrer Kamelherde in der Kaisut-Wüste zwischen den Ndoto-Bergen und Marsabit.

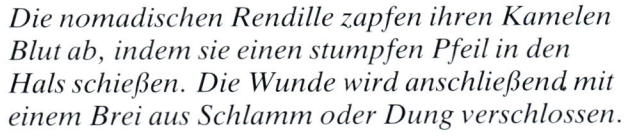

Die nomadischen Rendille zapfen ihren Kamelen Blut ab, indem sie einen stumpfen Pfeil in den Hals schießen. Die Wunde wird anschließend mit einem Brei aus Schlamm oder Dung verschlossen.

Rechts: Die Rendille sind den Samburu und den Massai nahe verwandt. Zur täglichen Versorgung mit Milch und Blut nutzen sie jedoch Kamele an Stelle von Rindern.

Kenia noch von den großen Bullen durchstreift wurde, die manchmal Elfenbein mit einem Gewicht von mehr als 100 Kilogramm je Paar mit sich trugen. Ein naturgetreues Präparat Achmeds steht in der Zentralverwaltung des Nationalmuseums in Nairobi. Er war in seinen letzten Jahren durch einen Sondererlaß Präsident Kenyattas geschützt und rund um die Uhr bewacht worden, bis er 1974 an Altersschwäche und Krankheit starb.

Das Schutzgebiet ist auch wegen seiner Kuduherden bekannt. Kudus waren eine Zeitlang in Kenia selten, sie haben sich aber deutlich von der Rinderpest erholt, durch die sie um die Jahrhundertwende fast ausgerottet waren. Die Großen Kudus wiegen 272 bis 317 Kilogramm, trotzdem können sie ohne weiteres zwei Meter weit springen. Sie sind vor allem durch ihre gedrehten Hörner gekennzeichnet, die zu den schönsten unter den Antilopen zählen und 1,30 Meter lang werden; der Rekord liegt sogar knapp unter 1,80 Meter. Ihr Gehör ist außerordentlich scharf; die großen, rundlichen Ohren lassen sich in fast jede Richtung drehen. Ihre großen, schlanken und eleganten Körper zeigen eine graue Grundfärbung und sechs bis acht deutlich weiße senkrechte Streifen an jeder Seite; bei Alarm heben sie ihren Schwanz, so daß die weiße Unterseite als Warnsignal sichtbar wird. Kudus leben etwa zwölf bis fünfzehn Jahre in kleinen Familien oder Herden aus vier bis fünf Tieren; allerdings wurden auch Herden mit dreißig Exemplaren beobachtet.

Das Kleine Kudu ist eine anmutigere, kleinere Ausgabe mit einer höheren Anzahl von Streifen an der Seite: etwa elf bis fünfzehn. Diese Art lebt eher auf trockenerem Land und kann lange Zeit ohne Wasser auskommen. Sie ist in Ost- und Nordkenia weitverbreitet.

Weiter oben auf dem nebligen Marsabit-Berg liegt noch ein anderes Amphitheater, namens ›Lake Paradise‹. Neben der Straße liegen eine halbschattige Lichtung und ein hyazinthengefüllter Teich im Felsen. Das Wasser ist voller Elefantenkot. Außerdem gibt es einen Betondamm, aber der Überlauf wird nie gebraucht, und Pumpenstation und Wärterhäuschen stehen schon lange leer. Karare ist ein uraltes Wasserloch für Elefanten, aber dann kamen Menschen, die behaupteten, dies sei auch ihr Wasser. Es wurde der Damm gebaut, die Pumpe aufgestellt und ein Schild errichtet mit dem Text: ›Zugang strengstens untersagt‹. Aber Elefanten können nicht lesen, und die Menschen gingen aus Karare wieder fort, und jetzt gehört das Wasser wieder den Tieren des Waldes.

Lake Paradise liegt in einem Becken unter einer alten, 150 Meter großen Caldera. Der Rand ist mit Waldbäumen bestanden, von denen lange Flechten herabhängen. Aus der Luft wirkt das Ganze wie ein Auge: die Pupille mit wechselndem Farbton, die Iris scharf und klar und die Wimpern lang und gebogen, scheu und verführerisch. Um 1920 lebten hier 4 Jahre lang die Naturliebhaber und Filmemacher Martin und Olsa Johnson.

Marsabit hat aber noch andere Reize. Einige außergewöhnliche Wüstenvölker treffen sich hier auf gemeinsamem Boden: die Gabbra, die Rendille, die Borana – hochinteressant, aber kompromißlose Hirtennomaden mit faszinierender Kultur. Die Gabbra bilden eine festgefügte Gemeinschaft, in der ganze durch Heirat verbundene Familiengruppen zusammenleben. Die Rendille waren ihnen immer eng befreundet, als aber die Gabbra vor vielen Jahren die Samburu angriffen, endete die Freundschaft, und keiner traut mehr dem anderen.

All diese Völker haben jedoch einen Grad der Harmonie mit ihrer trockenen, ausgebleichten, heißen Umwelt erreicht, der wenigen Menschen vergönnt ist. Aber die Existenzbedingungen sind hart. Sie müssen für sich und ihre Herden tiefe Brunnen graben, die nicht alle ständig Wasser enthalten. Eine bestimmte Gruppe von Brunnen, die den Borana gehört, ist als ›Singende Brunnen‹ bekannt. Sie liegen in einem staubigen Tal an den Hängen des Marsabit. Die Brunnen reichen viereinhalb bis fünfzehn Meter senkrecht in die Tiefe. An jedem Morgen arbeiten die Brunnenbauer im Schlamm und Wasser und stellen einen Trog her, der in der Vormittagssonne rasch trocknet. Vier Männer bilden eine menschliche Leiter: Der unterste steht brusttief im Wasser, der nächste hockt auf einem Felssims, der dritte balanciert gekonnt auf zwei schlanken Pfählen, und der vierte steht oben. In harmonischem Rhythmus werden drei Eimer aus genähter Giraffenhaut auf- und abgeschwungen; und die menschliche Leiter singt währenddessen ein Lied, das wie eine Hymne klingt. Der Trog füllt sich rasch, und die Borana-Frauen eilen nach Hause, um den Tagesvorrat für die Tiere zu bringen, die sich gierig darauf stürzen. Es sind fremdartige Schönheiten mit dunkel leuchtender Haut, habichtartigem Profil, langen Gewändern und im altmodischen Stil gekräuselten Haaren. Wieviel Wert die Wüsteleute auf die Tiere legen, wird rasch deutlich. Bevor sie ihren Tod in der kühlen Nachtluft am Berg riskieren, wandern sie lieber siebzig Kilometer weit bis in die Hitze des Wüstenbodens und kehren ein, zwei Tage später zurück, um die Tiere wieder zu tränken.

Von Marsabit aus führt eine Straße über die erbarmungslos glühende Chalbi-Wüste zu einem kleinen Außenposten namens North Horr. Auf einem kleinen Schild am Rand des Ortes ist die Entfernung bis zum Ostufer

Stolze Boran-Frau mit einem Milchgefäß. Die Boran, die 80 000 Menschen umfassen und zur Oromo sprechenden Gruppe gehören, sind Ende des letzten Jahrhunderts aus Äthiopien ausgewandert.

Ein Dassanich-Mädchen füllt Kürbisgefäße mit kostbarem Wasser aus einem ausgetrockneten Flußbett. Die Dassanich, die auch als Merille bezeichnet werden, leben am Nordufer des Turkanasees um das Omo-Delta sowohl auf kenianischem als auch auf äthiopischem Gebiet.

des Turkanasees verzeichnet: 350 Kilometer. Mancher wird die Reise als die interessanteste seines Lebens bezeichnen. Denn im Gebiet des Sibiloi-Nationalparks an den Ufern des Turkanasees tat – nach allen bisher bekannten Belegen – die Menschheit ihre ersten Schritte, insbesondere an einem Platz namens Koobi Fora.

Auch heute versteht man die Kräfte, die Afrikas Großes Rifttal geformt haben, noch nicht ganz. Gregory hatte 1893 zuerst die Vorstellung entwickelt, die Verwerfung sei durch eine Erhebung verursacht worden, die so gewaltig war, daß sie das bis 100 km breite und bis 600 m tiefe Tal mit den umliegenden Ebenen bildete. Gregory sprach vom Great Rift, von der ›Großen Spalte‹, aber die Bezeichnung eines anderen Geologen: ›Graben‹, ein dem ›Grab‹ verwandtes Wort, trifft den Sachverhalt viel besser. Kein Bild könnte besser mit dem übereinstimmen, was sich im Licht späterer Forschung ergab.

Die tektonischen Bewegungen, die das Rifttal formten, ergaben die richtige Mischung zur Konservierung fossiler Knochen. Afrikas Rücken mußte sich wölben, die Wirbelknochen zerbrachen. Das Fleisch wurde von brennenden Wunden zerfressen, dabei trat Kalziumkarbonat hervor, die Chemikalie, die Knochen in Fossilien zu verwandeln vermag. Die Erschütterungen des Erdteils zogen sich über Tausende von Jahren hin; jedesmal entstanden neue Seen und Wasserläufe, die in frischen Rillen oder über neue Ebenen flossen. Jedesmal setzten diese Gewässer neue Ablagerungen ab, Schicht für Schicht, wie die verschiedenen Füllungen einer Riesentorte. In jeder Schicht lagen, dicht verpackt im Leichentuch aus Kalziumkarbonat, die Skelette der verschiedensten Lebewesen – darunter auch die Reste menschlicher Vorfahren.

Schließlich ebbten die Bewegungen ab, Afrika mußte eine letzte, ausgedehnte Erschütterung über sich ergehen lassen. Dabei brach das Rückgrat zusammen. Das Rift bildete sich. Die Grabenränder hoben sich, und das ›Grab‹ war offen. Einzigartig sind diese Fossillagerstätten dadurch, daß die Erosion die Knochen und Zähne freigelegt hat.

Es mußte nur jemand kommen, der diese Knochen entdeckte. Das Schicksal übertrug diese Ehre Leutnant Ludwig von Hohnel, dem treuen Freund, Geographen und Biographen Graf Samuel Telekis. Während

Ein Sekuye-Mädchen, in hübscher, geblümter Kleidung, holt Wasser vom Gemeindebrunnen in Debele, Moyale, nahe der Grenze zu Äthiopien. Sie gehört zu einem eingewanderten Volk, das aus Äthiopien stammt.

Teleki offenbar nur den Ehrgeiz hatte, unter den Tieren zu wüten, machte von Hohnel genaue Aufzeichnungen über Flora und Fauna, Ökologie, Geographie und Ethnologie in diesem Teil Ostafrikas und im Rift Valley.

Ende März 1888 kam Telekis Expedition bei Koobi Fora an das Ufer des Turkanasees. Trotz seiner Gelehrsamkeit verkannte von Hohnel die Bedeutung der Landschaft. Am 29. März beklagte er sich über die Schwierigkeit, über die Sandsteinfelsen von Koobi Fora zu gehen, dachte aber nicht daran, den Grund genauer zu prüfen. Eine Woche später kam die erschöpfte Mannschaft zu einer Merille-Siedlung, wahrscheinlich dem heutigen Ileret – wo sich die zwei wichtigsten Fossillagerstätten befinden. Die zwei Österreicher sind wahrscheinlich über eine ähnliche Lagerstätte gestolpert, denn von Hohnel schreibt: „Nach einem Marsch von einer Stunde kamen wir aus dem Wald heraus, der sich in westlicher Richtung bis an den Rand des Sees erstreckt. Danach kam eine Fläche, die mit menschlichen Schädeln und Knochen übersät war."

Es sollte jedoch weitere achtzig Jahre dauern, bis die Bedeutung dieser Gegend erkannt wurde. An einem Tag im Juli 1967 flog Richard Leakey an der Ostküste des Turkanasees entlang. Er sah unter sich ein Gewirr schwärzlicher Sandsteinschichten, ähnlich den Schlackenhaufen einer Kohlengrube. Er bat den Pilot zu wenden. Das einmotorige Flugzeug flog also in einer Höhe von rund dreihundert Metern noch einmal über das merkwürdige Ödland.

Mit einer Kamera würde man die häßliche Landschaft nur so erfassen können, wie sie ist: ohne Reiz und ohne Leben. Leakey aber hatte einen anderen Blick – nicht daß er eine Halluzination hatte, es war mehr eine Ahnung, eine Inspiration, eine Vision davon, wie es hier in ferner Vergangenheit ausgesehen haben mag. Er sah hübsche Bäume und weite Grünflächen mit Gras und Wildkräutern. Im dichten Laub turnten Affen umher. Merkwürdige, elefantenähnliche Dickhäuter mit kürzeren Rüsseln und dickeren, aber kleineren Stoßzähnen weideten friedlich am Boden. In der Nähe standen einige behaarte, kleine, aber aufrecht gehende Lebewesen mit niedriger Stirn in einer Gruppe und schnatterten freundlich miteinander; in einer anderen Gruppe waren einige von diesen Lebewesen dabei,

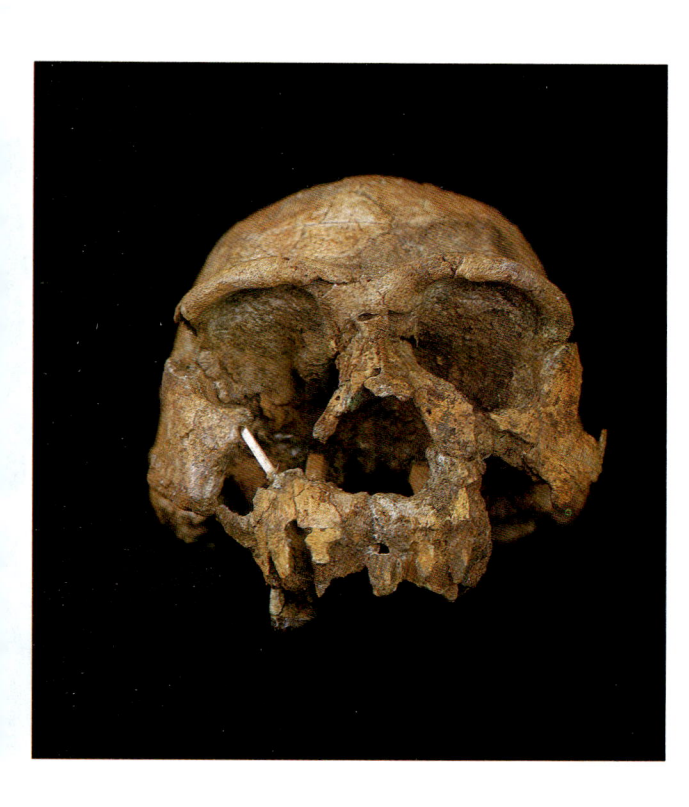

Der fossile Schädel KNM ER 3733: *Rest eines* Homo erectus *aus den Anfängen der Menschheit vor mindestens einer halben Million Jahren. Die Ausgrabungen von Koobi Fora im Sibiloi-Nationalpark am Ostufer des Turkanasees ergaben die bedeutendsten Frühmenschenfunde, so daß dieser Teil des Rift Valley zu Recht als ›Wiege der Menschheit‹ bezeichnet wird.*

Nächste Doppelseite: Sonnenuntergang über der ›Wiege der Menschheit‹.

sich aus Steinen neue Werkzeuge herzustellen. Durch das Grünland flossen Bäche und Flüsse mit klarem, sprudelndem Wasser. Vor Leakeys innerem Auge hatte sich der Garten Eden entfaltet.

Leakey borgte sich einen Hubschrauber von der amerikanischen Omo-Tal-Mannschaft und kehrte zu den Sandsteinhügeln nicht weit von Alia Bey zurück, um seine Vision zu überprüfen. Die Rotoren standen kaum still, da hatte Leakey bereits ein Steinzeitwerkzeug gefunden, das denen ähnelte, die er bereits als junger Mann in der Olduvai-Schlucht entdeckt hatte. Einige Monate später war Richard Leakey Direktor von Kenias Nationalmuseen und begann mit den Forschungen, durch die sich Koobi Fora als reichster Fundplatz der Welt für Frühmenschenfossilien erweisen sollte.

Weniger als zehn Jahre später wurde Leakey von seinem Freund Kamoya Kimeu zu einem Platz am äußersten Rand der Ausgrabungen im Turkanasee-Gebiet hinzugebeten. Dort verbrachte er Wochen, um über dreißig Fossilbruchstücke zusammenzusetzen. Das Ergebnis dieser mühsamen Arbeit war ein Schädel, der dem des *Homo habilis* ähnelte, der aber fast drei Millionen Jahre älter war. Später wurden weitere Fossilien von noch größerer Bedeutung entdeckt: Schädel von *Homo erectus*, dem ersten Menschen, der aufrecht ging. Diese Funde beweisen, daß der Mensch mindestens seit einer Million Jahren auf der Erde existiert – 500 000 Jahre länger, als man ursprünglich glaubte.

Um die Forschungsergebnisse zu beschleunigen, führte Leakey neue Methoden der interdisziplinären Zusammenarbeit in die Paläontologie ein. Er öffnete das Arbeitsfeld für Wissenschaftler der verschiedensten Fähigkeiten, Vorstellungen und Nationalitäten. So konnten tiefere Erkenntnisse über die menschliche Frühgeschichte erarbeitet werden, als es von einem einzigen Menschen zu leisten wäre.

Zahllose prähistorische Reste größter Wichtigkeit liegen hier offen zutage. Leakey beschrieb die Entdeckung des ersten Australopithecus-Fundes so: Da, im Sand zwanzig Fuß vor mir, lag voll sichtbar neben einem Dornbusch ein gewölbtes, grauweißes Objekt. Auf halbem Wege dorthin setzte ich mich und starrte es verblüfft und ungläubig an. Seit Jahren hatte ich von einem solchen Schatz geträumt, und nun lag er vor mir – der nahezu vollständige Schädel eines Frühmenschen."

Der genaue Ort eines Fundes wird immer durch ein Schild mit einer Bezugsnummer gekennzeichnet. Die wichtigsten drei Funde tragen die Bezeichnung KNM ER 1470 (der *Homo-habilis*-Schädel), KNM ER 3733 und 3883 (die *Homo-erectus*-Schädel). Besucher des Sibiloi-Nationalparks, die die Fundplätze sehen möchten, brauchen eine besondere Erlaubnis der Nationalmuseen. Die reichste Fundstätte ist zwischen drei und einer Million Jahren alt. In den letzten zwei Jahrzehnten wurden mehr als 160 fossile Frühmenschenreste, über 4 000 fossile Säugetierfunde und zahllose Artefakte aus der Steinzeit entdeckt. Die Säugetierreste gehörten zu 75 ausgestorbenen und 12 heutigen Arten. Außerdem wurden Reste von Fischen, Wasser- und Landschildkröten und von Krokodilen gefunden.

Es sind aber nicht nur diese einzelnen Fossilien, die die Bedeutung Koobi Foras ausmachen. In den Sedimentationsschichten fanden sich Hinweise auf die gesamte Landschaft vor drei Millionen Jahren, in der Früh- und Vormenschen mit Tieren und Pflanzen zusammen gelebt haben.

Nach Leakeys Meinung gibt es ausreichend Belege dafür, daß sich hier an den Ufern des heutigen Turkanasees ein üppiges, gut bewässertes Land mit Wäldern und Grasflächen befand, in dem sich das Leben in großer Fülle entfalten konnte. In der Ebene lebten Urelefanten, dreizehige Pferdevorfahren, Säbelzahntiger, Riesenantilopen, Riesenpaviane, nashorngroße Schweine, seltsam gestaltete Straußenvögel und viele andere Vorläufer der modernen Arten.

Vom Deck des Fischerbootes, das in der Alia-Bucht ankert, sehen wir auf das starre Auge eines schlafenden Krokodils, das im Schein einer Lampe aufleuchtet. Seine Art existiert nahezu unverändert seit 130 Millionen Jahren und hat die ersten Schritte des Menschen begleitet.

Vielleicht war das wirklich der Garten Eden, in dem das menschliche Leben begann. Und vielleicht ist Kenia das letzte Rückzugsgebiet des paradiesischen Lebens – ein letztes Stück vom Garten Eden.